安徽师范大学经管学术论丛

薪酬契约参照点效应及其对中国高管行为的影响研究

罗 昆 著

中国财经出版传媒集团
经济科学出版社
Economic Science Press

图书在版编目（CIP）数据

薪酬契约参照点效应及其对中国高管行为的影响研究／罗昆著．—北京：经济科学出版社，2020.2
（安徽师范大学经管学术论丛）
ISBN 978－7－5218－1367－8

Ⅰ.①薪… Ⅱ.①罗… Ⅲ.①企业－管理人员－劳动报酬－研究－中国 Ⅳ.①F279.23

中国版本图书馆 CIP 数据核字（2020）第 037673 号

责任编辑：侯晓霞
责任校对：蒋子明
责任印制：李 鹏 范 艳

薪酬契约参照点效应及其对中国高管行为的影响研究
罗 昆 著
经济科学出版社出版、发行 新华书店经销
社址：北京市海淀区阜成路甲 28 号 邮编：100142
教材分社电话：010－88191345 发行部电话：010－88191522
网址：www.esp.com.cn
电子邮件：houxiaoxia@esp.com.cn
天猫网店：经济科学出版社旗舰店
网址：http://jjkxcbs.tmall.com
北京密兴印刷有限公司印装
710×1000 16 开 14.5 印张 210000 字
2020 年 6 月第 1 版 2020 年 6 月第 1 次印刷
ISBN 978－7－5218－1367－8 定价：48.00 元
（图书出现印装问题，本社负责调换。电话：010－88191510）
（版权所有 侵权必究 打击盗版 举报热线：010－88191661
QQ：2242791300 营销中心电话：010－88191537
电子邮箱：dbts@esp.com.cn）

前　言

　　植根于代理理论，关于高管薪酬的研究始终在最优契约理论的分析范式下展开。然而现实中，高管薪酬设计却往往会背离传统的理论模型。近年来，高管薪酬呈日益增长态势，"天价薪酬""薪酬与业绩倒挂""零薪酬"等薪酬异象并存，世界各国政府纷纷出台有关高管薪酬的规制政策，我国也相继出台了一系列有关高管薪酬规制政策，但是规制的效果并不理想。可见，非最优的薪酬反而被认为是普遍、持久和系统的，管理层权力理论和经理人市场理论分别对先前的分析范式做了改进和拓展。前者批判性地分析了董事公平缔约假设，后者则基于拓展竞争市场假设对最优契约理论的委托代理分析范式作了修正。但是不可否认，对于高管薪酬的研究仍然存在着不足之处。契约参照点理论指出，先前的诸多研究普遍忽视了高管薪酬契约设计中参照基准的作用及其对高管主观心理感知与行为的影响。特别是美国证券交易委员会（SEC）在2006年强制性要求上市公司披露其参照同伴公司信息以来，高管薪酬契约参照点效应的重要性也越来越多地被世界各国所重视。然而，对高管薪酬契约中的参照点效应研究尚未引起学者们的足够重视，现有文献的研究尚处于零散状态，因此有必要对高管薪酬契约参照点效应进行全面与系统的研究，以更好地认识和解决当前的高管薪酬持续增长问题。

　　本书基于契约参照点理论、管理层权力理论和经理人市场理论，对我国高管薪酬参照点效应展开了较为全面和系统的研究，主要内容包括对高管薪酬契约参照点效应的存在性进行识别，构建高管薪酬契约参照点效应理论模型，挖掘内在机理，探究其对高管行为的影响。

在理论意义方面，本书的研究有利于强化对高管薪酬契约参照点效应的认识与理解，有利于深化对高管薪酬契约参照点效应的理论研究，有利于拓展经理人市场的相关研究，有利于深入理解高管薪酬契约参照点对高管行为的影响。在现实意义方面，本书的研究对契约参照点的合理使用与有效监管、凸显经理人市场建设的重要性与紧迫性、为高管薪酬制度的市场化改革提供决策参考，完善不同情境下高管薪酬契约的设计与评价均具有十分重要的现实意义。

罗　昆

2020年1月

目　　录

第一章　绪论 …………………………………………………………（ 1 ）

　　第一节　薪酬契约参照点效应的研究背景与意义 ………………（ 1 ）
　　第二节　关键概念界定 ……………………………………………（ 8 ）
　　第三节　研究思路：存在性识别—内在机理—高管行为影响 …（ 11 ）
　　第四节　内容安排、研究方法与创新 ……………………………（ 13 ）

第二章　相关研究综述 ………………………………………………（ 17 ）

　　第一节　高管薪酬契约研究回顾 …………………………………（ 17 ）
　　第二节　参照点效应研究回顾 ……………………………………（ 24 ）
　　第三节　高管薪酬契约参照点效应研究回顾 ……………………（ 31 ）
　　第四节　文献评述 …………………………………………………（ 37 ）

第三章　高管薪酬契约参照点效应的存在性识别 …………………（ 39 ）

　　第一节　高管薪酬中参照点效应存在性识别：三个维度 ………（ 39 ）
　　第二节　参照点效应的存在性识别：度量方法与经验证据 ……（ 46 ）

第四章　高管薪酬契约参照点效应的内在机理 ……………………（ 67 ）

　　第一节　市场均衡模型的展开：基于中国国情的理论研究 ……（ 67 ）
　　第二节　内在机理：度量方法与经验证据 ………………………（ 76 ）

第五章 契约参照点、薪酬激励与在职消费 （98）

第一节 问题提出与理论分析 （98）
第二节 研究设计 （104）
第三节 实证检验结果与分析 （108）

第六章 契约参照点、薪酬激励与高管离职 （143）

第一节 问题提出与理论分析 （143）
第二节 研究设计 （147）
第三节 实证检验结果与分析 （151）

第七章 研究结论与政策建议 （192）

第一节 研究结论 （192）
第二节 政策建议 （194）
第三节 研究局限及未来研究方向 （196）

参考文献 （200）

第一章 绪 论

第一节 薪酬契约参照点效应的研究背景与意义

一、研究背景

(一) 国际背景

高管薪酬是公司内部治理机制的重要组成部分,其契约设计的初衷是为了调整所有者(股东)和经营者(高管)之间的利益关系。根据委托代理理论的观点,股东与高管之间存在着利益上的不同诉求,双方均希望获得自身利益的最大化,由于股东和高管之间存在着信息不对称,股东难以全面掌握公司的真实经营状况,为了避免高管在经营过程中出现道德风险和逆向选择问题,委托人如何设计最优高管薪酬契约,以激励高管的利益与行动与股东的利益保持一致,一直都是社会各界探讨的重要议题。

长期以来,美国一直被世界各国视为全球公司治理典范与榜样,其高管薪酬增长问题具有一定的代表性。自 20 世纪 80 年代初期以来,美国公司的高管薪酬呈持续增长趋势。据研究表明,标准普尔 500 公司的高管薪酬在 1980~1995 年增长了两倍(Murphy,1999),到 2003 年已上升至 6 倍(Gabaix & Landier,2008),然而这一数据并没有停滞不前,不断被刷新,特别是在 2008 年国际金融危机期间,美国华尔街的金融公司面临巨额亏损,亏损公司的高管薪酬却依然创下最高纪录,首席执行长更是领取上亿的天价薪酬,该事件将对美国公众公司高管薪酬的争论与质疑推到了历史最高点。

针对高管薪酬日益增长现状,世界各国纷纷实施高管薪酬规制政策。这些政策主要集中在三方面：一是直接对高管的年薪总额进行限制，如2008年10月德国政府颁布"银行拯救计划"将银行高管的年薪限制在50万欧元以下[①]，2009年2月时任美国总统奥巴马决定对接受联邦政府大笔金融救助款的企业高管人员设立50万美元年薪上限[②]；二是参照市场薪酬标准来规制国企高管薪酬，如芬兰在2012年颁布的高管薪酬指导原则中划定国企高管各项薪酬的参照"红线"，强调其国企高管薪酬符合或低于市场薪酬标准，法国则参照同规模私有企业的高管薪酬水平给予，英国强调国企高管薪酬要低于私企CEO年薪；三是以国家领导人薪酬作为参照标杆来规制国企高管薪酬，如俄罗斯强调国企高管薪酬不应高于国家领导人的收入，葡萄牙则以总理薪酬为标杆来限制国企高管薪酬。

（二）国内背景

高管薪酬的持续增长并不是发达国家特有的问题，处于转型期的中国也面临同样的问题。2007年，中国平安公司高管马明哲以6600万元的年薪收入刷新了我国上市公司最高高管薪酬记录，引发了中国版的"天价薪酬"事件。根据我国上市公司2007~2016年报披露的高管薪酬信息显示，2015年前三名高管薪酬的均值为97.39万元，与2014年的87.84万元相比增长了10.87%，与2007年的54.83万元相比则增长了77.62%，2015年度的高管薪酬均值是当年城镇居民人均可支配收入的31.21倍。可见，近年来我国高管薪酬处于持续增长态势，高管薪酬作为贫富差距、收入分配不公平的一个缩影，其合理性备受争议。

事实上，我国政府一直对国有企业实施严格的高管薪酬规制制度。规制的措施概括起来主要包括三方面：一是与企业绩效评价结果挂钩，如1986年

---

① 郁公弟，陆群新. 德国政府规定银行高管年收入高于50万欧元不合适 [EB/OL]. 中新网, 2008 - 10 - 21. http://www.chinanews.com/cj/gjcj/news/2008/10 - 21/1419724.shtml.

② Obama unveils executive pay cap [EB/OL]. BBC NEWS, 2009 - 02 - 04. http://news.bbc.co.uk/2/hi/business/7869265.stm.

发布的《国务院关于深化企业改革增强企业活力的若干规定》中明确规定，凡全面完成任期内年度责任目标的，经营者的个人收入可以高于职工平均收入的1~3倍[①]；二是限定高管薪酬与职工薪酬之间的倍数，如1994年国家劳动部与国家经贸委、财政部制定的《国有企业经营者年薪制试行办法》中指出，经营者基薪最高不能超过职工平均工资的3倍；三是限定高管薪酬最高额，如2009年财政部颁布的《金融类国有及国有控股企业负责人薪酬管理办法》明确把国有金融企业负责人最高税前年薪规定为280万元人民币[②]。但是高管薪酬规制的效果并不乐观，不仅高管薪酬仍然存在持续增长趋势，甚至出现薪酬与业绩倒挂现象，而且出现了部分高管为迎合社会公众心理需求而领取"零薪酬"的薪酬乱象。

为了对国有企业不合理的偏高、过高收入进行规制与调整，2015年1月正式实施了《中央管理企业主要负责人薪酬制度改革方案》，该方案中规定：中央国有企业主要负责人薪酬水平将不超过中央国有企业在岗职工平均工资的7到8倍，负责人与职工薪酬差距将显著缩小，72家中央国有企业主要负责人将面临降薪。[③] 该项方案被称为史上最严厉的"限薪令"，冲击力度较大的是银行业，因之前银行业的高管薪酬相对较高，不少银行高管的薪酬在2015年降幅较大。面对该项严厉的降薪政策，已经有不少银行业的高管选择离职。由国泰安数据库得知，在2015年初至2016年3月底的15个月时间内，已经有66位上市银行的高管采取主动辞职行为，在16家上市银行中，共有14家上市银行出现行长、副行长离职的情况，总计达31人，其中行长有6人，副行长25人[④]。该政策的颁布及其实施的效果，再次引发了社会对高管

[①] 国务院关于深化企业改革增强企业活力的若干规定 [EB/OL]. 2012-09-21. http://www.gov.cn/zhengce/content/2012-09/21/content_3893.htm.

[②] 金融类国有及国有控股企业负责人薪酬管理办法 [EB/OL]. 2009-01-13. http://jrs.mof.gov.cn/zhengwuxinxi/zhengcefabu/200901/t20090120_109448.html.

[③] 徐博，华晔迪. 央企负责人薪酬改革方案揭秘 [EB/OL]. 2014-11-20. http://paper.people.com.cn/rmrbhwb/html/2014-11/21/content_1501292.htm.

[④] 该数据为作者根据2014~2016年上市公司年报整理得出。

薪酬改革的广泛讨论与关注。

从表面上来看，各国政府实施的各项高管薪酬规制措施目的是为了抑制高管薪酬的过快增长，但实际上，这里面隐藏着一种或若干种心理参照的基准。认知心理学认为，人们在对决策方案进行评价与判断是存在着一定的参照标准，即所谓的参照点，参照点的选择不同会引发决策的结果存着显著性差异。具体到高管薪酬契约领域，学者们经过研究发现，公司在制定高管薪酬契约过程中存在着参照点效应，即制定薪酬契约的机构（董事会或薪酬委员会）以市场上与本公司行业或规模相似公司的高管薪酬作为参照的基准来设计本公司的高管薪酬契约，当这一参照基准被市场上的公司普遍采用后，就会形成参照基准与高管薪酬之间的螺旋式上升，进而产生乌比冈湖效应。此外，我国具有与发达国家不同的制度背景和国情特征，存在着国有与非国有两种不同类型的薪酬契约体系，如何对其分别进行有效的薪酬契约设计与薪酬制度改革，这是具有发展中国家国情特征的一个现实问题。自美国证券交易委员会（SEC）在2006年强制性要求上市公司披露其参照同伴公司信息以来，高管薪酬契约参照点效应的重要性也越来越多地被世界各国所重视。然而，对高管薪酬契约中的参照点效应研究尚未引起学者们的足够重视，现有文献的研究也处于零散状态，因此有必要对高管薪酬契约参照点效应进行全面与系统地研究，以更好地认识和解决当前的高管薪酬持续增长问题。

二、研究问题

通过以上论述可知，高管薪酬持续增长问题与其背后存在的高管薪酬契约参照点效应相关。为了更好地认识和解决高管薪酬增长问题，需要对高管薪酬契约参照点效应展开系统和全面地探究。那么，高管薪酬契约中存在哪些契约参照点呢？如何对这些参照点进行识别？高管薪酬契约参照点效应的内在机理是什么，是支持管理层权力理论还是经理人市场理论，抑或两种理论都不支持或都支持？高管薪酬契约参照点效应对高管行为具有怎样的影响？

本书遵循"存在性识别—内在机理—高管行为影响"的逻辑思路，具体研究问题按照以下三个逻辑层次展开：

第一，高管薪酬契约中存在着哪些契约参照点，如何对这些契约参照点效应的存在性进行识别？这些契约参照点分别以及综合起来又会对高管薪酬产生怎样的影响？

第二，现有的高管薪酬契约参照点效应内在机理的理论模型存在哪些有待改进之处，如何基于我国制度背景特征，构建一个符合我国基本国情和代理人心理特征的高管薪酬契约参照点效应内在机理的理论模型？我国高管薪酬契约参照点效应的内在机理究竟支持哪一种理论？是管理者管理理论还是经理人市场理论，抑或是两种理论都支持或都不支持？这些问题的解决需要从理论模型的构建与经验数据的实证来予以验证。

第三，高管薪酬契约参照点效应对高管行为具有怎样的影响？特别是薪酬契约参照点效应对高管在职消费行为和离职行为具有怎样的影响？究竟是表现一种自利行为还是一种激励行为，抑或两种行为同时存在或都不存在？不同产权性质和经理人市场化程度下存在怎样的差异？基于现有文献的研究进展以及现实性的考虑，本书重点对高管的在职消费和高管离职这两种行为来探究其具体的影响，并将其纳入不同产权性质、经理人市场化程度的国情背景下对其存在的差异性展开对比分析。

三、研究意义

为了阐释与解决当前存在的高管薪酬持续增长问题，本书遵循"存在性识别—内在机理—高管行为影响"的逻辑研究思路，试图全面系统地对高管薪酬契约参照点效应进行探究，主要内容包括高管薪酬契约参照点效应的存在性进行识别、内在机理以及对高管行为的影响三个方面的研究。上述研究的开展，能够在一定程度上丰富高管薪酬契约的研究与设计，强化对高管薪酬契约参照点效应的认识与理解、凸显我国经理人市场建设的重要性，研究结果为高管薪酬制度改革、契约参照点的使用与监管、经理人市场建设提供决策参考，在理论与现实方面均具有十分重要的意义。

(一) 理论意义

一是强化对高管薪酬契约参照点效应的认识与理解。本书通过对高管薪酬契约参照点效应存在性识别的深入研究，重点对契约参照点的分类、方法识别以及对高管薪酬变化的影响进行探索，有利于更为深入地认识与理解高管薪酬契约参照点效应，丰富有关高管薪酬契约研究的文献，为后续相关研究提供文献参考。

二是深化对高管薪酬契约参照点效应的理论研究。本书在加比亚斯和兰迪埃（Gabiax & Landier, 2008）的市场均衡模型的基础上，纳入内部参照点、个人参照点和高管控制权等因素，重新构建一个符合我国制度背景和代理人心理特征的高管薪酬契约参照点效应的理论模型，深入挖掘其背后的内在机理。同时，有利于拓展现有关于高管薪酬契约参照点效应的理论基础，也能丰富高管薪酬契约参照点效应的理论研究。

三是拓展经理人市场的相关研究。以往有关经理人市场变量的衡量较为单一，本书通过构建经理人市场的连续变量和虚拟变量更为全面地衡量经理人市场变量，其中经理人市场的连续变量由四个经理人市场衡量指标的主成分合成，并在连续变量的基础上通过取其中位值的办法衡量经理人市场的虚拟变量，分别利用经理人市场的连续变量和虚拟变量进行实证检验，得出的研究结论更具有针对性，有利于丰富和拓展经理人市场的相关研究。

四是深入理解高管薪酬契约参照点效应对高管行为的影响。本书重点从在职消费和高管离职这两个方面来探究契约参照点效应对高管行为的影响。研究结果表明，高管薪酬契约参照点效应既可能表现为一种激励行为，也可能表现为一种自利行为。研究发现，在"八项规定"政策实施前，薪酬激励对董事会内部参照点与超额在职消费之间关系具有正向的促进作用，表现为一种自利行为。这些研究结论有利于深入理解不同激励情景下高管行为的动机，深化对高管薪酬契约参照点效应的理论认知。

（二）现实意义

一是对契约参照点的合理使用与有效监管。本书通过对高管薪酬契约参照点效应的存在性识别、内在机理以及对高管行为影响的全面系统研究，研究发现高管薪酬契约存在着多重参照点，不仅包括外部参照点，还包括内部参照点和个人参照点；既支持经理人市场理论，也支持管理层权力理论；既表现为一种激励性的行为，也具有自利性的行为。这些研究为公司薪酬制定部门如何合理使用契约参照点来制定高管薪酬契约，以及政府监管部门有效监督高管薪酬契约设计中有关契约参照点是否合理的使用等提供经验证据与决策参考。

二是凸显经理人市场建设的必要性与重要性。在我国各项市场化改革进程当中，国有企业的经理人市场建设与改革尚处于起步阶段，整个职业经理人市场尚有待于进一步健全与完善。本书研究结果发现，不同经理人市场化程度下契约参照点效应对在职消费、高管离职等具有不同的影响，经理人市场化程度越高，高管薪酬契约参照点效应的激励作用越容易得以发挥，相应的其自利行为越少。因此，我国需要加快完善和健全经理人市场建设，进而建立现代企业制度，从微观层面提升企业的国际与国内竞争实力。

三是为我国高管薪酬制度改革的深入推进提供决策参考。当前，我国高管薪酬制度改革已经步入关键时期，市场化改革是其重要突破。本书对我国高管薪酬契约参照点效应的存在性识别、内在机理和对高管行为影响进行了较为全面的研究，有关研究结论可以为高管薪酬制度改革提供有利的借鉴与参考，为逐步推进市场化改革进程和完善市场化改革措施等提供决策参考。

四是有利于完善不同情境下高管薪酬契约的设计与评价。高管薪酬契约的设计与评价存在着不同的情境，不同的情境具有不同的设计和评价标准。通过对高管薪酬契约参照点效应的系统研究，有利于加强在不同政策背景、不同产权性质、经理人市场化程度高低等不同情境下对高管薪酬契约设计与评价的认识与理解，为进一步完善不同情境下高管薪酬契约的设计与评价提供参考，有利于企业在设计与评价高管薪酬契约时可以根据情境的变化而进行相应的变化与调整。

第二节 关键概念界定

一、高管薪酬

在对高管薪酬概念进行界定之前，首先要明确有关高管的概念。关于高管的概念主要有法律界和学术界两类不同的界定方式，一类是法律界对高管概念的界定主要是依据 2014 年《中华人民共和国公司法》（以下简称《公司法》）中有关高级管理人员概念的界定，该概念将公司的总经理、副总经理、董事会秘书、财务负责人以及公司章程中规定的其他人员均纳入高级管理人员的概念范畴。另一类是学术界有关高管概念的界定，从高管概念的研究范畴来看，国内外学者对高管概念的界定可以按照广义、狭义和最狭义三种方式进行不同的界定，具体内容如下：

第一种是在广义上的概念界定，该种划分方式将公司的董事会、监事会、高级管理人员等成员全部纳入高管概念的范畴，即将"董监高"均认定为高管人员，以汉布瑞克（Hambrick, 1987）和陈冬华等（2005）的概念界定为代表；第二种是在狭义上的概念界定，该种界定方式仅将公司的总经理、总裁或者首席执行官作为高管人员，但不包含董事会和监事会成员等广义高管人员，以刘绪光（2010）对高管概念的界定为代表；第三种是最狭义上的概念界定，其仅将公司董事长和总经理认定为公司的高管人员，以冉春芳（2016）的概念界定为代表。

在参考《公司法》和国内外学者对高管概念界定研究的基础上，本书将高管概念的范畴给予以下限定：高管人员包括除了董事会和监事会成员以外的高级管理人员，包括公司总裁、副总裁、总经理、副总经理、董事会秘书、财务负责人以及公司章程中规定的其他高管人员。这种划分的主要原因在于，基于高管薪酬契约分析中的委托代理分析框架的逻辑要求，董事会是股东权益的代表，而监事会是我国公司治理结构中的特殊制度安排，是代表股东利益为主的利益相关者，因此，不能将董事会、监事会界定为高管范畴，否则将会模糊委托代理关系的分析界限。

关于高管薪酬概念的界定，目前学术界有着相对统一的认识与界定。从字面意思上来看，高管薪酬是公司支付给高管人员的报酬；从高管薪酬的组成内容上来看，主要由显性的货币薪酬、隐性的在职消费、股票期权以及长期激励计划组成，其中显性的货币薪酬主要由基本薪金和基于财务绩效的年度奖金等构成（Murphy，1999；陈冬华等，2005；赵颖，2016）。由于在职消费具有较高的隐蔽性，与高管货币薪酬一样存在着超额问题，同时也受到政府政策因素的影响，两者之间存在一定的替代效应，因此，本书将在职消费单独考虑与衡量，不纳入高管薪酬范畴。由于我国有关股权激励制度尚有待于进一步完善与健全，因实施股权激励的时间较短且现已实施股权激励的公司在股权激励的额度、行权方面存在较大差异，且我国上市公司对股权激励相关信息的披露尚不全面，本书未将股权激励纳入后续研究范围。

尽管本书并没有将股权激励纳入研究范畴，但是由于年度奖金、股权激励主要是以基本薪金作为参照基准来订立的，如公司的目标奖金通常是在基本薪金的基础上乘以一定的百分比而设定，而期权奖励一般被设定为基本薪金的倍数。各类保险金、福利计划等也是在基本薪金的基础上设立的。因此，基本薪金可以被认为是整体薪酬契约的参照点，上述研究对象界定基本符合本书的研究目的。因此，鉴于以上原因的考虑，本书选取高管的货币薪酬作为研究的对象，其货币薪酬既包含高管的基本薪金，也包含高管的年度奖金等。

二、契约参照点

卡尼曼和特沃斯基（Kahneman & Tversky，1979）在其经典的前景理论中首次提出了参照点的概念，强调参照点在个体决策中的应用，他认为个体决策依据的不是决策结果可能为其带来的绝对效用值，而是依据个体已有的某个心理参照基准（实际上就是参照点），并将其与决策的实际损益量进行比较，比较结果中所偏离的方向和程度作为决策的结果。根据卡尼曼和特沃斯基的观点，参照点是个体心理中已有的中立基准，高于个体心理中立基准的部分被设为个体的实际收益，低于个体心理中立基准的部分被视为个体的实际损失。随着参照点的不断研究与发展，参照点已经在各个行业与领域得到了应用。契约参照点是参照点在契约领域中的应用，它是哈特和摩尔（Hart & Moore，2008）在其契约参照点理论中提出的概念，他们认为契约参照点是在竞争的环境下为缔约各方提供了一个判断交易关系中各自权利感受的参照标准。根据契约参照点理论的观点，具体到高管薪酬契约领域，如果高管发现自身的薪酬水平低于参照基准，就会产生一种心理上的不平衡，进而会寻求一定的补偿机制、替代机制或报复行为，以满足其心理上的平衡（Hart & Moore，2008；Fehr，Hart & Zehnder，2009，2011）。本书主要是基于契约参照点理论，当高管的薪酬低于参照基准时，高管会遭受心理上的不平衡和个人损失，进而会驱动高管薪酬的增长这一内在逻辑思路来展开研究，尽管当高于参照基准时也可能会驱动高管薪酬的增长，但是因高管并没有遭受心理上的不平衡与不满足，其在驱动高管薪酬增长的动力与幅度等方面受到一定的限制。因此，本书将低于参照基准时的情形纳入重点研究范畴。

三、薪酬契约参照点效应

关于"效应"的概念，最初有两种解释：一种是指物理或化学作用产生的效果，如热效应等；另一种是指人或事物引起的反应或效果，如名人效应等。随着经济与社会的不断发展，效应的概念也不再局限于某一特定领域，而是强调在有限环境下，一些因素和一些结果而构成的一种因果现象，多用于对一种自然现象和社会现象的描述，不局限于严格的科学定理、定律中的因果关系。效应主要强调通过实践所取得的效果及反应，体现的是社会实践所带来的深层次的因果反应。参照点效应的概念最早来自前景理论的观点，强调基于参照点的选择而对决策结果产生的影响（Kahneman & Tversky，1979）。在不同的决策框架下，个体会产生出不同参照点，决策结果相对于这个参照点会有不同的盈亏变化，这种变化会改变人们对价值的主观感受，也就是价值函数。该理论构建了一个"S"形曲线图（见图1-1），图1-1中的坐标轴圆点代表决策者设定的参照点，高于该点的部分为受益，低于该点的部分为损失，并对决策者的行为现象作出了相对合理的解释。

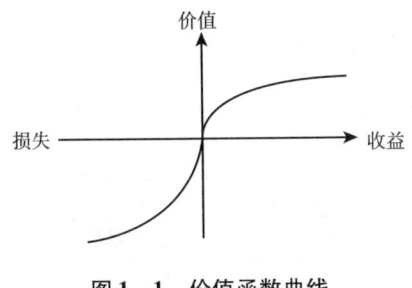

图1-1 价值函数曲线

具体到高管薪酬契约领域，薪酬契约参照点效应就是指因为契约参照点的存在而对高管薪酬产生的影响，这种影响可能是一种损失也可能是一种收益。本书研究的高管薪酬契约参照点效应是指由于上一年度契约参照点的存在导致本年度高管薪酬变动的一种因果现象。

第三节 研究思路：存在性识别—内在机理—高管行为影响

本书遵循"存在性识别—内在机理—高管行为影响"的逻辑思路，分别对高管薪酬契约参照点效应的存在性识别、内在机理和对高管行为影响展开系统研究。具体的研究思路包括：第一，对国际与国内的现实背景进行回顾，并对高管薪酬契约、参照点效应与高管薪酬契约参照点效应的研究成果进行梳理与评价，提出研究的问题及研究意义；第二，对高管薪酬契约参照点效应的存在性进行识别，包括对契约参照点类别的划分、每一个契约参照点具体的识别方法以及各个契约参照点对高管薪酬变动可能存在的影响，以验证薪酬契约参照点效应的存在性；第三，在借鉴加比亚斯和兰迪埃（Gabiax & Landie，2008）市场均衡模型的基础上，纳入高管控制权、内部参照点和个人参照点因素，构建符合我国制度背景和代理人心理特征的高管薪酬契约参照点效应内在机理的理论模型，并对其进行实证检验；第四，探究高管薪酬契约参照点效应对高管行为的影响，主要是基于契约参照点理论和经理人市场理论，探究薪酬契约参照点效应对在职消费和高管离职这两种高管行为的影响；第五，提出本书的研究结论与建议、局限性及未来研究方向。

根据以上研究思路的内容，本书的具体技术路线见图1-2所示。

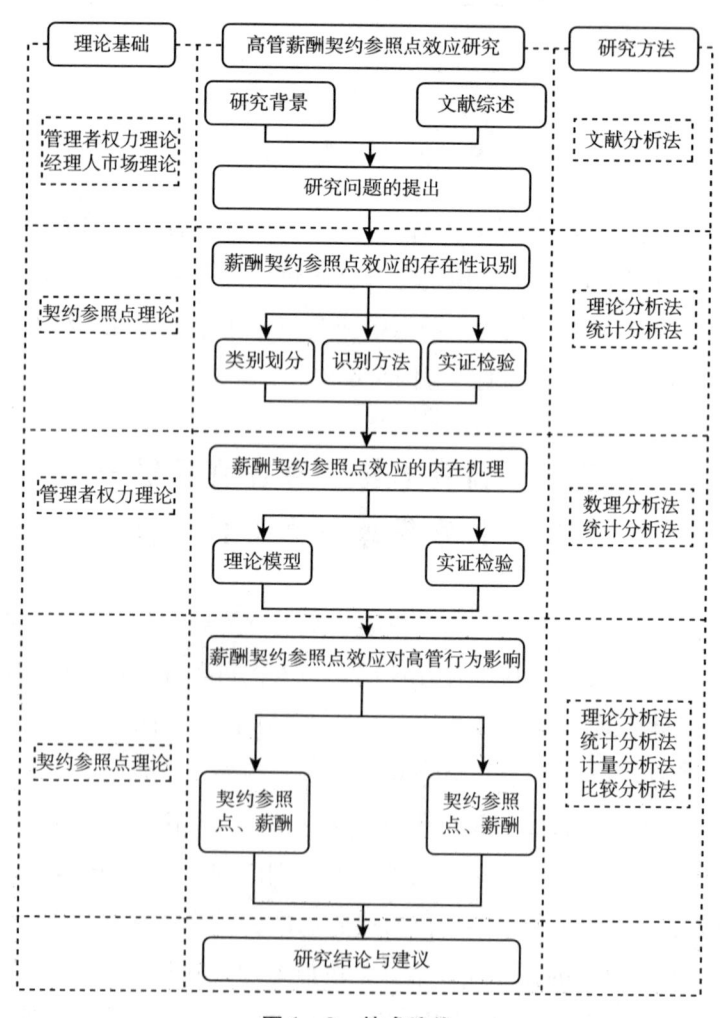

图1-2 技术路线

第四节　内容安排、研究方法与创新

一、内容安排

本书根据研究思路逐步展开进行研究，共分为七章。具体章节内容安排如下：

第一章是绪论。首先，在对当前的国际和国内研究背景进行阐释与分析的基础上，引出本书研究的问题以及相应的理论与现实研究意义；其次，在分析前期文献的基础上，对本书涉及的四个核心概念进行界定；再其次，对本书的研究思路和研究方法进行相应的阐述；最后，对本书的研究内容和可能的创新点予以说明。

第二章是相关研究综述。主要包括三个部分的研究综述，分别是对高管薪酬契约研究、参照点效应研究以及高管薪酬契约中的参照点效应研究进行综述，其中在高管薪酬契约中的参照点效应研究综述中重点对契约参照点效应的影响因素、内在机理和经济后果的研究进行回归，然后归纳出当前文献研究中存在的不足之处，以明确本书研究的边际贡献。

第三章是对高管薪酬契约参照点效应的存在性识别进行研究。该章节主要包括三部分核心内容，其一是对高管薪酬契约参照点效应存在性识别的研究，具体包括高管薪酬契约存在哪些契约参照点；其二是针对这些契约参照点，如何找到科学合理的方法对其进行识别；其三，探究这些契约参照点对高管薪酬变动的影响，从实证角度验证高管薪酬契约是否存在参照点效应。

第四章是对高管薪酬契约参照点效应的内在机理进行研究。本章主要包括两部分内容：一是构建高管薪酬契约参照点效应内在机理的理论模型，主要是借鉴加比亚斯和兰迪埃（Gabiax & Landier，2008）市场均衡模型的基础上，结合我国的制度背景和代理人心理特征，引入高管控制权、内部参照点和个人参照点因素，构建符合我国国情的高管薪酬契约参照点效应内在机理的理论模型；二是对高管薪酬契约参照点效应内在机理进行实证研究。

第五章和第六章是薪酬契约参照点效应对高管行为的影响研究，主要是在第四章高管薪酬契约参照点效应内在机理研究的基础上，基于其符合的内在机理，选取契约参照点理论和经理人市场理论展开具体研究，主要包括对在职消费和高管离职这两个方面的高管行为影响研究。其中，第五章为契约参照点、薪酬激励与在职消费的研究，探究契约参照点对实际在职消费和超额在职消费的影响、高管薪酬激励与契约参照点的交互作用对实际在职消费和超额在职消费的影响、不同产权性质、经理人市场化程度各自的差异，探究此时高管薪酬激励究竟表现为一种激励行为还是一种自利行为。第六章为契约参照点、薪酬激励与高管离职的研究，主要从公司层面和高管个体层面分别展开研究，深入研究在这两个层面高管薪酬激励对契约参照点与高管离职之间关系的影响，并分析不同产权性质与经理人市场化程度下其具有怎样的差异与不同之处，探究其究竟是表现为一种自利行为还是一种激励行为。

第七章是研究结论与政策建议。首先对前述的研究结论进行总结，得出本书的研究结论；其次，在其基础上有针对性地提出本书的政策建议；最后，对本书的研究局限进行分析，以进一步明确未来可能的研究方向。

二、研究方法

本书遵循从抽象到具体，从理论到实践的研究路径，运用契约参照点理论、管理层权力理论和经理人市场理论，综合运用文献分析、数理分析、计量分析、比较分析等研究方法，既有规范研究也有实证研究，对高管薪酬契约参照点效应的存在性进行识别，构建高管薪酬契约参照点效应的理论模型，挖掘内在机理，基于契约参照点理论和经理人市场理论来探究高管薪酬契约参照点效应对高管行为的影响。

1. 文献分析法。从研究问题的提出到核心概念的界定，从理论基础的梳理到文献综述的述评，从数理模型构建的基础到研究假设的提出等，每一项内容都贯穿着文献分析方法的使用，均是基于前人研究成果的基础上所做出的进一步的延伸与思考。

2. 数理分析法。在借鉴加比亚斯和兰迪埃（2008）市场均衡模型的基础上，结合我国的制度背景和代理人心理特征，将高管控制权、内部参照点和个人参照点因素纳入理论模型当中，以构建符合我国国情的高管薪酬契约参照点效应的理论模型，并对每一种参照点效应的理论模型分别进行数理分析，探究其背后的内在机理。

3. 统计与计量分析法。利用CSMAR数据库、Wind数据库中披露的上市公司数据，并手工搜集产权性质、在职消费、高管晋升等相关数据，综合运用统计分析法、多元回归分析、PSM分析等多种统计与计量分析方法，对高管薪酬契约参照点效应的存在性识别、内在机理以及对高管行为影响展开系统性研究。

4. 比较分析法。契约参照点是本书研究的重点，在对其划分为外部参照点、内部参照点和个人参照点的基础上，在理论分析与实证验证环节均涉及外部参照点、内部参照点与个人参照点以及综合参照点的对比，探究不同参照点效应之间的差异。此外，产权性质、经理人市场化程度高低等均存在着不同，这些不同指出在理论分析与实证环节进行对比分析，试图从比较分析中找出其对高管薪酬契约参照点效应影响的差异之处。

三、研究创新

与已有的研究相比，本书的创新点在于研究内容上的创新、理论模型上的创新以及研究视角上的创新等。具体来看，主要包括以下三个方面：

一是研究内容上的创新。以往文献在研究高管薪酬契约参照点效应时以关注外部参照点效应为主，仅验证外部参照点对高管薪酬的影响，全面性研究不足。本书基于"类别划分—方法识别—实证检验"的研究思路，不仅从多个维度对高管薪酬契约的参照点的类别进行划分，还深入探究了每一种契约参照点的具体识别方法，以及每一种契约参照点对高管薪酬变动的影响，并对其进行系统与全面的剖析，较以往文献的研究而言，在薪酬契约参照点效应的存在性识别研究的内容上更为全面与系统。

二是理论模型上的创新。本书在借鉴加比亚斯和兰迪埃（2008）市场均衡模型的基础上，结合我国的制度背景和代理人心理特征，构建符合我国国情的高管薪酬契约参照点效应的理论模型。与加比亚斯和兰迪埃（2008）市场均衡模型相比，模型设计的初衷并不局限于单一的经理人市场理论，而是将管理层权力理论中的高管控制权因素，以及契约参照点中的内部参照点（包括董事会内部参照点和高管团队内部参照点）和个人参照点等因素也纳入理论模型构建之中，理论模型的理论分析基础更为广泛和符合当前研究现状，并结合我国的国情背景，对每一种参照点效应进行了数理分析，同时还利用中国上市公司的数据对其进行了实证检验与分析，深化了高管薪酬契约参照点效应内在机理的研究。与以往的理论模型研究比较而言，具有一定的创新性。

三是研究视角上的创新。以往的文献在探究薪酬契约参照点效应对高管行为影响时，更多是基于管理层权力理论这单一的研究视角，忽视了经理市场理论的运用，得出的研究结论存在分歧之处，缺少从薪酬契约参照点效应内在机理的视角出发来探究其对高管行为的影响。本书从薪酬契约参照点效应内在机理的视角出发，基于契约参照点理论和经理人市场理论，探究薪酬契约参照点对高管在职消费和高管离职这两种行为的影响。研究结果表明，经理人市场化程度越高，高管薪酬激励对契约参照点与在职消费之间关系的抑制作用越强，同时对契约参照点与高管离职之间关系的抑制作用也越强，支持经理人市场理论的观点。此外，研究还发现，董事会内部参照点效应倾向于支持管理者权力理论的观点，具有自利行为倾向。这些研究结论有利于深化薪酬契约参照点效应对高管行为影响的研究与认知。

第二章 相关研究综述

第一节 高管薪酬契约研究回顾

一、关于高管薪酬的最优契约理论

最优契约理论根植于传统的委托代理理论，是在委托代理理论的基础上发展起来的。委托代理理论主要强调两个方面的问题：一是代理问题。股东将公司的经营权交给管理者，希望管理者能够以公司的利益最大化为目标，但是管理者与股东有所不同，他并不是公司的所有者，仅是享受经营权，管理者有着与股东不同的利益诉求，希望最大化自身的利益，而不是公司的利益。目标和利益的不同会产生代理问题，即作为代理人的管理者可能会出于自身利益的考虑而做出有损股东利益的行为。二是风险分担问题。股东和管理者可能会具有不同的风险偏好，管理者出于自身利益的考虑，可能会进入风险比较高的经营领域，一旦经营失败，承担风险的人不仅仅是管理者个人，而是由股东和管理者共同承担。詹森和麦克林（Jensen & Meckling, 1976）研究发现，委托代理问题因存在信息不对称、证实成本高昂等方面的原因，难以证实和确认代理人采取了合意的行为执行了委托人给予的委托任务。因此，委托代理理论研究的焦点便是如何设计一个最优的有效契约来解决委托代理问题。

股东通常会采取监督和激励两种手段来解决委托代理问题，其中，在监督层面，由于股东需要雇用独立的第三方来证实与规范管理者的行为决策，但监督成本高昂。相比较而言，如果直接采用激励的手段来激励高管，其相应的成本会比较低且也会更为有效。高管薪酬激励作为公司治理机制的重要组成部分，也是激励机制的核心，通常认为高管薪酬激励对缓解和协调委托方与代理方之间的矛盾与冲突具有重要的促进作用，被认为是解决委托代理问题的最佳途径（Jensen & Murphy, 1990; Jensen et al., 2004）。因此，最优契约理论要解决的核心问题演变为如何设计最优的薪酬契约。

最优契约理论的基本思想是：高管薪酬与公司业绩之间具备敏感性。在对高管薪酬契约进行设计时，需要将薪酬与公司的业绩之间关联起来，业绩增长得越多，高管薪酬也将越多。该理论设计的理念是通过薪酬业绩敏感性的使用将股东的利益与高管的个人利益有机地结合与协调起来，既强调公司和股东的利益最大化，也关注高管个人利益的获取；既强调薪酬相容约束，也强调参与约束，明确各方的风险与责任，避免由于激励不足或过度激励所带来的效用损耗，以达到高管与股东双方之间的合作与利益共赢。随着最优契约理论成果的不断丰富，关于最优契约理论的实证研究也逐步展开，这些研究均是基于最优契约理论分析范式并利用相关数据开展经验研究，但并没有得出一致的结论。

一方面，有关高管薪酬与公司业绩之间关系的研究并没有得出一致的结论。有研究认为，两者之间呈显著性正相关关系（Leone et al., 2006; Jackson et al., 2008; Sigler, 2011; 周仁俊等, 2010; 姜付秀和黄继承, 2011），也有研究发现两者之间并不存在显著性的相关关系（Jones & Kato, 1996; Attaway & Morris, 2000; 李增泉, 2000; 宋增基等, 2005），还有研究认为两者之间关系并非是一种线性关系，而是具有区间效应（Morck et al., 1988）。研究者们还发现，高管薪酬存在着黏性，并且国有企业的高管薪酬黏性高于民营企业（方军雄, 2009; 步丹璐, 2012）。

另一方面，关于相对业绩的评价作用研究也未得出一致的结论。安特尔和史密斯（Antle & Smith, 1986）用薪酬总额分别对市场业绩（股票收益）和公司业绩（会计收益）进行实证研究发现，仅有 1/3 的样本公司支持相对业绩评价假说。贾纳基拉曼等（Janakiraman et al., 1992）通过实证检验并没有找到支持相对业绩评价假说的证据。而炅（Joh, 1999）以 796 家日本公司 25 年的数据为样本进行实证研究发现有证据支持相对业绩评价假说。我国学者也对相对业绩评价进行了研究，肖继辉（2005）以我国 2012 年度上市公司的数据为样本，实证结果支持以市场加权平均、简单加权平均和中位数 ROE 业绩为参照业绩的相对业绩评价假设弱式。胡亚权和周宏（2012）利用 2001～2009 年我国上市公司的数据进行实证研究的结果显示，存在支持相对业绩评价假说的证据。

上述研究结论的不一致性，使得研究者们开始关注高管控制权对高管薪酬契约的影响力。

二、高管薪酬的管理层权力理论

最优契约理论强调，最优契约是基于股东和高管的利益最大化基础上签订的。但研究者们发现，要使最优契约理论充分发挥作用，须有三个机制作为保障。

一是董事会与高管相互独立。董事会是高管选聘、高管薪酬制定、公司业绩考核的专门机构，是股东利益的代表，须保持与高管之间的独立性，以维护股东的意志与权益。然而，董事会很难保持真正的独立性，因为董事会与股东之间也存在着利益诉求上的差异，并不会完全代表着股东利益；同时，董事会成员为了自身利益的最大化，可能会存在与高管之间的合谋行为，即董事会除了履行控制职能之外，他们与高管之间还可能是"共谋"关系，进而使高管获得满意的薪酬安排（Zahac & Westphal; 1996）。即使董事会放弃私利，但是由于受信息不对称、监督成本等方面因素的影响，董事会和高管之间有关薪酬的谈判也未必是有效的。

二是外部市场的监督。资本市场强调通过公司股票价格的变动来约束和激励高管的行为。但事实上，即使公司的股票价格下跌，面临被收购的危险，股东此时并不会直接解聘高管，而是会与高管一起想方设法共渡难关，以防止公司被收购，致使高管的既得利益很难受损失，还可能在反收购进程中获得更高的收益。产品竞争市场也未必会完全发挥其监督作用，因为产品竞争市场更为关注公司的利润而非高管的薪酬情况，当公司利润从股东向高管进行再分配时，其对公司的经营并不会产生太大的影响（Bebchuk & Fried，2004），因此并不能避免高管攫取私有收益带来良好的监督效果。

三是股东权力的使用。股东主要通过行使"起诉董事会""投票否决股票期权计划"两项权力对高管的薪酬进行约束，但是这两项权力的行使是有限的。一方面，向法院起诉董事会在制定高管薪酬存在的违法问题，理论上可行但事实上难以实施，因为很难获取董事会在制定高管薪酬中的违法证据，判定标准难以确定，操作性欠缺；另一方面，投票否决股票期权计划并不能抑制高管攫取私有收益，因为股票期权计划是面对全体高管而非个别高管。

根据以上的论述，可以看出最优契约理论的三个保障机制并不会完全有效实施。高管可能会利用自身的权力自定薪酬，攫取私有收益，这正是管理层权力理论的核心观点。该理论主要包括三个方面的内容：在高管薪酬契约的设计过程中，董事会不可能对其进行完全的控制，高管对其薪酬的制定具有影响的动机与能力；企业不按业绩计酬，而是可能运用权力进行寻租；高管薪酬可能会成为委托代理问题的一部分，而不能必然减轻委托代理问题。

管理层权力理论构建了一个"权力—薪酬关系"的假说，为了验证该假说，研究者们进行了大量的实证研究。在高管控制权与高管薪酬之间的关系研究方面，詹森和墨菲（Jensen & Murphy，1990）通过实证研究结果表明，高管控制权越大，高管薪酬将越高。吕长江和赵宇恒（2008）通过实证研究发现，控制权大的高管并不需要通过盈余管理的手段来迎合董事会的激励与考核等方面的要求，而是可以自定薪酬；而高管控制权较弱的高管更关注货币薪酬，需要通过盈余管理来达到董事会激励考核的目的。代彬（2011）利用中国上市公司2004~2008年的数据对我国国有企业高管控制权与超额薪酬之间的关系进行了实证研究，研究发现国有企业的高管控制权越大，其所攫取的超额薪酬会越多，内部薪酬差距也会越大。杨蓉（2014）利用我国A股上市公司2003~2010年的数据进行实证研究发现，我国垄断行业企业的高管控制权较大，并会通过在职消费、盈余管理、财务重述等路径影响高管薪酬，存在着自定薪酬的行为。

在高管控制权与薪酬业绩敏感性之间的关系研究方面，玛丽塞蒂和维努戈帕尔（Marisetty & Venugopal，2014）认为高管控制权可以解释30%的高管薪酬业绩敏感性。翟爱梅和张舒然（2013）分别以股票收益率和净权益收益率衡量公司的业绩，通过实证研究发现，在这两项薪酬业绩敏感中分别有12.01%、5.18%是通过高管控制权获取的。莫尔斯等（Morse et al.，2011）研究发现，业绩考核指标的选择受到权力型高管的影响，其会对董事会施加影响，以使其选择更容易实现的业绩考核指标，提升薪酬业绩敏感性，以达到操纵薪酬的目的。权小锋等（2010）实证研究结果表明，高管权力越大，其薪酬对业绩的敏感性越高。杨向阳和李前兵（2013）通过实证研究发现，高管控制权与薪酬业绩敏感性之间的关系在民营企业中表现出与国有企业的同质性，即高管控制权越大，薪酬业绩敏感性越高。

除了以上研究成果，研究者们还基于管理层权力理论对薪酬差距、投资效率、在职消费、盈余管理、公司业绩等方面展开了实证研究。我国具有国有企业、民营企业、混合所有制企业、外资企业等多种所有制形式，股权结构也呈现多种形式，受高管控制权的影响较大，管理层权力理论对我国经济管理领域的诸多问题具有一定解释力，也经常被研究者们研究相关问题所采用。

三、关于高管薪酬的经理人市场理论

有关高管薪酬契约的经理人市场理论是在研究委托代理理论的基础上发展起来的，研究者们对经理人市场展开了较为系统的理论研究。法玛（Fama，1980）最早从经理人市场角度来研究委托代理问题，提出经理人市场可以约

束经理人行为和解决委托代理问题。他认为要同时满足以下三个条件：一是经理人的才能不确定，可以随时间而改变，这种不确定性须通过估算出经理人市场中当前和过去业绩的信息来判定；二是经理人市场可以随时根据当前和过去的信息来修正经理人未来的薪酬和了解薪酬修订过程中所固有的任何强制执行力；三是经理人市场通过影响薪酬修订过程中的权重足够解决任何潜在的激励问题。具体来说，就是经理人当前管理绩效影响他在以后的市场薪酬，可以通过外部的经理人市场来制约经理人的行为。可见，法玛（1980）有关经理人市场理论的研究强调声誉机制，即经理人出于未来就业机会和薪酬因素的考虑，会重视当前声誉的培育与积累。

高管薪酬契约中的经理人市场因素尽管早有所涉及，但是并未引起足够的重视与广泛关注，大量的研究成果仍是基于最优契约理论和管理层权力理论的分析范式来展开。20世纪90年代后期，世界各国出现了大量股票期权大量被使用以及高管薪酬的持续增长问题，管理层权力理论给予的解释是由于管理者权力寻租的结果。但是管理层权力理论难以解释以下三个现象：第一，董事会的独立性已经得到了不断的增强。各国相继出台各类提升董事会独立性的政策和措施，特别是有关独立董事人选以及独立董事占比数的规定等，均在一定程度上提升了董事会的独立性。第二，根据管理层权力理论的观点，内部提拔的高管获得的薪酬应比外部聘任的要高，但是研究发现，外部聘任的高管薪酬显著高于内部提拔的高管薪酬，而且呈现日益增长的趋势。第三，公司发生高管变更时，是大量引进外部高管而不是内部提拔，并且多数公司在选聘外部高管时要求具备高管任职经历。这些现象促使研究者们重新审视经理人市场对高管薪酬契约的决定性作用。

墨菲和扎波尼克（Murphy & Zábojník, 2007）构建了一个高管选拔的一般均衡模型，该模型强调公司从内部或外部选拔高管时，主要是在公司的匹配度和专有人力资本之间进行权衡，研究结果显示，相对于公司专有人力资本，高管与公司的匹配度越高，说明高管才能的可变性越强，也就是说高管的才能更为重要，特别是对那些经理人供给富于弹性的行业，高管才能重要性的增加会导致高管的内部提升减少、更多从外部聘任以及平均均衡薪酬的增加。这在一定程度上解释了为何会出现大量外聘高管以及外聘高管薪酬高于内部提拔高管薪酬的现象。

经理人市场理论强调高管才能的供给与需求两个方面，其中在高管才能供给方面，要求高管在原公司任职期间要逐步积累自身的声誉，提升个人的才能，其才能的高低由经理人市场来决定；在高管才能需求方面，由于高管的人力资本具有稀缺性，其关系到企业成功运作和发展的核心资源，是提升企业核心竞争力的关键资源（Pfeffer，1994）。企业为了吸引和招聘到合意的高管加入公司高管团队中来，通常会给予外部聘请的高管具有市场竞争力的薪酬。也就是说，高管薪酬契约的制定会受到经理人市场中高管才能的供给与需求的影响。

除了理论上的不断探索，研究者还利用数据开展相应的经验研究，进一步证实经理人市场理论对高管薪酬契约的影响。米尔本（Milbourn，2003）通过实证研究发现，高管薪酬与高管的能力或者声誉存在正相关关系。阿尔伯克基等（Albuquerque et al.，2013）的研究结果表明，企业给予高管的额外薪酬是对其才能的肯定，是基于经理人市场上高管流动性的考虑，目的是留住那些有才能的高管。曹和王（Cao & Wang，2013）研究发现，当高管在外部经理人市场的选择机会较高时，公司通过增加留任高管的薪酬，但这个薪酬未必是与公司的业绩具有敏感性。马苏利斯（Masulis，2014）指出，在控制了新任高管因素后，受权力驱使的高管薪酬会有所降低，但是考虑新任高管因素后，高管薪酬水平会有所上升。玛丽塞蒂和维努戈帕尔（2014）以美国1996~2011年的数据为样本，通过实证研究发现，经理人市场对高管薪酬的影响要高于高管的职位和高管的权力。黎文靖等（2014）指出我国非国有企业高管的自由流动不存在障碍，经理人市场在非国有企业领域更为有效，非国有企业高管薪酬更多受到经理人市场因素的影响，采取的是市场化薪酬。

通过最优契约、管理层权力以及经理人市场的理论与实证研究综述可以看出，有关最优契约理论和管理层权力理论与实证的研究成果比较丰富，研究内容和视角也比较多，而经理人市场研究领域的成果相对较少，经理人市场在高管薪酬契约中发挥了具有关键性的作用，应重视与关注经理人市场理论对高管薪酬契约的影响。

第二节 参照点效应研究回顾

一、参照点的概念与分类研究

传统的决策理论假设认为人们的决策行为是理性的，遵循效用最大化的原则，然而大量的研究发现人们的决策行为实际上并不是完全理性的，既存在理性因素也存在非理性因素，是这两种因素共同作用的结果。认知心理学研究认为，人们在对决策方案进行评价与判断时存着一定的参照标准，即所谓的参照点。参照点的选择不同会引发决策的结果存着显著性差异。卡尼曼和特沃斯基（1979）在其经典的前景理论中首次提出了参照点的概念，强调参照点在个体决策中的应用，他认为个体决策依据的不是决策结果可能为其带来的绝对效用值，而是依据个体已有的某个心理参照基准（实际上就是参照点），并将其与决策的实际损益量进行比较，比较结果中所偏离的方向和程度作为决策的结果。霍克和洛文斯坦（Hoch & loewenstein，1991）研究发现决策者的愿景会影响参照点水平。霍克和洛文斯坦（1992）基于前景理论对参照点效应进行研究发现，参照点效应不仅受现状因素的影响，还会受非现状因素的影响，如决策者个体的期望、目标等。菲根鲍姆、哈特和丹（Fiegenbaum，Hart & Dan，1996）基于战略参照点理论将参照点划分为内在维度的参照点、外在维度的参照点和时间维度的参照点。多拉基亚和西蒙森（Dholakkia & Simonson，2005）基于前景理论发现，参照点既存在显性参照点，也存在隐性参照点。王和约翰逊（Wang & Johnson，2012）基于三参照点理论的角度将参照点划分为最低要求、现状和目标。国内外学者对参照点分类详见表2-1。

表 2-1　　　　　　　　国内外部分学者对参照点分类研究

作者	时间	参照点分类	理论基础	参照点解释
Kahneman & Tversky	1979	现状	前景理论	决策者的现状会影响参照点水平
Hoch & Loewenstein	1991	愿景	前景理论	愿景的改变会使参照点水平发生改变
Yate & Stone	1992	现状参照点和非现状参照点	前景理论	现状参照点是以个体目前所处的现实情况为参照点，如当前的收入状况、财富水平等；非现状参照点是无客观现状参照的情况，如个体的期望、目标等
Fiegenbaum, Hart & Dan	1996	内在维度的参照点、外在维度参照点和时间维度参照点	战略参照点理论	内在维度的参照点是指既定的决策过程标准和结果标准；外在维度的参照点包括竞争对手、顾客利益等方面；时间维度参照点是基于过去、现在和未来产生
Dholakkia & Simonson	2005	显性参照点和隐性参照点	前景理论	显性参照点是基于卖者的角度而言，如产品属性、价格等；隐性参照点是基于消费者的角度而言，如目标、偏好等
Wang & Johnson	2012	现状、目标和最低要求	三参照点理论	最低要求、现状和目标是影响决策的三种参照点
刘绪光	2010	内部参照点、外部参照点和时间参照点	契约参照点理论	内部参照点是以公司管理层团队的其他成员作为参照点，如董事等；外部参照点包括同业、同地区或跨国参照等；时间参照点是以过去作为参照点
谢晓非和陆静怡	2014	个人参照点和社会参照点	预期理论和社会比较理论	决策者在决策的过程中所参照的决策者的现状称为个人参照点，所参照的他人状态称为社会参照点
王光荣、李建标和李政	2015	垂直参照点、水平参照点和现状参照点	公平理论	垂直参照点是指雇员以雇主收益作为公平工资的参照基准；水平参照点是雇员以同事工资作为公平工资的参照基准；现状参照点是雇员以自己的工资现状作为公平工资的参照基准

哈特和摩尔（Hart & Moore，2008）基于契约参照点理论探究了参照点效应在契约中的发展，将契约看作是一种参照点，认为是在竞争的环境下为缔约各方提供了一个判断交易关系中各自权利感受的参照标准，开创了参照点在契约领域的研究。研究者们在研究契约参照点时，更多地将研究的视角聚焦在外部参照点，如比扎克等（Bizjak et al.，2008）、福克纳和杨（Faulkender & Yang，2010）、阿尔伯克基等（Albuquerque et al.，2013）的研究成果。我国也有部分研究者对契约参照点进行了分类。李维安等（2010）用国际参照点来衡量契约参照点，将参照点的研究视野由国内拓展到国外，并通过实证研究验证了国际参照点对高管薪酬契约的影响。刘绪光（2010）基于契约参照点理论，构建了一个契约参照点三维分析框架，将参照点划分为内部参照点、外部参照点和时间参照点三类。谢晓非和陆静怡（2014）将基于社会比较理论将契约参照点划分为社会参照点和个人参照点，并探究了社会参照点和个人参照点交互作用对决策的影响。王光荣等（2015）从公平理论的角度将契约参照点划分为垂直参照点、水平参照点和现状参照点三类。

有关薪酬契约参照点的研究以外部参照点为主，较少考虑内部参照点和个人参照点。其中外部参照点考虑了行业、规模等因素，并直接选取行业薪酬的均值或中位值作为参照基准，较少涉及多种因素（行业、规模、产权、地区等）的社会比较；对内部参照点和个人参照点的研究关注度比较少，少数研究文献在衡量该变量时没有考虑对薪酬进行物价指数平减处理，影响了该变量衡量的准确度。

二、参照点效应的产生与发展研究

参照点效应的概念最早来自前景理论的观点，强调基于参照点的选择而对决策结果产生的影响（Kahneman & Tversky，1979）。随着参照点效应的不断发展，参照点效应的研究呈现以下四个方面的发展趋势。

一是由单一参照点效应向多重参照点效应发展。早期有关参照点效应的研究是以单一参照点效应为主，尽管卡尼曼和特沃斯基（1979）认为人们的参照点水平可能受到现状、社会规范、渴望水平等因素的影响,但是为了建模的方便,他们只研究了现状这一因素对参照点水平的影响,认为决策者的现状水平影响参照点水平。其后,霍克和洛文斯坦(1991)研究发现决策者的愿景会影响参照点水平。但不久之后,越来越多的研究者们发现有多种参照点效应会同时作用于决策的过程,霍克和洛文斯坦(1992)基于前景理论对参照点效应进行研究发现,参照点效应不仅受现状因素的影响,还会受非现状因素的影响,如决策者个体的期望、目标等。袁卓群等(2014)认为缔约人的行为是受到多重参照点效应的影响,这些参照点分别是禀赋、愿景、社会比较因素等。

二是由静态参照点效应向动态参照点效应发展。研究者的研究视野还将参照点效应对决策过程的影响由静态扩展到动态。陈伟等(2014)基于时间因素的考虑,认为个体的决策存在多次重复决策,是动态的,并将参照点划分为静态参照点和动态参照点。谢晓非等(2009)基于多阶段动态决策,对参照点中的最低要求、现状和目标进行了研究,探究了在多阶段动态决策中各自的作用。谢晓非和陆静怡(2014)研究了将参照点划分为个人参照点和社会参照点,探究了两种参照点对风险决策的影响。

三是参照点效应研究的理论基础呈多样化发展。参照点效应的理论基础已经突破早期的前景理论,与之相关的理论还有战略参照点理论、三参照点理论、预期理论、公平理论和契约参照点理论等,每个理论都从各自的角度对参照点效应进行阐述自己的观点,并在一定的范围能进行理论的实践与应用,呈多元化发展态势。如菲根鲍姆、哈特和丹(1996)基于战略参照点理论将参照点划分为内在维度的参照点、外在维度的参照点和时间维度的参照点;哈特和摩尔(Hart & Moore,2008)基于契约参照点理论探究了参照点效应在契约中的发展,将契约看作是一种参照点,认为是在竞争的环境下为缔约各方提供了一个判断交易关系中各自权利感受的参照标准。王光荣等(2015)基于公平理论进行试验研究结果显示,工资现状具有参照点效应,垂直参照点与现状参照点同时作为公平参照点起作用,但两者的权重存在差异,前者大于后者。

四是应用领域由心理学领域向多学科领域扩展。参照点效应的应用领域最早主要集中在心理学学科领域，后来随着研究进展的不断推进，应用范围也在逐步增加，参照点效应已经在很多学科均有所应用，包括消费行为学、金融学、教育学、管理学以及劳动经济学等学科。如多拉基亚和西蒙森（Dholakkia & Simonson，2005）将参照点划分为显性参照点和隐性参照点，并用于消费行为学领域。班贝格和菲根鲍姆等（Bamberger & Fiegenbaum et al.，1996）研究了参照点在人力资源管理方面的应用。梅春和赵晓菊（2016）基于参照点效应的视角，采用 2005~2013 年我国 A 股上市公司的数据，考察了垂直薪酬差异和平行薪酬差异对副总经理的筛选影响。

由上可以看出，参照点效应的研究已经比较广泛，呈现多重性、动态化、多样化等方面的特征。但是，在契约参照点领域应用尚不够广泛，仍处于起步状态。下文将详细综述参照点效应在契约领域的应用与发展。

三、参照点效应中的契约参照点理论

经过对参照点分类以及参照点效应的产生和发展研究的梳理，我们发现参照点效应的理论基础主要有前景理论、三参照点理论、社会比较理论、公平理论和契约参照点理论等。契约参照点理论是近年来新起的一种理论，对参照点效应的发展具有十分重要的影响，且已引起学者们的关注，以下重点对契约参照点理论研究进行回顾与分析。

传统的契约理论是一种完全契约理论，强调当事人之间能够签订完全的契约，不存在不完全性，然而这种理论忽视了在契约制定过程中可能会存在的各种不可预见的现实问题。哈特（Hart）教授及其合作者于 1986 年和 1990 年的两篇文献详细论述了契约的不完全性，并奠定了不完全契约理论的基本框架。不完全契约理论认为由于人的有限理性、信息的不对称性和环境的复杂性（Grossman & Hart，1986；Hart & Moore，1990），契约主体难以预见所有或然事件，即使能够预见所有的或然事件，但是难以将所有的或然事件写

入契约成本，契约的撰写成本过高，即使可以全部写入契约，但是执行的难度较大，执行成本也较高（Tirole，1999；Maskin，1999），契约主体在事前签订的契约并不是完全的，存在不完全性，认为解决这些问题的关键在于产权的事前分配，并假设事后的谈判是有效的。该理论为企业边界提供了重要的价值线索，但仍具有一些缺陷，比如该理论并不适用于探讨企业内部组织形态问题，也难以理解现实当中为何会存在除了产权之外的任何治理机制，例如所谓的权威、科层、授权等，还有就是过于依赖资产专用性（Hart & Moore，2008）。这些缺陷一直被完全契约理论支持者们所质疑，成为双方长期争论的焦点。

要解决不完全契约理论存在的问题，必须假定事后无效率，并将重心放在如何改进事后的效率上，这也是不完全契约理论得以进一步发展的驱动力。最近兴起的行为经济学恰好可以满足这些条件与要求，为契约参照点理论的产生和发展提供的契机。哈特和摩尔（2008）从两个方面拓展了不完全契约理论存在的问题：一是假定事后交易仅可部分契约化，而不是完全契约化；二是借鉴行为经济学的相关研究成果，将有关行为因素纳入其分析当中，如参照点、报复等，特别是通过在契约模型中加入了参照点因素，开创了契约参照点理论（也有文献将其称之为第二代不完全契约理论），极大地推动了不完全契约理论的发展。

哈特和摩尔（2008）将契约看作是一种参照点，是在竞争的环境下为缔约各方提供了一个判断交易关系中各自权利感受的参照标准。在事后，双方对权利的感受会影响有关契约的履行情况，进而对事前最优契约的设计会产生影响。具体来说，相对于事先的契约参照点，如果缔约方感到自己的权利得到了满足，就会用完美的履约形式来实施合作行为；反之，如果缔约方感受到交易中自己的权利受到了侵害，就会用敷衍的履约形式来实施投机行为，就会导致无谓的损失。为了减少投机行为，降低不必要的损失，缔约双方可以签订刚性的契约，也可以签订柔性的契约。刚性契约会在事前以固定的契约条款来防范事后可能存在的缔约损失，但是因其缺乏灵活性，可能会在事后交易中丧失一定的交易机会。柔性契约可以增加事后交易的机会，但是可能会因契约一方的投机行为带来损失。所以，最优的契约形式应是有关缔约当事人在保护权利感受的刚性与事后效率的柔性之间进行的权衡。

基于以上分析，可以将契约参照点理论的基本思想概括为：契约参照点是缔约双方权利感受状况的参照标准。在缔约方事前签订的契约中会明确缔约各方的权利，事前契约中规定的权利成为缔约人事前契约中权利参照点，而缔约人究竟采取投机行为还是合作行为，取决于缔约人所获得的结果与其权利参照点之间的比较。但是如果在非竞争环境下，自利的缔约人将可能获得的最大收益作为权利参照点，这导致至少会有一个缔约人对最终结果不满意并采取投机行为。在竞争性环境下，契约具有参照点的功能，能够使缔约双方在事前签订契约中规定的结果作为权利的参照点，而不是以自利的缔约人最大收益作为权利参照点。因此，契约是否具有参照点功能，不仅取决于契约中规定的权利内容，还取决于契约所处的环境是否为竞争环境。

随着研究的不断推进，契约参照点理论也得到了不断地拓展。哈特（2008）、哈特和霍姆斯特罗姆（Hart & Holmstrom, 2010）还基于契约参照点的思想建模探讨了企业的规模、内部权威以及授权机制问题，为企业边界的研究提供了新的思路。哈特（2013）对长期契约的效率问题进行了探索，重点对长期契约签订中的三个目的及其相互之间的关系进行了研究。

契约参照点理论是一种新兴的理论，是不完全契约理论的进一步深化与发展。自该理论产生以来，已有少数研究者开始关注与思考契约参照点理论，并通过多种方式加以研究与论证。在理论研究方面，聂辉华（2011）在《不完全契约理论的转变》一文中详细地对不完全契约理论的发展、存在的问题、契约参照点理论的产生以及发展进行了详细的论述。徐细雄（2012）对契约参照点理论的基本思想、简化模型、最新拓展和实验证据等方面进行了详尽梳理，为厘清契约参照点理论的演进、创新等指明了未来发展的方向。总体上来看，有关契约参照点理论的研究，还处于对哈特及其合作者有关契约参照点理论的梳理与引进层面，尚没有对其理论的深入与进一步研究。在实证研究方面，刘绪光（2010）较早地基于前景理论对高管薪酬契约参照点效应进行了探究，包括契约参照点设置的理论模型、对薪酬变动和盈余管理的影响等。徐细雄和谭瑾（2014）基于契约参照点理论，利用我国 A 股 2004~2011 年数据实证检验了高管薪酬契约的参照点效应及其治理后果。但是其仅考虑了同业参照点和同地区参照点，仅将参照点效应集中于外部参照点，对个人参照点和内部参照点并未涉及。罗昆和范琼琼（2016）基于管理层权力理论和经理人市场理论对不同产权性质下参照点效应与高管薪酬增长之间的关系进行了实证研究。研究结果表明，高管薪酬契约参照点效应存在着产权差异，不同产权性质支持不同的理论分析框架。可见，有关契约参照点理论与实证研究成果均较少，对契约参照点理论的系统性研究不足。

第三节 高管薪酬契约参照点效应研究回顾

一、薪酬契约参照点效应的存在性识别研究

有关薪酬契约参照点效应存在性识别的研究主要集中在外部参照点、内部参照点和个人参照点领域，其中以外部参照点领域的研究为主。

在薪酬契约外部参照点效应存在性识别方面，研究者们更多从行业、规模因素对外部参照点效应展开了研究。这些文献认为高管薪酬契约参照点效应存在的主要原因在于公司在制定高管薪酬时所用的标杆法，在同行业内存在传导效应，当一部分企业高管薪酬增加时，所有企业的高管薪酬均得到增加（Gabiax & Landier，2008）。研究者们在最初进行薪酬契约外部参照点效应存在性识别方面，直接采取同行业高管薪酬的均值或者中值作为外部参照的基准，如比扎克等（2008）、福克纳和杨（Faulkender & Yang，2010，2013）的研究。后来研究者们开始采取影响因素匹配的方式较为精确地识别出外部参照点，如阿尔伯克基等（Albuquerque et al.，2013）运用 PSM 方法对同行业、同年份、规模相近的公司进行了识别，并将识别后样本公司高管薪酬中位值作为薪酬参照基准，如果公司高管薪酬低于该参照基准，说明存在契约参

点；反之，则不存在。赵颖（2016）较为系统与全面地对外部参照点效应的存在性进行了识别，该研究指出，规模、行业、产权、地区等因素会影响高管薪酬契约外部参照点效应，需要运用 PSM 方法从这四个因素分别进行存在性识别。除了进行直接与外部参照基准的比较之外，研究者从是否使用契约参照点来驱动高管薪酬的增长来识别外部参照点效应是否存在，以杨和杨（Yang & Yang，2009）为代表。

在薪酬契约内部参照点效应存在性识别方面，研究者们对其关注的较少。刘绪光（2010）较早地对内部参照点进行研究，文中较为系统地从经济型治理下和行政型治理下高管内部薪酬比较的相关文献进行了梳理，并指出公司内部其他高管薪酬水平是高管薪酬的参照基准之一，但是在后续的实证研究部分并没有对高管团队内部薪酬差距相关的参照点进行研究，而是用董事会参照点来进行衡量，即仅考虑了董事会内部参照点，将董事的薪酬作为高管薪酬的参照基准。陈靖涵等（2013）基于行为学的方法对内部参照点效应的存在性进行了研究，研究结果表明，高管薪酬契约的设计会受董事会内部的董事薪酬水平的影响，会以董事薪酬水平的高低作为制定高管薪酬契约的参照，即董事薪酬可以作为高管薪酬契约的内部参照点。有关高管团队内部参照点的研究尚未发现有文献专门涉及，相关研究集中在高管团队内部薪酬差距的研究领域，在该领域主要是基于锦标赛理论和行为理论对高管团队内部薪酬差距与业绩之间（Harbring & Martines，2003；Firth et al.，2015；鲁海帆，2007；梁彤缨等，2013）、与盈余管理之间（Connelly et al.，2014；杨志强和王华，2014；申晔，2016）、与投资效率之间（王建军和刘红霞，2015）等进行了研究，这些文献尽管没有明确对高管团队内部参照点效应如何进行衡量与识别，但是证明了高管团队内部存在着内部参照点效应。

在高管薪酬契约个人参照点效应方面，有关个人参照点效应研究的文献较少，以刘绪光（2010）的研究为代表，不仅对个人参照点进行识别与衡量，还通过实证研究验证了高管薪酬契约存在个人参照点效应。此外，潘玲川（2016）以历史薪酬为参照点探究了 CEO 薪酬偏差对企业风险行为的影响，并指出高管不仅会与类似高管薪酬进行比较,还会进行自我薪酬的比较,证实了个人参照点的存在性。

可见,对外部参照点效应研究的识别方法、实证研究等方面研究成果相对较多,但是有关内部参照点和个人参照点效应的研究涉及较少。在内部参照点效应研究方面,已有文献对董事会内部参照点的存在性进行的理论与实证方面的检验,证实了董事会内部参照点效应的存在性,但是尚缺少对高管团队内部参照点的识别与验证。在个人参照点效应研究方面,不仅研究文献较少而且在具体识别方面也存在有待改进之处,比如现有的研究并没有剔除通货膨胀因素对高管个人薪酬的影响,可能高管本年度的薪酬与上年度相比并没有降低,但是一旦剔除通货膨胀因素,可能会发生薪酬降低现象,对这方面因素的处理现有研究较少涉及。

二、薪酬契约参照点效应的内在机理研究

关于高管薪酬契约参照点效应的内在机理研究,主要有两种:一种观点是基于管理层权力理论,认为契约参照点的使用仅是管理者谋取私有权益的一种手段,其使用是无效的,特别是在公司治理水平低的一些公司,高管更容易利用其掌握的权力来提升高管薪酬水平,高管薪酬契约参照点效应是高管谋取私有收益的体现,不利于公司业绩水平和治理水平的提升(Faulkender & Yang, 2010, 2013);另一种观点是基于经理人市场理论,认为契约参照点的使用对促进高管人才的市场流动、提升高管声誉以及公司获取更高的人力资本具有重要的作用,是高管才能的体现(Bizjak et al., 2008, 2011; Albuquerque et al., 2013),其使用是有效的。国内外学者对高管薪酬契约参照点效应内在机理展开了相应的经验研究,以下分别从经理人市场理论和管理层权力理论的验证角度进行综述。

在支持经理人市场理论研究方面,霍姆斯特伦和卡普兰(Holmström & Kaplan, 2003)通过实证研究发现,竞争性薪酬是受市场因素的驱动,是高管才能在市场中的供给与需求情况的反映,参照标杆为公司制定具有市场

性的高管薪酬提供了帮助。比扎克等（2008，2011）通过实证研究发现，高管薪酬契约制定中所使用的标杆法广泛存在，并认为是一种实际的和有效的机制，对高管才能的维护是必要的，强调按照参照公司薪酬来制定本公司的市场性薪酬，有利于保留有价值的人力资本，高管薪酬契约参照点效应代表了对高管人才的一种奖励。阿尔伯克基等（2013）的进一步研究表明，公司选择高薪酬的参照对象代表了那部分未获得高管才能的一种回报。

在支持管理层权力理论研究方面，福克纳和杨（Faulkender & Yang，2010，2013）通过实证研究表明，在低的机构所有者、低的董事所有权、低的 CEO 所有权、繁忙的董事会、规模大的董事会、没有集中监管的董事会以及股东抱怨薪酬实践的公司，它们更倾向于采用标杆薪酬来制定本公司高管薪酬，也更容易出现自利行为。德瓦恩和迪普雷特（De Vaan & Diprete，2014）研究发现，契约参照点并不是高管才能的一种反映。江伟（2011）利用中国上市公司的数据专门从管理层权力理论的角度对高管薪酬增长问题进行实证研究表明，越是公司治理机制弱化的公司管理者越可能采用契约参照点获得高管薪酬的增长。罗宏等（2016）从管理者权力的角度对薪酬攀比、盈余管理和薪酬操纵之间的关系进行研究，结果表明薪酬攀比是契约参照点的一种体现，并在未来通过盈余管理操纵薪酬的程度会增加。

究竟高管薪酬契约参照点效应更倾向于支持哪一种理论解释呢？杨和杨（2009）基于我国资本市场的数据进行实证研究表明，我国高管薪酬契约参照点效应的使用是有效率的，支持经理人市场理论，而不是管理层权力理论的解释。刘绪光（2010）以我国 2001~2006 年上市公司平衡面板数据，分别对经理人市场假说和管理层权力假说进行了变量测度，并结合契约参照点进行实证研究显示，高管薪酬的日益增长是经理人市场对高管才能需求的体现。杨青等（2014）认为，高管薪酬契约的外部参照点效应的背后并非一种理论可以解释，个体掠夺（基于管理层权力理论）和集体辩护行为（基于经理人市场理论）可能同时存在，但更倾向于支持经理人市场理论。卡德曼和卡特

(2014) 研究了选择同伴公司的影响因素以及同伴选择对后期 CEO 薪酬的影响作用，将研究的样本覆盖到整个经理人市场，研究发现样本公司倾向于选择资产规模相对大、业绩水平相对好、增长水平相对大的公司作为同伴公司，体现了机会选择，当同伴样本越能反映经理人市场水平时，这种机会选择倾向性越小，认为以往文献得出同伴选择具有机会主义动机的结论是有偏的。赵颖（2016）利用 1999~2012 年我国非金融上市公司的数据，对高管薪酬的同群效应进行了分析，研究结果表明，我国高管薪酬存在较为显著的同群效应，该同群效应对企业的发展是一种共享式的而不是掠夺式的，支持经理人市场理论的解释。

由上可以看出，有关高管薪酬契约参照点效应的内在机理研究，更多地倾向于支持经理人市场理论的解释，但主要考虑了外部参照点这一种情形，并未考虑内部参照点、个人参照点，特别是高管团队内部参照点没有考虑，高管薪酬契约的个人参照点效应、内部参照点效应等究竟倾向于支持哪一种理论尚未有文献涉及。此外，为何两种理论的研究结论会存在分歧之处，背后是何种原因造成了两种截然不同的观点，研究结论的分歧之处是不是可能与存在多重参照点有关，前期文献并没有给出明确的答案。

三、薪酬契约参照点效应的影响后果研究

哈特和摩尔（2008）研究发现，相对于事先的契约参照点，如果缔约方感到自己的权利得到了满足，就会用完美的履约形式来实施合作行为；反之，如果缔约方感受到交易中自己的权利受到了侵害，就会用敷衍的履约形式来实施投机行为，就会导致无谓的损失。那么薪酬契约参照点效应会产生怎样的影响后果呢？研究者们从多方面对这一问题进行了研究，主要是基于两个层面展开：一是公司层面，包括公司业绩、公司风险、公司治理水平等方面；二是高管行为层面，包括盈余管理、投资效率、在职消费、高管离职、研发支出、风险承担、企业并购等方面。

从对公司层面的影响来看，比扎克等（2008，2011）、阿尔伯克基等（2013）

认为，契约参照点的使用是高管才能的体现，有助于提升公司的业绩水平和公司治理水平。杨和杨（2009）基于我国资本市场的数据进行实证研究表明，薪酬契约参照点效应对公司业绩的提升具有促进作用。赵颖（2016）研究发现，中国高管薪酬契约存在同群效应，其对企业的发展具有共享性，支持经理人市场理论。

从对高管行为层面的影响来看，管理层权力理论的支持者们通过研究发现，契约参照点会引发高管的自利行为（Elson & Ferrere, 2012; De Vaan & Diprete, 2014）。刘绪光（2010）基于前景理论进行实证研究发现，契约参照点会引发高管的盈余管理，是高管盈余管理的一种动机。罗宏等（2016）研究表明薪酬攀比是外部契约参照点的一种体现，并在未来通过盈余管理操纵薪酬的程度会增加。徐细雄等（2014）从高管薪酬契约参照点效应对高管在职消费行为和高管离职行为进行了实证研究，研究发现契约参照点效应会引发高管的在职消费和离职行为。王倩（2014）通过理论分析指出，当高管发现自身的利益位于参照点之下时会感受到自己的权利受到了侵害，高管将会采取投机行为，如在职消费、过度投资、盈余管理等，从而造成交易效率的损失。利姆（Lim, 2015）通过高科技企业 CEO 限制性股票参考基准效应对研发投资强度的影响进行研究发现，参考基准的负向差异会提高风险承担水平。潘玲川（2016）基于不同参照点视角探究了 CEO 薪酬偏差对公司风险行为所带来的影响，重点探究了历史参照点和行业参照点对其带来的不同影响。松等（Seo et al., 2015）研究了契约参照点、企业并购与 CEO 薪酬之间的关系，研究发现契约参照点与企业并购活动呈正相关关系，同时企业并购活动又与 CEO 薪酬的提升呈正相关关系。

综上可知，有关契约参照点效应的影响后果研究主要集中在公司层面和高管行为层面，其中在公司层面得出了相对一致的研究结论。但是在高管行为层面的研究尚处于零散状态，较少从高管薪酬契约参照点效应的内在机理角度出发，来探究其所对高管行为的影响，特别是很少从经理人市场角度出发探究其对高管行为的影响。当上一年薪酬激励不足存在契约参照点时，本年度进行薪酬激励高管会做出怎样的行为，有着怎样的行为动机，现有的文献研究并没有给出明确的答案。

第四节 文献评述

就目前文献研究而言，高管薪酬增长问题主要从最优契约理论和管理层权力理论的视角对其进行了广泛的关注与讨论，相关研究成果为本书进一步研究提供了文献参考与借鉴。纵观已有的文献研究成果，尚存在以下不足之处：

首先，对高管薪酬增长问题的探究以最优契约理论和管理层权力理论的研究视角为主，较少基于契约参照点理论和经理人市场理论对其进行深入地探究，少数研究者尽管对其进行了关注，但是仍局限于从管理层权力理论对其进行探究，较少有文献将经理人市场理论也纳入研究分析框架，即从经理人市场理论的角度对其探究的文献较少。当前，我国存在不同产权性质的企业，国有企业的高管薪酬仍受到政府的管制，而非国有企业的高管薪酬更多采取的"市场化薪酬"，不同产权性质的薪酬中制定存在着制度上的差异。如何基于我国不同产权性质的制度背景，对高管薪酬增长问题进行探究是有待于深入思考的问题，契约参照点理论和经理人市场理论的相关研究成果为本书提供了可切入点和研究的空间。

其次，从现有的文献来看，对契约参照点以关注外部参照点为主，很少关注内部参照点和个人参照点。事实上，董事会其他高管薪酬水平、高管团队内部其他高管薪酬以及高管历史薪酬水平情况都会影响董事会与高管的薪酬契约的谈判，也会影响高管对自身薪酬水平的评价，对高管薪酬契约中的内部参照点、个人参照点较少有学者关注，不同契约参照点之间具有怎样的区别以及对高管薪酬有着怎样的影响等尚未引起研究者的足够重视，对这些问题的深入探究具有理论与现实上的意义。

再次，有关薪酬契约参照点效应的内在机理仍存在争议，有支持经理人市场理论的，也有支持管理层权力理论的。以往的研究更多是基于经理人市场发育较成熟的国情展开，而对我国经理人市场发育不完善，存在不同产权和多重参照点背景的情况，需要构建一个适合我国国情和代理人心理特征的薪酬契约参照点效应内在机理的理论模型，薪酬契约参照点效应的内在机理究竟支持哪一种理论，抑或两种理论都予以支持，这有待于理论的研究和实证上的检验。

最后，契约参照点效应的影响后果主要集中在公司层面和高管行为层面，较少从高管薪酬契约参照点效应的内在机理角度出发来探究其对高管行为的影响，从高管控制权角度探究的比较多，研究者们更多探究了契约参照点效应可能存在自利行为，并对其进行了检验，但是很少关注经理人市场角度对高管行为所带来的影响，对其激励性的影响后果也较少涉及。当上一年薪酬激励不足存在契约参照点时，本年度进行高管薪酬激励究竟是表现一种自利行为还是一种激励行为也没有得出明确的答案。本书不仅探究契约参照点理论下高管薪酬契约参照点效应对高管行为的影响，还探究经理人市场理论下对其所带来的影响，重点探究对高管在职消费和高管离职这两种行为的影响。

本书正是针对以往文献研究的不足之处对高管薪酬契约参照点效应展开研究，主要是基于契约参照点理论、经理人市场理论和管理层权力理论对高管薪酬契约参照点效应进行探究，包括对高管薪酬契约参照点效应存在性识别、内在机理以及对高管行为影响三个方面进行全面系统地研究，其中在对高管行为影响研究方面，主要对在职消费和高管离职这两种高管行为的影响进行深入和全面地探究，并将产权性质、经理人市场化程度纳入分析框架，探索薪酬契约参照点效应在这些方面的存在的差异，以弥补以往研究的不足之处。

第三章 高管薪酬契约参照点效应的存在性识别

第一节 高管薪酬中参照点效应存在性识别：三个维度

一、研究问题的提出

植根于代理理论，关于高管薪酬的研究始终在最优契约理论的分析范式下展开（Jensen & Murphy, 1990）。然而在现实中，高管薪酬设计却往往会背离传统的理论模型，非最优的薪酬反而被认为是普遍、持久和系统的（Bebchuk & Fried, 2003, 2005），管理层权力理论（Bebchuk, Fried & Walker, 2002）和经理人市场理论分别对先前的分析范式做了改进和拓展（Murphy & Zabojnik, 2004; Gabaix & Landier, 2008）。前者批判性地分析了董事公平缔约假设，后者则基于拓展竞争市场假设对最优契约理论的委托代理分析范式作了修正。

不可否认，对于高管薪酬的研究仍然存在着不足之处。具体而言，在上述的研究中，在理论上着眼于经济学领域，在变量上集中于激励因素。针对这样的不足，不少国内外学者指出，先前的诸多研究普遍忽视了高管薪酬契约设计中参照基准的作用及其对高管主观心理感知与行动选择影响（Ezzamel & Watson, 1998; Devers, Cannella, Reilly & Yode, 2007）。特别是美国证券交易委员会（SEC）在2006年强制性要求上市公司披露其参照同伴公司信息以来，对高管薪酬契约参照点效应的研究屡见不鲜，如比扎克等（2008）发现公司比较倾向于寻找在规模、行业相近的公司作为薪酬参照的标杆。

近些年兴起的契约参照点理论（Hart & Moore, 2008; Fehr, Hart & Zehnder, 2009, 2011）强调缔约方会将自己的利益与参照点进行比较，以判断自身利益的得与失。契约参照点已经被引入到高管薪酬研究当中，并作为高管薪酬契约制定中十分重要的因素。根据契约参照点理论的观点，契约参照点是高管判定自身利益得失的参考，如果高管发现自身的收益低于参照基准，就会产生一种心理上的不平衡，进而会寻求一定的补偿机制，以满足其心理上的平衡，其中补偿机制采取一定措施来弥补其所遭受的损失，使其收益位于参照点水平之上。然而，当前有关薪酬契约参照点效应的研究主要集中在外部参照点领域，比如以同行业、同地区、规模相近的公司作为薪酬参照的标杆（如 Albuquerque 等，2013；徐细雄和谭瑾，2014），这些研究成果证明了高管薪酬契约外部参照点效应的存在性，但是薪酬契约参照点究竟有哪些参照点，目前学术界尚没有统一的观点。这些参照点也没有相对统一的识别方法，以及这些参照点对薪酬变动具有怎样的影响，是否存在薪酬契约参照点效应，这些问题有待于做进一步深入和系统的研究。

本章以我国 2009～2014 年上市公司的数据为样本，对高管薪酬契约参照点效应的存在性识别进行了研究。研究结果表明，薪酬契约参照点可以划分为外部参照点、内部参照点和个人参照点三类。其中内部参照点包括董事会内部参照点和高管团队内部参照点，每一种参照点都有着自己的识别方法。这些参照点对高管薪酬的变化都具有正向影响的作用，即高管薪酬契约存在着参照点效应。有关薪酬契约参照点效应存在性识别的研究，对厘清契约参照点的分类、识别方法、存在性等具有十分重要的作用，可以丰富有关薪酬契约参照点的研究成果，有利于更为深入地认识与理解薪酬契约参照点，还可以为有关薪酬决策部门以及监管部门提供参考。

二、理论分析与研究假设

国外的研究者们在探究契约参照点时，大多从行业、规模因素来衡量外部参照点，并以此研究契约参照点与高管薪酬之间的关系。加比亚斯和兰迪埃（2008）构建了一个高管薪酬契约参照点效应的理论模型，并通过实证研究发现，公司通常会参照规模相近、同行业的公司的高管薪酬水平来设计本公司的高管薪酬契约，比扎克等（2008）、阿尔伯克基等（2013）等也证实了同样的观点。福克纳和杨（Faulkender & Yang，2010，2013）通过实证研究发现，公司倾向于选择那些规模大、薪酬水平高的公司作为参照标杆来制定本公司的薪酬契约，从而提升本公司高管薪酬的水平。布鲁克曼和蓟（Brookman & Thistle，2013）利用美国资本市场的数据进行实证研究发现，本公司 CEO 薪酬增长的水平与同行业公司 CEO 平均薪酬水平呈正向关系，后者每增长 10%，前者将会随之增长 1%。

中国高管薪酬的增长是否也与高管薪酬契约参照点效应有关呢？是不是也参照同行业、规模相近公司来制定本公司的高管薪酬契约呢？刘绪光（2010）通过理论分析发现，我国薪酬契约的外部参照点存在经济型参照点和行政型参照点两种类型，其中经济型参照点与经理人市场比较发达的国家选取契约参照点时类似，倾向于选取同行业、规模相近的公司薪酬水平作为参照点标杆。但是，当前我国经理人市场发育尚存在着不均衡和不完善之处，国有企业高管薪酬的制定受到政府的薪酬管制，属于行政型参照点类型，这一类型企业在制定高管薪酬契约时还会考虑产权和地区因素的影响。江伟（2011）、杨青等（2014）从行业和规模的因素衡量了外部参照点变量并探究了外部参照点对高管薪酬增长的影响，研究结果表明，高管薪酬契约存在外部参照点效应。徐细雄和谭瑾（2014）通过实证研究发现，契约参照点既受到同行业参照点因素的影响，又受到同地区参照点因素的影响。赵颖（2016）通过实证研究发现，我国高管薪酬契约同群效应受到产权性质因素的影响，存在着产权性质方面的差异，罗昆和范琼琼（2016）也得出相似的结论。基于上述的理论与实证研究发现，本书提出假说1：

假说1 高管薪酬契约受同行业、同产权、同地区、规模相近公司高管薪酬水平的影响，存在着外部参照点效应公司内部其他高管薪酬水平会对高管的心理认知产生的影响。在公司内部，高管薪酬水平会受到董事会其他成员薪酬水平的影响，比如董事薪酬水平。陈靖涵等（2013）基于行为学的方法对我国高管薪酬的决定因素进行了研究，研究结果表明，高管薪酬契约的设计会受董事会内部的董事薪酬水平的影响，会以董事薪酬水平的高低作为制定高管薪酬契约的参照，即董事薪酬会作为高管薪酬契约的内部参照点。如果高管发现自身的薪酬水平低于董事的薪酬，则会认为在董事会遭受了不公平待遇，其权利受到了侵害，容易产生消极或报复心理；反之，如果高管发现自身的薪酬水平位于董事薪酬水平之上，则会认为其工作得到了董事会的认可，会激励其更加努力地工作。因此，董事会中董事薪酬水平的高低是高管衡量高管自身薪酬水平高低的内部参照点之一。董事会中的董事薪酬水平越高，则高管薪酬的内部参照点水平也就越高，董事会在对高管薪酬契约进行调整时也就越容易向上调整。

此外，高管薪酬还会受到高管团队内部其他高管薪酬水平的影响。高管团队中存在着核心高管和普通高管成员的差别，核心高管与普通高管之间薪酬差距的大小对高管团队内部成员的激励效果具有十分重要的影响，如果核心高管和普通高管的薪酬差距太大，可以激励核心高管，但是会影响普通高管的积极性；如果核心高管和普通高管的薪酬差距太小，高管之间的薪酬具有公平性，但是不利于激励核心高管人员。锦标赛理论认为，适当拉开高管团队内部薪酬差距有利于激励高管人员更加努力地工作，对提升公司业绩也有好处。兰伯特等（Lambert et al.，1993）通过对美国资本市场中的303家上市公司进行实证研究发现，总经理与其他管理层之间的薪酬差距越大，公司的价值越高。王建军和刘红霞（2015）指出，高管团队内部薪酬差距具有激励作用。因此，高管团队内部的薪酬差距问题有关公平和效率问题解决，如何兼顾高管团队内部薪酬差距的公平与效率是高管薪酬契约制定时需要考虑的问题。因此，如何建立适宜的高管团队内部薪酬差距成为董事会制定高管薪酬契约的目标之一。行业的高管团队薪酬差距基准为其提供了参考，公司为了解决高管团队内部薪酬差距的适宜问题，通常会参照同行业高管团队内部薪酬差距的标准，如果当前高管团队内部薪酬差距低于同行业高管团队内部薪酬差距的标准，则会选择适当拉开公司的高管团队内部薪酬差距；如果差距过大，则会选择缩小高管团队内部薪酬差距。因此，同行业高管团队内部薪酬差距标准是董事会制定高管薪酬契约的参照标准。基于以上分析，本书提出假说2：

假说2　高管薪酬契约受董事会的董事薪酬和高管团队内部其他高管薪酬水平的影响，存在着内部参照点效应

高管的个体薪酬水平情况实际上反映了高管对其自身薪酬状况的一种心理感知。在现实中，高管对自身薪酬水平的判断往往首先是基于自己历史薪酬水平的判断，再将高管的当前薪酬水平与自己的过去薪酬水平进行比较时，如果发现自身的薪酬水平下降了，可能会影响到高管的社会地位、在行业中高管的排名以及行业中的影响力等呈现下滑或消弱趋势（方军雄，2009）。潘玲川（2016）以历史薪酬为参照点探究了CEO薪酬偏差对企业风险行为的影响，并指出高管不仅会与类似高管薪酬进行比较，还会进行自我薪酬的比较。

如果高管发现自身的薪酬水平比历史薪酬水平有所提升，则认为其受到了企业所有者的认可与重视，自身的权利获得了保证，当前的薪酬调整会对高管后期的行为产生激励作用；反之，如果高管发现自身当前的薪酬水平低于历史薪酬水平，不能满意其心理预期，根据契约参照点的理论的观点，此时高管会认为自己的权利受到了侵害，会选择采取敷衍的履约形式来实施投机行为，会导致无谓的损失。因而，从高管对自身薪酬水平的心理感知角度来看，其更容易接受自身薪酬的向上调整，而难以接受其薪酬的向下调整（Jensen & Murphy，1990）。李维安等（2010）对薪酬契约参照点的选择逻辑进行了研究，并指出薪酬制定机构在制定高管薪酬契约时会锚定一定的薪酬参照区间，而高管的历史薪酬水平则是这一参照区间设置的主要参照因素。也就是说，高管本期的薪酬水平会成为其下期期望薪酬水平的参照点。董事会或薪酬委员会很少会将高管薪酬往下调整，因为那样会被高管视为是一种"损失"，影响高管努力工作的积极性，进而给公司未来带来潜在的损失。基于上述理论分析，本书提出假说3：

假说3 高管薪酬契约受个人历史薪酬水平的影响，存在着个人参照点效应

三、识别方法

当前对高管薪酬契约参照点效应的识别方法可以分为三个方面：一是外部参照点的识别；二是内部参照点识别；三是个人参照点识别。

针对当前外部参照点的识别方法差异，主要的识别方法包括：（1）以行业分类作为参照基准，通常选取行业薪酬的中位值或均值作为外部参照点，以马克和罗伯茨（Mark & Roberts, 2014）、江伟（2011）的研究为代表。（2）以地区分类作为参照基准，按照省份来划分不同的区域，然后选取同地区薪酬的中位值或均值作为外部参照点，以徐细雄和谭瑾（2014）的研究为代表。（3）以行业、规模作为参照的基准，采取同行业、同年份、规模相近的企业作为参照样本，选取参照样本的均值或中值作为外部参照点，以杨青等（2014）、罗昆和杨蓉（2015）的研究为代表。（4）以行业、规模、地区、产权作为参照基准，采取倾向得分匹配（PSM）的方法进行识别，将匹配后对照组样本企业高管薪酬中值与高管薪酬的差额来衡量外部参照点，以阿尔伯克基等（2013）的研究为代表。（5）以薪酬水平的上下波动区间来选取参照样本，以确定外部参照点，以杜贝等（Dube et al., 2015）的研究为代表。以上五种方法各有优劣，采取倾向得分匹配（PSM）的方法在识别企业层面的高管薪酬契约的外部参照点更具有优势，该方法通过两步法来识别高管薪酬契约的外部参照点变量：第一步，按照高管所处的行业、产权、地区、年份、规模进行企业层面的倾向得分匹配，筛选出匹配后对照组的薪酬水平；第二步，用 $t-1$ 年匹配后薪酬的中值与高管薪酬的差值衡量外部参照点的连续变量。此外还可以在此基础上设置虚拟变

量，即如果 $t-1$ 年高管薪酬小于匹配后薪酬的中值则取值为 1，否则为 0，以衡量外部参照点的虚拟变量。该方法可以在一定程度上避免因不可观测因素、主观分类以及手工区分测算等所带来的误差，可以增强该变量衡量上的准确度。

针对内部参照点的识别方法，主要集中在董事会内部的薪酬参照识别，以陈靖涵等（2013）的研究为代表，该研究将上一年董事薪酬与高管薪酬进行比较，本书借鉴该研究的衡量办法，并在此基础上采取连续变量和虚拟变量两种衡量办法，即用 $t-1$ 年前三名董事薪酬均值自然对数与前三名高管薪酬均值自然对数的差额作为董事会内部参照点的连续变量；如果 $t-1$ 年高管薪酬低于董事薪酬，则取值为 1，否则为 0，以衡量董事会内部参照点的虚拟变量。有关高管团队内部薪酬比较的研究主要集中在高管内部薪酬差距研究领域，尚没有发现专门对高管团队内部薪酬进行比较的参照点识别办法。本书首先借鉴王建军和刘红霞（2015）的做法，选取前三名高管平均年薪的自然对数与其他高管平均年薪自然对数的差额衡量高管团队内部薪酬差距变量，并在此基础上考虑行业因素测算出同行业高管团队内部薪酬差距，然后借鉴外部参照点的识别办法，将行业高管团队内部薪酬作为参照的基准，如果 $t-1$ 年公司的高管团队内部薪酬差距低于同行业高管团队内部薪酬差距，则说明存在高管团队内部参照点；反之，则不存在。对高管团队内部参照点采取连续变量和虚拟变量两种衡量办法，如果存在该种参照点则取值为 1，否则为 0，以作为高管团队内部参照点的虚拟变量，并用 $t-1$ 年同行业高管团队内部薪酬差距与公司高管团队内部薪酬差距之间的差额作为其连续变量。

针对个人参照点的识别方法相对比较单一，主要的识别方法包括：（1）将高管当期的薪酬水平与上期的薪酬水平进行比较，以潘玲川（2016）的研究为代表；（2）将高管 $t-2$ 期的薪酬水平与 $t-1$ 期的薪酬水平进行比较，以刘绪光（2010）的研究为代表。研究个人参照点对高管薪酬的影响，用第二种识别方法更为合适，因为可以避免薪酬调整的滞后性所带来的影响。为了进一步消除物价指数变动所带来的波动影响，本书在选取第二种识别方法的基础上，借鉴方芳和李实（2015）的研究，按照2014年的居民消费价格指数（CPI）对薪酬进行物价平减处理，并用连续变量和虚拟变量两种方式来衡量个人参照点变量，以用高管$t-2$期薪酬与$t-1$期薪酬的差额作为个人参照点的连续变量，并在此基础上将差值大于0的设置为1，否则为0，以衡量个人参照点的虚拟变量。

第二节　参照点效应的存在性识别：度量方法与经验证据

一、数据来源与样本选择

本书研究的时间窗口为2009～2014年，以该时间窗口范围内我国A股上市公司为样本。因相关变量进行了差分处理，实际使用的样本数据的时间窗口为2007～2014年，并对样本的数据进行了以下几个方面的处理：（1）剔除金融保险业类别上市公司的样本；（2）剔除*St、St、Pt上市公司的样本；（3）剔除财务数据及公司治理数据不能用手工整理方式进行补齐的缺失样本；（4）为了消除宏观物价指数带来的潜在影响，对所有涉及薪酬数据的变量按照2014年的居民消费价格指数（CPI）进行指数平减；（5）对所有连续变量进行上下1%分位的Winsorize处理，以消除异常值所带来的影响。最后确定样本观测值共10579个。研究数据来源于国泰安（CSMAR）数据库和万元德（Wind）数据库，其中产权性质变量通过手工收集和整理年报等相关资料的数据进行确定。

二、变量定义与模型设计

本节考察的是高管薪酬是否受契约参照点的影响。其中被解释变量为高管薪酬变动（Dcomp），参照黎文靖等（2014）的做法，本书选取本年的高管平均薪酬减去上一年的高管平均薪酬后的差额与上一年的高管平均薪酬的比值来衡量高管薪酬变动变量。

解释变量为契约参照点变量，分别用外部参照点（PPE）、内部参照点（DB）和个人参照点（EC）来进行衡量。其中，外部参照点采取连续变量与虚拟变量两种衡量办法，采取倾向得分匹配（PSM）的方法按照同行业、同地区、同产权、规模相近的条件进行匹配，将匹配后高管薪酬中值与高管薪酬的差额作为外部参照点的连续变量（$PPE1$），并在此基础上设置外部参照点的虚拟变量（$PPE2$），即如果$t-1$年的高管薪酬小于匹配后薪酬的中值则取值为1，否则为0，其中高管薪酬取前三名高管薪酬均值的自然对数。内部参照点包括董事会内部参照点和高管团队内部参照点，均采取连续变量与虚拟变量两种衡量办法。用$t-1$年董事平均薪酬自然对数与高管平均薪酬自然对数的差额作为董事会内部参照点的连续变量（$WD1$）；如果$t-1$年的高管平均薪酬低于董事平均薪酬，则取值为1，否则为0，以衡量董事会内部参照点的虚拟变量（$WD2$）。以$t-1$年同行业高管团队内部薪酬差距与公司高管团队内部薪酬差距之间的差额作为高管团队内部参照点的连续变量（$NB1$）；如果$t-1$年公司高管团队内部薪酬差距低于同行业高管团队内部薪酬差距的中值，则取值为1，否则为0，作为高管团队内部参照点的虚拟变量（$NB2$）。以用高管$t-2$期平均薪酬与$t-1$期平均薪酬的差额作为个人参照点的连续变量（$EC1$），如果$t-1$年的高管平均薪酬小于$t-2$的高管平均薪酬，则取值为1，否则为0，以衡量个人参照点的虚拟变量（$EC2$）。同时将外部参照点、内部参照点和个人参照点的虚拟变量进行综合，如果其值大于等于3则取1，否则为0，以识别综合参照点变量。

参照江伟（2011）的研究，本书用公司业绩变化（$Droa$）、成长性变化（$Dgrow$）、财务杠杆变化（$Dlev$）、公司规模变化（$Dsize$）等变量控制企业的特征。借鉴劳克斯（Laux，2008）和刘鑫（2015）的研究，采用产权性质、地区、董事会独立性、两职合一、第一大股东持股比例变化等变量控制公司治理情况，其中地区变量参照辛清泉等（2007）的衡量办法，沿海地区包括北京、天津、河北、辽宁、上海、江苏、浙江、福建、山东、广东、广西和海南，其他地区为中西部地区。此外，本书还控制了行业、年份差异。具体的回归模型如下：

$$Dcomp_{i,t} = \beta_0 + \beta_1 QY_{i,t} + \beta_2 Dual_{i,t} + \beta_3 Indep_{i,t} + \beta_4 State_{i,t} + \beta_5 Reg_{i,t}$$
$$+ \beta_6 Droa_{i,t} + \beta_7 DSize_{i,t} + \beta_8 DLev_{i,t} + \beta_9 Dgrow_{i,t} + \beta_{10} Dtop1_{i,t}$$
$$+ \sum Year + \sum Ind + \xi \qquad (3.1)$$

具体的变量定义如表3-1所示。

表3-1　　　　　　　　　变量定义

变量名称		变量符号	计算方法
高管薪酬变动		Dcomp	(本年度高管平均薪酬 − 上一年度高管平均薪酬)/上一年度高管平均薪酬
契约参照点 (QY)	外部参照点 (PPE)	PPE1	$t-1$ 年同行业、同地区、同产权、规模相近公司高管薪酬均值自然对数的中值与高管平均薪酬自然对数的差额
		PPE2	如果 $t-1$ 年的高管薪酬低于同行业、同地区、同产权、规模相近公司高管薪酬的中值则取值为1，否则为0
	内部参照点 (DB)	WD1	$t-1$ 年董事薪酬均值自然对数与高管平均薪酬自然对数的差额
		WD2	如果 $t-1$ 年的高管平均薪酬小于公司董事平均薪酬，则取值为1，否则为0
		NB1	$t-1$ 年行业高管团队内部薪酬差距中值与公司高管团队内部薪酬差距的差额
		NB2	如果 $t-1$ 年公司高管团队内部薪酬差距低于同行业高管团队内部薪酬差距的中值，则取值为1，否则为0
	个人参照点 (EC)	EC1	$t-2$ 年的高管平均薪酬自然对数与 $t-1$ 年的高管平均薪酬自然对数的差额
		EC2	如果 $t-1$ 年的高管平均薪酬小于 $t-2$ 年的高管平均薪酬，则取值为1，否则为0
	综合参照点 (ZH)	ZH	如果 $PPE2 + WD2 + NB2 + EC2 \geq 3$，则取值为1，否则为0
产权性质		State	最终控制人为国有企业取值为1，否则为0

续表

变量名称	变量符号	计算方法
地区	Reg	如果公司的注册地处中西部地区则取值为1,处于沿海地区取值为0
两职合一	Dual	CEO是否兼任董事长,是则取1,否则取0
独立董事比例	Indep	独立董事人数与董事会总人数的比值
公司业绩变化	Droa	本年公司业绩与上一年公司业绩的差额,其中公司业绩为当年资产收益率
公司规模变化	Dsize	本年期末总资产与上一年期末总资产差额的自然对数
成长性变化	Dgrow	本年营业收入增长率与上一年营业收入增长率的差额
财务杠杆变化	Dlev	本年资产负债率与上一年资产负债率的差额
股权集中度变化	Dtop1	本年第一大股东持股比例与上一年第一大股东持股比例的差额
年度	Year	年度虚拟变量
行业	Ind	行业虚拟变量

三、描述性统计分析

图3-1是2009~2014年的高管薪酬均值与中位值变化情况,其中高管薪酬数据为前三名高管薪酬的均值。由图3-1可以看出,在2009~2014年,我国上市公司的高管薪酬无论是均值还是中位值在整体上均呈上升趋势,其中均值由2009年的39.63万元上升至2014年的61.9万元,增长了56.19%;中位值由2009年的29.57万元上升至2014年的47.45万元,增长了60.47%。图3-2和图3-3分别是2009~2014年不同产权性质下高管薪酬的均值与中位值变化情况,由两个图可以看出,无论是中位值还是均值,国有企业的高管薪酬都高于非国有企业,从整体上来看,国有企业高管薪酬均值由2009年的40.25万元上升至2014年的65.99万元,增长了63.95%;非国有企业高管薪酬均值由2009年的38.57万元上升至2014年的59.2万元,增长了53.49%,说明在2009~2014年我国国有企业高管薪

酬均值的增长幅度高于非国有企业。国有企业高管薪酬中位值由2009年的31.06万元上升至2014年的51.73万元,增长了66.55%;非国有企业高管薪酬中位值由2009年的27.21万元上升至2014年的44.33万元,增长了62.92%,说明在2009~2014年,我国国有企业高管薪酬中位值的增长幅度也高于非国有企业。

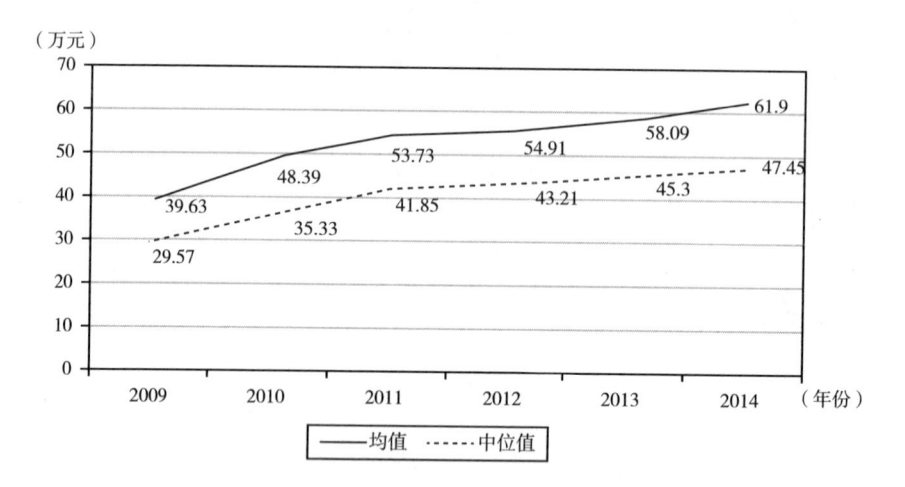

图3-1 2009~2014年的高管薪酬均值与中位值变化

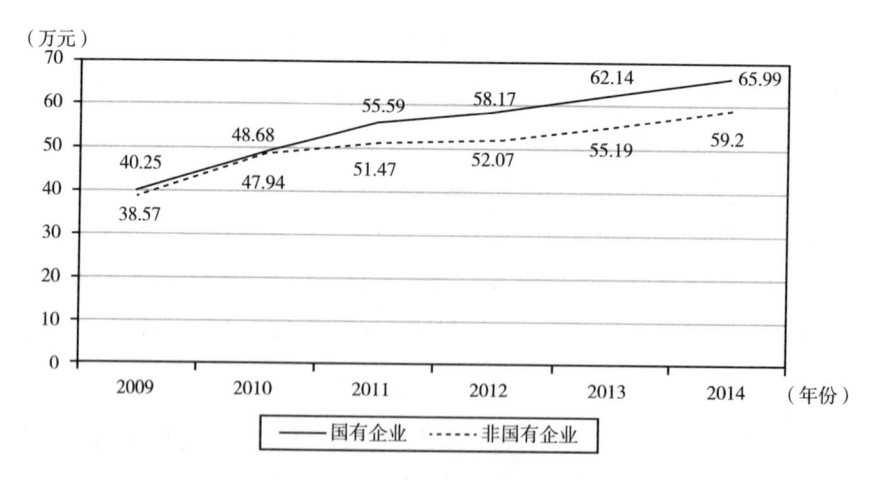

图3-2 2009~2014年不同产权性质下的高管薪酬均值变化

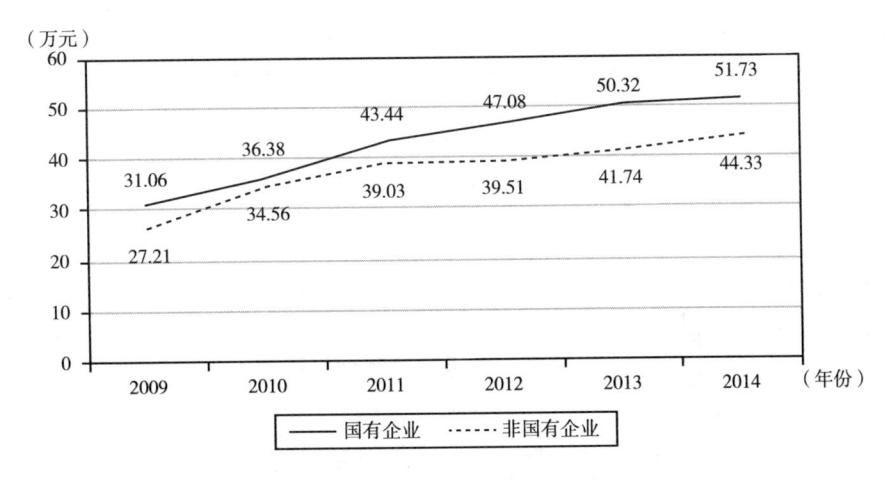

图3-3 2009~2014年不同产权性质下的高管薪酬中位值变化

表3-2列出了样本的描述性统计情况。从表中可以看出,各个变量的样本观测值均为10579。高管薪酬变动(Dcomp)的均值为0.101,中位值为0.059,说明高管薪酬整体上呈增长趋势。外部参照点(PPE2)的均值为0.487,说明有48.7%的样本公司的高管薪酬低于同行业、同地区、同产权、规模相近公司高管薪酬的中值。内部参照点(WD2和NB2)的均值均为0.489,说明有48.9%样本公司高管平均薪酬低于董事平均薪酬,有48.9%样本公司高管团队内部薪酬差距低于同行业高管团队内部薪酬差距。个人参照点(EC2)的均值为0.350,说明有35%样本公司$t-1$年的高管平均薪酬低于$t-2$年的高管平均薪酬。综合参照点(ZH)的均值为0.342,说明有34.2%的样本量存在综合参照点。表3-2中还列出了外部参照点、内部参照点和个人参照点连续变量的统计情况,进一步验证了高管薪酬存在着契约参照点。两职合一(Dual)变量的均值为0.212,说明有21.2%的样本公司存在两职合一行为。独立董事比例(Indep)变量的均值为0.370,说明所有样本公司的独立董事比例均值超过1/3。产权性质(State)变量的均值为0.492,说明有49.2%的样本公司为国有企业性质。地区(Reg)变量的均值为0.339,说明有33.9%的样本公司位于中西部地区。

表 3-2　　　　　　　　　描述性统计

变量	样本量	均值	1/4 分位	中位值	3/4 分位	标准差	最小值	最大值
$Dcomp$	10579	0.101	-0.024	0.059	0.210	0.299	-0.792	1.357
$PPE1$	10579	-0.024	-0.467	-0.016	0.420	0.693	-1.803	1.885
$PPE2$	10579	0.487	0	0	1	0.500	0	1
$WD1$	10579	-0.158	-0.330	-0.004	0.090	0.455	-5.769	2.067
$WD2$	10579	0.489	0	0	1	0.500	0	1
$NB1$	10579	-0.024	-0.480	-0.016	0.426	0.728	-3.188	5.209
$NB2$	10579	0.489	0	0	1	0.500	0	1
$EC1$	10579	-0.117	-0.239	-0.071	0.021	0.320	-1.417	0.823
$EC2$	10579	0.350	0	0	1	0.477	0	1
ZH	10579	0.342	0	0	1	0.474	0	1
$Dual$	10579	0.212	0	0	0	0.409	0	1
$Indep$	10579	0.370	0.333	0.333	0.400	0.055	0.091	0.714
$State$	10579	0.492	0	0	1	0.500	0	1
Reg	10579	0.339	0	0	1	0.473	0	1
$Droa$	10579	0.141	0.021	0.103	0.208	0.230	-0.423	1.450
$Dsize$	10579	0.008	-0.025	0.009	0.047	0.084	-0.385	0.285
$Dlev$	10579	-0.023	-0.208	-0.024	0.170	0.803	-4.953	4.035
$Dgrow$	10579	-0.002	-0.018	-0.002	0.011	0.057	-0.281	0.258
$Dtop1$	10579	-0.005	0	0	0	0.037	-0.148	0.198

表 3-3 列出了高管薪酬变动变量全样本和分年度的描述性统计。由全样本可以看出，高管薪酬变动变量的最大值为 1.357，最小值为 -0.792，说明我国上市公司高管薪酬变动存在差异。由分年度统计情况来看，每一年的高管薪酬变动的均值都大于 0，说明我国高管薪酬呈增长态势。在 1/4 分位，除了 2010 年度高管薪酬没有变化外，其余年度均小于 0；而在中位值和 3/4 分位，各个年度的高管薪酬变动均大于 0，说明超过半数以上样本量的高管薪酬获得了增长。

表 3-3　　高管薪酬变动变量全样本和分年度描述性统计

	Dcomp	样本量	均值	1/4 分位	中位值	3/4 分位	标准差	最小值	最大值
分年度	2009	1325	0.104	-0.040	0.058	0.247	0.345	-0.792	1.357
	2010	1383	0.187	0.000	0.127	0.341	0.344	-0.792	1.357
	2011	1559	0.131	-0.013	0.087	0.253	0.314	-0.792	1.357
	2012	1921	0.076	-0.047	0.044	0.175	0.287	-0.792	1.357
	2013	2147	0.075	-0.023	0.047	0.179	0.257	-0.792	1.357
	2014	2244	0.072	-0.031	0.037	0.162	0.263	-0.792	1.357
全样本		10579	0.101	-0.024	0.059	0.210	0.299	-0.792	1.357

表 3-4 列示了高管薪酬变动变量的分行业描述性统计情况。行业样本量超过 2000 个的行业主要有 2 个，分别是 C3 行业（非金属矿物制品业）和 C2 行业（化学原料及化学制品制造业）。P 行业（教育业）的样本量最少，仅有 4 个样本。除了 P 行业外的所有行业中均值最高的是 K 行业（房地产业），均值为 0.138，说明房地产业高管的薪酬在 2009～2014 年获得了较快的增长；所有行业中均值最低的是 G 行业（交通运输、仓储和邮政业），说明这些行业的高管薪酬增长较慢。从中位值的分布来看，所有行业中中位值最高的是 L 行业（租赁和商务服务业），中位值为 0.081，说明该行业高管的薪酬在 2009～2014 年获得了较快的增长；所有行业中中位值最低的是 A 行业（农林牧副渔业），中位值为 0.025，说明这些行业的高管薪酬增长较慢。

表 3-4　　高管薪酬变动变量的分行业描述性统计结果

行业	样本量	均值	中位值	标准差	最小值	最大值
A	171	0.082	0.025	0.350	-0.792	1.357
B	344	0.095	0.030	0.390	-0.792	1.357
C1	738	0.120	0.069	0.297	-0.792	1.357
C2	1993	0.102	0.063	0.302	-0.792	1.357

续表

行业	样本量	均值	中位值	标准差	最小值	最大值
C3	3712	0.094	0.056	0.291	-0.792	1.357
C4	124	0.087	0.061	0.261	-0.792	1.357
D	424	0.103	0.062	0.289	-0.792	1.357
E	279	0.094	0.059	0.247	-0.792	0.933
F	740	0.108	0.064	0.292	-0.792	1.357
G	403	0.067	0.044	0.259	-0.792	1.357
H	52	0.080	0.040	0.211	-0.302	0.987
I	427	0.093	0.063	0.259	-0.792	1.357
K	700	0.138	0.077	0.342	-0.792	1.357
L	112	0.119	0.081	0.258	-0.792	1.339
M	30	0.100	0.068	0.197	-0.231	0.517
N	111	0.118	0.058	0.325	-0.792	1.357
P	4	0.035	0.107	0.254	-0.326	0.253
R	115	0.130	0.078	0.328	-0.757	1.357
S	110	0.083	0.037	0.335	-0.792	0.911
总体	10579	0.101	0.059	0.299	-0.792	1.357

四、相关性分析

表3-5报告了相关系数分析结果。表中的结果显示，外部参照点的连续变量（PPE1）以及虚拟变量（PPE2）与高管薪酬变动（Dcomp）之间均呈显著正相关关系，说明高管薪酬契约存在外部参照点效应，初步验证了假说1的结论；内部参照点中的董事会内部参照点（WD1、WD2）、高管团队内部参照点（NB1、NB2）与高管薪酬变动（Dcomp）之间均呈显著正相关关系，说明高管薪酬契约存在内部参照点效应，初步验证了假说2的结论；无论是个人参照点的连续变量（EC1）还是虚拟变量（EC2），其与高管薪酬变动之间

表 3-5 相关系数表

	Dcomp	PPE1	PPE2	WD1	WD2	NB1	NB2	EC1	EC2	ZH	Dual	Indep	State	Reg	Dsize	Dlev	Dgrow	Droa	Drop1
Dcomp	1																		
PPE1	0.239***	1																	
PPE2	0.181***	0.778***	1																
WD1	0.043***	0.081***	0.067**	1															
WD2	0.019	0.080***	0.068***	0.653***	1														
NB1	0.250***	0.989***	0.760***	0.115***	0.104***	1													
NB2	0.191***	0.774***	0.947***	0.095***	0.040***	0.765***	1												
EC1	0.153***	0.177***	0.130***	0.056***	0.063***	0.190***	0.141***	1											
EC2	0.096***	0.154***	0.123***	0.048***	0.063***	0.159***	0.127***	0.621***	1										
ZH	0.158***	0.600***	0.722***	0.266***	0.382***	0.602***	0.731***	0.268***	0.362***	1									
Dual	0.019*	0.020*	0.028*	0.041*	-0.005	0.011	0.023***	-0.026**	-0.018*	0.004	1								
Indep	-0.009	0.013	0	-0.054***	-0.043***	0.016	0.006	0.007	-0.004	-0.019***	0.095***	1							
State	-0.010	-0.073***	-0.067***	-0.241***	-0.180***	-0.073***	-0.073***	0.038***	-0.010	-0.095***	-0.274***	-0.069***	1						
Reg	0.034***	0.184***	0.170***	-0.043***	-0.012	0.177***	0.166***	-0.035***	-0.005	0.110***	-0.083***	-0.006	0.163***	1					
Dsize	0.151***	-0.039***	-0.035***	-0.0140	-0.004	-0.042***	-0.035***	-0.055***	-0.052***	-0.041***	0.008	-0.011	-0.035***	0.015	1				
Dlev	-0.014	-0.015	-0.001	0.006	0.014	-0.013	-0.004	0.003	0.010	-0.009	0.024***	0.016**	-0.042***	-0.027**	0.118***	1			
Dgrow	0.040***	0.043***	0.031**	-0.017*	-0.019*	0.043***	0.034***	0.118***	0.055***	0.027**	-0.003	-0.006	-0.007	-0.019**	0.285***	0.019***	1		
Droa	0.095***	0.043***	0.031**	-0.010	-0.009	0.043***	0.035***	0.041***	0.031**	0.039***	-0.026**	-0.010	0.017*	-0.004	0.132***	-0.314***	0.236***	1	
Drop1	0.021**	-0.010	-0.016*	-0.053***	-0.031***	-0.012	-0.018*	0	0.008	-0.025**	-0.018**	0	0.064***	0.008	0.097***	0.027***	0.116***	0.059***	1

注：***、**、*分别表示0.01、0.05和0.1的显著性水平。

均呈显著正相关关系，说明高管薪酬契约存在个人参照点效应，初步验证了假说3的结论。综合参照点（ZH）与高管薪酬变动（$Dcomp$）之间均呈显著正相关关系，说明高管薪酬契约存在参照点效应，参照点效应的存在性得到了初步验证。两职合一、地区、规模变化、业绩变化、成长性变化均与高管薪酬变动之间呈显著正相关关系，财务杠杆变化与高管薪酬变动之间呈负相关关系，但并不显著。没有发现独立董事比例、产权变量与高管薪酬变动之间存在显著性关系。$PPE1$和$PPE2$的相关系数为0.778，$WD1$ & $WD2$的相关系数为0.653，$NB1$和$NB2$的相关系数为0.765，$EC1$和$EC2$的相关系数为0.621，这四组相关系数均为同一个变量的不同衡量办法所致，$NB1$、$NB2$与$PPE1$、$PPE2$的相关系数超过0.7，主要原因在于这几个变量的选取都涉及了行业因素，其他变量之间的各相关系数均小于0.5，表明本书的分析不存在严重的多重共线性问题。

五、单变量分析

表3-6是不同契约参照点下，高管薪酬变动变量的均值和中位值分组检验结果。由表3-6可知，在外部参照点组，$t-1$年有5157个样本公司的高管薪酬低于同行业、同地区、同产权、规模相近公司高管薪酬的中值，存在外部参照点组中的均值和中位值均大于不存在外部参照点组，说明与不存在外部参照点组相比，存在外部参照点组的高管薪酬增长的更多，两组之间不论是均值检验还是中位值检验都在1%的水平上存在显著性差异。在内部参照点组，$t-1$年有5173个样本公司的高管薪酬低于公司董事薪酬，$t-1$年有5175个样本公司的高管团队内部薪酬差距低于同行业高管团队内部薪酬差距，存在内部参照点组中的均值和中位值均大于不存在内部参照点组，说明与不存在内部参照点组相比，存在内部参照点组的高管薪酬增长得更多，两组之间不论是均值检验还是中位值检验都在1%的水平上存在显著性差异。在个人参照点组，有3700个样本公司在$t-1$年的高管薪酬低于$t-2$年的高管薪酬，存在个人参照点组中的均值和中位值均大于不

存在个人参照点组,说明与不存在个人参照点组相比,存在个人参照点组的高管薪酬增长得更多,两组之间不论是均值检验还是中位值检验都在1%的水平上存在显著性差异。在综合参照点组,有3621个样本公司存在综合参照点,其均值和中位值均大于不存在综合参照点组,说明与不存在综合参照点组相比,存在综合参照点组的高管薪酬增长得更多,两组之间不论是均值检验还是中位值检验都在1%的水平上存在显著性差异。可见,高管薪酬契约存在参照点效应。

表3-6 不同契约参照点下,高管薪酬变动变量的均值与中位值分组检验

参照点类型	分组	样本量	均值	中位值	t 检验	Wilcoxon 秩和检验
外部参照点	$PPE2=1$	5157	0.157	0.157	-18.97***	-0.108***
	$PPE2=0$	5422	0.048	0.048		
内部参照点	$WD2=1$	5173	0.107	0.107	-1.97**	-0.011**
	$WD2=0$	5406	0.095	0.095		
	$NB2=1$	5175	0.160	0.160	-20.05***	-0.114***
	$NB2=0$	5404	0.045	0.045		
个人参照点	$EC2=1$	3700	0.140	0.140	-9.93***	-0.060***
	$EC2=0$	6879	0.080	0.080		
综合参照点	$ZH=1$	3621	0.167	0.167	-16.50***	-0.100***
	$ZH=0$	6958	0.067	0.067		

注:***、**、*分别表示0.01、0.05和0.1的显著性水平。

六、回归结果分析

表3-7是契约参照点的虚拟变量对高管薪酬变动影响的实证检验结果。由列(1)可以看出,外部参照点的虚拟变量($PPE2$)与高管薪酬变动变量($Dcomp$)之间在1%的统计水平上具有显著的正向关系,说明外部参照点水平越高,高管薪酬增长得越快,也就是说,高管薪酬契约存在外部参照点效应,研究假说1得到验证。由列(2)和列(3)可以看出,内

部参照点中的董事会内部参照点虚拟变量（WD2）与高管薪酬变动变量（Dcomp）之间在10%的统计水平上呈显著正相关关系，内部参照点中的高管团队内部参照点虚拟变量（NB2）与高管薪酬变动变量（Dcomp）之间在1%的统计水平上具有显著的正向关系，说明内部参照点水平越高，高管薪酬增长得越快，即高管薪酬契约存在内部参照点效应，研究假说2得以验证。由列（4）可以看出，个人参照点的虚拟变量（EC2）与高管薪酬变动变量（Dcomp）之间在1%的统计水平上具有显著的正向关系，说明个人参照点水平越高，高管薪酬增长得越快，即高管薪酬契约存在个人参照点效应，研究假说3得以验证。由列（5）可以看出，综合参照点（ZH）与高管薪酬变动变量（Dcomp）之间在1%的统计水平上具有显著的正向关系，说明综合参照点水平越高，高管薪酬增长得越快，即高管薪酬契约存在综合参照点效应。

表3-7　　　契约参照点对高管薪酬变动影响的实证检验结果

（契约参照点虚拟变量检验）

变量	Dependent Variable = Dcomp				
	(1)	(2)	(3)	(4)	(5)
常数项	0.021 (0.64)	0.065* (1.91)	0.019 (0.57)	0.042 (1.27)	0.026 (0.77)
PPE2	0.112*** (19.20)				
WD2		0.011* (1.89)			
NB2			0.118*** (20.34)		
EC2				0.067*** (10.71)	

续表

变量	Dependent Variable = $Dcomp$				
	(1)	(2)	(3)	(4)	(5)
ZH					0.102*** (16.04)
Dual	0.017** (2.36)	0.021*** (2.82)	0.018** (2.51)	0.022*** (2.98)	0.021*** (3.00)
Indep	-0.026 (-0.52)	-0.029 (-0.57)	-0.032 (-0.65)	-0.032 (-0.63)	-0.011 (-0.21)
State	-0.001 (-0.13)	-0.010 (-1.56)	0.001 (0.11)	-0.012* (-1.77)	-0.001 (-0.08)
Reg	-0.003 (-0.43)	0.020*** (3.14)	-0.004 (-0.56)	0.021*** (3.21)	0.007 (1.03)
Dsize	0.197*** (11.17)	0.182*** (10.19)	0.198*** (11.24)	0.193*** (10.81)	0.195*** (10.99)
Dlev	-0.031 (-0.67)	-0.020 (-0.41)	-0.030 (-0.65)	-0.029 (-0.61)	-0.026 (-0.55)
Dgrow	-0.013** (-2.28)	-0.010* (-1.66)	-0.013** (-2.34)	-0.012** (-2.12)	-0.012** (-2.09)
Droa	0.350*** (4.78)	0.386*** (5.15)	0.345*** (4.73)	0.370*** (4.98)	0.350*** (4.77)
Dtop1	0.077 (0.73)	0.056 (0.53)	0.080 (0.77)	0.045 (0.42)	0.078 (0.73)
Year	控制	控制	控制	控制	控制
Ind	控制	控制	控制	控制	控制
N	10579	10579	10579	10579	10579
Adj. R^2	0.078	0.045	0.081	0.055	0.070
F 值	20.33	10.64	21.58	13.62	17.67

注：括号内的 t 值由 Rogers 单向聚类稳健性标准误计算得出，***、**、* 分别表示0.01、0.05 和 0.1 的显著性水平。

从控制变量实证结果来看,两职合一变量与高管薪酬变动之间呈正向关系,说明公司采取两职合一的职位安排,其高管薪酬获得增长的可能性越大。独立董事比例与高管薪酬之间并未发现具有显著性关系,说明我国独立董事制度有待进一步完善。此外,公司规模变化、公司业绩变化与高管薪酬变动之间呈显著正向关系,说明公司的规模越大、业绩越好,其高管薪酬越容易获得增长。

表3-8是契约参照点的连续变量对高管薪酬变动影响的实证检验结果。所有契约参照点的连续变量与高管薪酬变动之间均在1%的统计水平上具有显著的正向关系,说明契约参照点水平越高,高管薪酬增长越快,与表3-7的研究结论一致,进一步验证了假说1至假说3的研究结论。

表3-8 契约参照点对高管薪酬变动影响的实证检验结果
(契约参照点连续变量检验)

变量	Dependent Variable = $Dcomp$			
	(6)	(7)	(8)	(9)
常数项	0.080 ** (2.46)	0.069 ** (2.07)	0.080 ** (2.48)	0.101 *** (3.11)
$PPE1$	0.109 *** (21.23)			
$WD1$		0.029 *** (3.49)		
$NB1$			0.108 *** (21.51)	
$EC1$				0.167 *** (13.62)
$Dual$	0.018 ** (2.54)	0.021 *** (2.84)	0.020 *** (2.79)	0.023 *** (3.19)

续表

变量	Dependent Variable = $Dcomp$			
	(6)	(7)	(8)	(9)
$Indep$	-0.035 (-0.71)	-0.018 (-0.35)	-0.042 (-0.85)	-0.044 (-0.88)
$State$	0.005 (0.75)	-0.007 (-0.95)	0.006 (0.89)	-0.018*** (-2.81)
Reg	-0.014** (-2.10)	0.020*** (3.16)	-0.014** (-2.11)	0.025*** (3.86)
$Dsize$	0.205*** (11.85)	0.183*** (10.22)	0.206*** (11.90)	0.203*** (11.48)
$Dlev$	-0.026 (-0.57)	-0.019 (-0.40)	-0.027 (-0.60)	-0.032 (-0.69)
$Dgrow$	-0.015*** (-2.82)	-0.010* (-1.65)	-0.015*** (-2.81)	-0.018*** (-3.21)
$Droa$	0.325*** (4.56)	0.387*** (5.17)	0.322*** (4.51)	0.363*** (4.92)
$Dtop1$	0.076 (0.74)	0.064 (0.59)	0.083 (0.81)	0.060 (0.56)
Year	控制	控制	控制	控制
Ind	控制	控制	控制	控制
N	10579	10579	10579	10579
Adj. R^2	0.104	0.046	0.106	0.075
F 值	22.79	11.01	23.09	15.81

注：括号内的 t 值由 Rogers 单向聚类稳健性标准误计算得出，***、**、* 分别表示 0.01、0.05 和 0.1 的显著性水平。

七、稳健性测试

为了验证以上研究结论的准确性以及稳健性，我们还做了以下几个方面的稳健性检验测试。

(1) 替换高管薪酬变动变量。借鉴江伟（2011）的研究，将高管薪酬变动变量取绝对值指标，即采取本年度高管平均薪酬自然对数与上一年度高管平均薪酬自然对数的差额作为高管薪酬变动变量，然后带入原模型重新进行实证检验与分析，研究结论与上文保持一致。

(2) 替换契约参照点变量。用 $t-1$ 年同行业、同地区、同产权、规模相近公司高管平均薪酬自然对数的均值与高管平均薪酬自然对数的差额衡量外部参照点的连续变量，并在此基础上设置虚拟变量，即如果 $t-1$ 年的高管薪酬低于同行业、同地区、同产权、规模相近公司高管薪酬则取值为1，否则为0。用 $t-1$ 年同行业高管团队内部薪酬差距均值与公司高管团队内部薪酬差距的差额衡量内部参照点的连续变量，并在基础上设置内部参照点的虚拟变量，即如果高管团队内部薪酬差距低于同行业高管团队内部薪酬差距，则取值为1，否则为0。对综合参照点的衡量用替换后的外部参照点和内部参照点的虚拟变量重新设置。将以上变量重新带入模型（3.1）中进行再次回归，研究结论保持不变。

(3) 缩小样本时间窗口。考虑到2009年受国际金融危机因素的影响，我们剔除2009年的样本，以2010~2014年作为样本时间窗口。将以上变量和样本窗口进行替换和改变后，与上述研究结果比较未发生实质性变化，说明研究结论比较稳健。

(4) 采用固定效应模型进行估计。上面实证中采用混合最小二乘法对高管薪酬契约参照点效应的存在性进行了检验。此处采用固定效应模型重新对其进行实证检验，实证检验的结果见表3-9和表3-10。根据表中的结果可以看出，无论是契约参照点虚拟变量还是其连续变量的实证检验结果，契约参照点与高管薪酬变动之间均在1%的水平上呈显著正向关系，且契约参照点变量的系数均大于混合OLS的实证检验结果，说明上面的研究结果较为稳健。

表 3-9　契约参照点对高管薪酬变动影响的稳健性检验结果
（契约参照点虚拟变量检验）

变量	固定效应面板模型 Dependent Variable = Dcomp				
	(1)	(2)	(3)	(4)	(5)
常数项	-0.077* (-1.79)	0.032 (0.71)	-0.081* (-1.90)	0.009 (0.20)	-0.016 (-0.36)
PPE2	0.319*** (28.72)				
WD2		0.048*** (4.77)			
NB2			0.329*** (30.45)		
EC2				0.126*** (17.83)	
ZH					0.214*** (23.06)
Dual	0.034** (2.48)	0.048*** (3.29)	0.033** (2.36)	0.049*** (3.45)	0.042*** (3.00)
Indep	-0.047 (-0.45)	0.007 (0.06)	-0.050 (-0.49)	-0.001 (-0.01)	-0.008 (-0.08)
State	0.014 (0.50)	0.020 (0.68)	0.013 (0.46)	0.023 (0.77)	0.023 (0.77)
Dsize	0.156*** (9.93)	0.159*** (9.67)	0.156*** (9.98)	0.173*** (10.66)	0.166*** (10.40)
Dlev	0.019 (0.46)	0.028 (0.66)	0.022 (0.55)	0.008 (0.18)	0.024 (0.58)
Dgrow	-0.010** (-2.43)	-0.005 (-1.29)	-0.010** (-2.52)	-0.010** (-2.31)	-0.008* (-1.89)

续表

变量	固定效应面板模型 Dependent Variable = Dcomp					
	(1)	(2)	(3)	(4)	(5)
Droa	0.279*** (4.80)	0.334*** (5.47)	0.266*** (4.59)	0.297*** (4.95)	0.277*** (4.68)
*Dtop*1	0.063 (0.71)	0.098 (1.06)	0.068 (0.77)	0.080 (0.88)	0.096 (1.06)
Year	控制	控制	控制	控制	控制
N	10579	10579	10579	10579	10579
Adj. R^2	0.125	0.039	0.134	0.073	0.095
F 值	83.55	24.07	91.15	45.96	61.82

注：括号内的 t 值由 Rogers 单向聚类稳健性标准误计算得出，***、**、* 分别表示 0.01、0.05 和 0.1 的显著性水平。

表 3-10　契约参照点对高管薪酬变动影响的稳健性检验结果
（契约参照点连续变量检验）

变量	固定效应面板模型 Dependent Variable = Dcomp			
	(5)	(6)	(7)	(8)
常数项	0.144*** (3.89)	0.065 (1.47)	0.139*** (3.75)	0.125*** (2.92)
*PPE*1	0.594*** (61.87)			
*WD*1		0.104*** (7.48)		
*NB*1			0.555*** (60.83)	
*EC*1				0.269*** (27.25)

续表

变量	固定效应面板模型 Dependent Variable = $Dcomp$			
	(5)	(6)	(7)	(8)
$Dual$	0.025** (2.07)	0.048*** (3.32)	0.029** (2.44)	0.049*** (3.49)
$Indep$	-0.100 (-1.12)	0.016 (0.15)	-0.114 (-1.26)	-0.066 (-0.63)
$State$	-0.029 (-1.17)	0.023 (0.77)	-0.024 (-0.96)	0.003 (0.11)
$Dsize$	0.147*** (10.76)	0.162*** (9.85)	0.153*** (11.18)	0.182*** (11.48)
$Dlev$	0.014 (0.39)	0.032 (0.75)	0.010 (0.30)	0.016 (0.38)
$Dgrow$	-0.019*** (-5.54)	-0.005 (-1.26)	-0.018*** (-5.20)	-0.018*** (-4.41)
$Droa$	0.113** (2.24)	0.338*** (5.55)	0.110** (2.17)	0.286*** (4.89)
$Dtop1$	-0.064 (-0.83)	0.103 (1.12)	-0.040 (-0.52)	0.094 (1.06)
Year	控制	控制	控制	控制
N	10579	10579	10579	10579
Adj. R^2	0.343	0.043	0.336	0.117
F 值	306.24	26.54	296.76	77.46

注：括号内的 t 值由 Rogers 单向聚类稳健性标准误计算得出，***、**、* 分别表示 0.01、0.05 和 0.1 的显著性水平。

八、实证结论

本节对外部参照点识别方面主要采取 PSM 方法进行识别，主要是按照同行业、同地区、同产权、规模相近进行匹配出参照样本，并取其薪酬的中位值，如果上一年度高管薪酬小于匹配后薪酬的中值则说明存在外部参照点，否则不存在外部参照点。在对内部参照点识别方面，主要从董事会内部和高管团队内部两个方面进行识别，其中在董事会内部，将高管薪酬与董事薪酬进行比较，如果上一年度高管薪酬低于董事薪酬则说明存在董事会内部参照点，反之则不存在。在高管团队内部，将高管团队内部薪酬差距与同行业高管团队内部薪酬差距的中值进行比较，如果上一年度高管团队内部薪酬差距低于同行业高管团队内部薪酬差距的中值则说明存在高管团队内部参照点，反之则不存在。在对个人参照点的识别方面，主要是对 $t-1$ 年度高管薪酬与 $t-2$ 年度高管薪酬进行比较，如果小于零则说明存在个人参照点，否则不存在个人参照点。最后，本章实证检验了契约参照点对高管薪酬变动的影响，研究发现，高管薪酬契约存在参照点效应。

有关薪酬契约参照点效应存在性识别的研究，对厘清契约参照点的分类、识别方法、存在性等具有十分重要的作用，可以丰富有关薪酬契约参照点的研究成果，可以加深对契约参照点的理解与认识，还可以为有关薪酬决策部分以及监管部门提供参考。

第四章 高管薪酬契约参照点效应的内在机理

第一节 市场均衡模型的展开：基于中国国情的理论研究

一、理论模型构建

现有文献研究关于高管薪酬契约参照点效应的理论模型主要是根据加比亚斯和兰迪埃（2008）的市场均衡模型展开，该模型将本公司高管的才能、公司规模、薪酬以及参照公司的规模、高管才能及薪酬等因素纳入分析框架，并通过模型推导分析出高管薪酬契约参照点效应的存在性及其背后的内在机理。该模型假设有 $F\%$ 的公司想支付比其规模相似公司多 λ 倍的高管薪酬，那么整体高管薪酬水平将会按照 Λ 倍进行增加，其中：$\Lambda = \{f[(1-f)\lambda/(1-\lambda Ff)]^{1/(\alpha\gamma-\beta)} + 1 - f\}^{\alpha\gamma}$，以此说明高管薪酬的增长与契约参照点有关，证实了高管薪酬契约存在参照点效应。该模型还论证了高管薪酬契约参照点效应支持经理人市场理论的解释，这些研究结论为本书进一步深入研究提供了参考与借鉴。

尽管加比亚斯和兰迪埃（2008）的市场均衡模型是高管薪酬契约参照点效应中的经典模型，但是该模型仍有尚待改进之处。

第一，该模型构建的出发点就是为了验证高管薪酬契约参照点效应背后的内在机理是支持经理人市场理论的，但是该模型的构建与推导等是基于美国发达资本市场和相对完善的经理人市场的制度背景，与我国尚待健全的经理人市场和资本市场有所不同，我国的高管薪酬除了会受经理人市场因素的影响，还会受到高管控制权因素的影响。可瑞斯坦（Crystal，1991）通过实证研究发现，在高管与董事会之间的薪酬谈判中，高管通常会利用自身的优势与董事会进行讨价还价，从而获得较高的薪酬。贝布丘克与弗里德（2004）提出了管理层权力理论，认为高管薪酬契约不仅没有解决委托代理问题，反而在一定程度上增加了代理问题，因为高管会利用其手中的权力来影响董事会制定高管薪酬契约，并从中攫取私有权益。杨蓉（2014）考察了高管控制权与高管薪酬之间关系及其影响路径，结果显示，高管控制权越大，高管薪酬水平越高，高管控制权会通过盈余管理、财务重述、在职消费等路径影响高管薪酬水平。德瓦恩和迪普雷特（De Vaan & Diprete，2014）研究发现，契约参照点并不是高管才能的一种反映，与高管的控制权力大小有关。江伟（2011）利用中国上市公司的数据专门从管理层权力理论的角度对高管薪酬增长问题进行实证研究表明，公司治理机制弱化的公司管理者越可能采用契约参照点来驱动高管薪酬的增长。因此，高管控制权的大小会影响高管薪酬契约参照点效应，应将高管控制权因素纳入模型当中，重新构建一个适合我国国情的高管薪酬契约参照点效应的理论模型。

第二，该模型仅考虑了外部参照点效应，却忽视了内部参照点、个人参照点效应。在模型中选取规模相近公司高管薪酬水平情况作为参照点，将本公司高管薪酬水平与规模相近公司高管薪酬水平进行比较，却忽视了内部参照点以及个人参照点的存在性，即公司的董事会或薪酬委员会在制定高管薪酬契约时还会参照董事会内部其他董事的薪酬、高管团队内部其他高管以及个人历史薪酬水平，为了激励高管的积极性，会将高管薪酬水平制定在董事会其他董事、高管团队内部其他高管以及历史高管薪酬水平之上。刘绪光（2010）基于契约参照点理论，构建了一个契约参照点三维分析框架，将契约参照点划分为内部参照点和外部参照点和时间参照点等，其中时间参照点变量设置为虚拟变量，选取以历史薪酬水平为参照基准，用 $t-1$ 期的高管薪酬与 $t-2$ 期的薪酬水平相比较。潘玲川（2016）以历史薪酬为参照点探究了

CEO 薪酬偏差对企业风险行为的影响，并指出高管不仅会与类似高管的薪酬进行比较，还会进行自我薪酬的比较。因此，应将内部参照点、个人参照点因素纳入模型分析当中，构建高管薪酬契约内部参照点效应以及个人参照点效应的理论模型。

以上研究的不足之处给本书的进一步研究以及对该模型的改进提供了研究空间。根据加比亚斯和兰迪埃（2008）的市场均衡模型，本书尝试将高管控制权、内部参照点、个人参照点这三个因素纳入理论模型的分析框架中，并试图构建一个适合我国国情的高管薪酬契约参照点效应的理论模型，理论模型的具体构建过程如下。

假设市场中存在 n 家公司和 m 个高管人员，有 n_* 家参照公司。其中公司规模 S 是公司排名 n 的函数，记为 $S(n)$，排名 n 越小代表公司规模 S 越大；高管才能 t 是高管排名 m 的函数，记为 $t(m)$，排名 m 越小代表才能 t 越强；高管控制权 Q 是高管排名 m 的函数，记为 $Q(m)$，排名 m 越小代表高管控制权 Q 越大；$W(n)$ 代表 n 家公司支付给高管的薪酬；$S(n_*)$ 代表参照公司 n_* 的规模函数；$t(n_*)$ 参照公司 n_* 的高管才能函数；$Q(n_*)$ 参照公司 n_* 的高管控制权函数；$W(n_*)$ 代表参照公司 n_* 支付给高管的薪酬。

公司选择高管的最优一阶条件为：

$$w'(m) = CS(n)^\gamma T'(m) Q'(m) \tag{4.1}$$

假设在竞争性市场，高管的数量 m 与公司的数量 n 相匹配，即 $m = n$，则式（4.1）为：$w'(n) = CS(n)^\gamma T'(n) Q'(n)$。

进一步求解为：

$$w(n) = -\int_n^N CS(u)^\gamma T'(u) Q'(u) \mathrm{d}u + w(N) \tag{4.2}$$

假设一个帕累托公司规模的分布指数为 $1/\alpha$，则有：$S(n) = An^{-\alpha}$。

根据极值定理以及加比亚斯和兰迪埃（2008）有关才能分布的推导，假设存在常量 β 和 B、δ 和 E，下面的公式适用于高管才能和高管控制权分布上的尾间距：$T'(x) = -Bx^{\beta-1}$，$Q'(x) = -Ex^{\delta-1}$。

得：$S(u) = Au^{-\alpha}$、$T'(x) = -Bx^{\beta-1}$和$Q'(x) = -Ex^{\delta-1}$，代入式（4.2）可得：

$$w(n) = -\int_n^N A^\gamma BCE u^{-\alpha\gamma+\beta+\delta-2} du + w(N)$$

$$= \frac{A^\gamma BCE}{\alpha\lambda-\beta-\delta+1}[n^{-(\alpha\gamma-\beta-\delta)-1} - N^{-(\alpha\gamma-\beta-\delta)-1}] + w(N) \quad (4.3)$$

考虑大公司的范围，即$\lim \frac{n}{N} \to 0$，则$n^{-(\alpha\gamma-\beta-\delta)-1}$变得将非常接近于$N^{-(\alpha\gamma-\beta-\delta)-1}$和$w(N)$，则式（4.3）可以进一步化解为：

$$w(n) = \frac{A^\gamma BCE}{\alpha\lambda-\beta-\delta+1} n^{-(\alpha\gamma-\beta-\delta)-1} \quad (4.4)$$

由式（4.4）以及$T'(n_*) = -Bn_*^{-\beta}$、$S(n) = An^{-\alpha}$和$S(n_*) = An_*^{-\alpha}$可以得出：

$$(\alpha\lambda-\beta-\delta+1)w(n) = A^\gamma BCEn^{-(\alpha\gamma-\beta-\delta)-1}$$

$$= CBEn_*^\beta (An_*^{-\alpha})^{\frac{\beta}{\alpha}} (An^{-\alpha})^{\gamma-\frac{\beta}{\alpha}} n^{\delta-1}$$

$$= CBEn_*^\beta n^{\delta-1} S(n_*)^{\frac{\beta}{\alpha}} S(n)^{\gamma-\frac{\beta}{\alpha}}$$

$$= -CEn^{\delta-1} n_* T'(n_*) S(n_*)^{\frac{\beta}{\alpha}} S(n)^{\gamma-\frac{\beta}{\alpha}}$$

$$W(n) = \frac{CEn^{\delta-1} n_* T'(n_*)}{\alpha\gamma-\beta-\delta+1} S(n_*)^{\frac{\beta}{\alpha}} S(n)^{\gamma-\frac{\beta}{\alpha}} \quad (4.5)$$

令$D(n_*) = \frac{-Cn_* T'(n_*)}{\alpha\gamma-\beta-\delta+1}$，$Q'(n) = -En^{\delta-1}$，则：

$$W(n) = D(n_*) S(n_*)^{\frac{\beta}{\alpha}} S(n)^{\gamma-\frac{\beta}{\alpha}} Q'(n) \quad (4.6)$$

$$W(n_*) = D(n_*) S(n_*)^{\frac{\beta}{\alpha}} S(n_*)^{\gamma-\frac{\beta}{\alpha}} Q'(n_*) = D(n_*) S(n_*)^\gamma Q'(n_*) \quad (4.7)$$

由式（4.6）和式（4.7）可知：$\dfrac{W(n)}{W(n_*)} = \dfrac{S(n_*)^{\frac{\beta}{\alpha}} S(n)^{\gamma-\frac{\beta}{\alpha}} Q'(n)}{S(n_*)^\gamma Q'(n_*)}$

整理后得：$W(n) = S(n_*)^{-\gamma+\frac{\beta}{\alpha}} S(n)^{\gamma-\frac{\beta}{\alpha}} \dfrac{Q'(n)}{Q'(n_*)} W(n_*) \quad (4.8)$

由以上推导结果可以看出，式（4.6）和式（4.8）均为高管薪酬契约外部参照点效应的理论模型，其中式（4.6）反映了公司的高管薪酬水平不仅受本公司规模、高管控制权因素的影响，还受参照公司的规模及其高管才能因素的影响。式（4.8）是式（4.6）的进一步推导，由式（4.8）可知，公司的高管薪酬水平受本公司规模和高管控制权、参照公司规模、高管控制权和高管薪酬水平因素的影响。

假设 C_a 代表公司对高管才能的敏感性，C_b 代表公司对董事才能的敏感性，Q_a 代表公司对高管控制权的敏感性，Q_b 代表公司对董事控制权的敏感性，W_a 代表公司支付给高管的薪酬，W_b 代表公司支付给董事的薪酬。

由式（4.6）可知：

$$W_a(n) = D(n_*) S(n_*)^{\frac{\beta}{\alpha}} (C_a^{\frac{1}{\gamma}} Q_a^{\frac{1}{\gamma}} S(n))^{\gamma - \frac{\beta}{\alpha}} Q'(n)$$

$$W_b(n) = D(n_*) (S(n_*))^{\frac{\beta}{\alpha}} (C_b^{\frac{1}{\gamma}} Q_b^{\frac{1}{\gamma}} S(n))^{\gamma - \frac{\beta}{\alpha}} Q'(n)$$

$$\frac{W_a(n)}{W_b(n)} = \frac{D(n_*)(S(n_*))^{\frac{\beta}{\alpha}} (C_a^{\frac{1}{\gamma}} Q_a^{\frac{1}{\gamma}} S(n))^{\gamma - \frac{\beta}{\alpha}} Q'(n)}{D(n_*)(S(n_*))^{\frac{\beta}{\alpha}} (C_b^{\frac{1}{\gamma}} Q_b^{\frac{1}{\gamma}} S(n))^{\gamma - \frac{\beta}{\alpha}} Q'(n)} = \left(\frac{C_a Q_a}{C_b Q_b}\right)^{1 - \frac{\beta}{\alpha \gamma}}$$

整理后得：$W_a(n) = W_b(n) \left(\dfrac{C_a Q_a}{C_b Q_b}\right)^{1 - \frac{\beta}{\alpha \gamma}}$ （4.9）

假设 C_1 代表公司对排名第 1 位高管才能的敏感性，C_h 代表公司对排名第 h 位高管才能的敏感性，Q_1 代表公司对排名第 1 位高管控制权的敏感性，Q_h 代表公司对排名第 h 位高管控制权的敏感性，$\overline{C}$ 代表公司对高管才能敏感性的均值，$\overline{Q}$ 代表公司对高管控制权敏感性的均值，W_1 代表公司支付给排名第 1 位高管的薪酬，W_h 代表公司支付排名第 h 位高管的薪酬。

由式（4.6）可知：

$$W_1(n) = D(n_*) (\overline{C}^{\frac{1}{\gamma}} \overline{Q}^{\frac{1}{\gamma}} S(n_*))^{\frac{\beta}{\alpha}} (C_1^{\frac{1}{\gamma}} Q_1^{\frac{1}{\gamma}} S(n))^{\gamma - \frac{\beta}{\alpha}}$$

$$W_h(n) = D(n_*) (\overline{C}^{\frac{1}{\gamma}} \overline{Q}^{\frac{1}{\gamma}} S(n_*))^{\frac{\beta}{\alpha}} (C_h^{\frac{1}{\gamma}} Q_h^{\frac{1}{\gamma}} S(n))^{\gamma - \frac{\beta}{\alpha}}$$

$$\frac{W_1(n)}{W_h(n)} = \frac{D(n_*)(\overline{C}^{\frac{1}{\gamma}} \overline{Q}^{\frac{1}{\gamma}} S(n_*))^{\frac{\beta}{\alpha}} (C_1^{\frac{1}{\gamma}} Q_1^{\frac{1}{\gamma}} S(n))^{\gamma - \frac{\beta}{\alpha}}}{D(n_*)(\overline{C}^{\frac{1}{\gamma}} \overline{Q}^{\frac{1}{\gamma}} S(n_*))^{\frac{\beta}{\alpha}} (C_h^{\frac{1}{\gamma}} Q_h^{\frac{1}{\gamma}} S(n))^{\gamma - \frac{\beta}{\alpha}}} = \left(\frac{C_1 Q_1}{C_h Q_h}\right)^{1 - \frac{\beta}{\alpha \gamma}}$$

整理后得：$W_1(n) = W_h(n) \left(\dfrac{C_1 Q_1}{C_h Q_h} \right)^{1-\frac{\beta}{\alpha\gamma}}$ (4.10)

式（4.9）和式（4.10）是高管薪酬契约内部参照点效应的理论模型，其中式（4.9）是董事会内部参照点效应的理论模型，在该模型中，高管的薪酬水平会受到公司董事薪酬水平的影响，此外还会受高管才能、高管控制权因素的影响。式（4.10）是高管团队内部参照点效应的理论模型，在该模型中，高管的薪酬水平会受到高管团队内部其他高管薪酬水平的影响，此外还受到自身才能水平、其他高管才能、高管自身控制权大小以及其他高管控制权大小的影响。

假设 C_{t-2} 代表 $t-2$ 年公司对高管才能的敏感性，Q_{t-2} 代表 $t-2$ 年公司对高管控制权的敏感性，C_{t-1} 代表 $t-1$ 公司对高管才能的敏感性，Q_{t-1} 代表 $t-1$ 年公司对高管控制权的敏感性，$\overline{C}$ 代表公司对高管才能敏感性的均值，$\overline{Q}$ 代表公司对高管控制权敏感性的均值，W_{t-2} 代表 $t-2$ 年公司支付给高管的薪酬，W_{t-1} 代表 $t-1$ 年公司支付给高管的薪酬。

由式（4.6）可知：

$$W(n) = D(n_*) S(n_*)^{\frac{\beta}{\alpha}} S(n)^{\gamma - \frac{\beta}{\alpha}} Q'(n)$$

$$W_{t-2}(n) = D(n_*) (\overline{C}^{\frac{1}{\gamma}} \overline{Q}^{\frac{1}{\gamma}} S(n_*))^{\frac{\beta}{\alpha}} (C_{t-2}^{\frac{1}{\gamma}} Q_{t-2}^{\frac{1}{\gamma}} S(n))^{\gamma - \frac{\beta}{\alpha}} Q'(n)$$

$$W_{t-1}(n) = D(n_*) (\overline{C}^{\frac{1}{\gamma}} \overline{Q}^{\frac{1}{\gamma}} S(n_*))^{\frac{\beta}{\alpha}} (C_{t-1}^{\frac{1}{\gamma}} Q_{t-1}^{\frac{1}{\gamma}} S(n))^{\gamma - \frac{\beta}{\alpha}} Q'(n)$$

$$\dfrac{W_{t-1}(n)}{W_{t-2}(n)} = \dfrac{D(n_*) (\overline{C}^{\frac{1}{\gamma}} \overline{Q}^{\frac{1}{\gamma}} S(n_*))^{\frac{\beta}{\alpha}} (C_{t-1}^{\frac{1}{\gamma}} Q_{t-1}^{\frac{1}{\gamma}} S(n))^{\gamma - \frac{\beta}{\alpha}} Q'(n)}{D(n_*) (\overline{C}^{\frac{1}{\gamma}} \overline{Q}^{\frac{1}{\gamma}} S(n_*))^{\frac{\beta}{\alpha}} (C_{t-2}^{\frac{1}{\gamma}} Q_{t-2}^{\frac{1}{\gamma}} S(n))^{\gamma - \frac{\beta}{\alpha}} Q'(n)}$$

$$= \left(\dfrac{C_{t-1} Q_{t-1}}{C_{t-2} Q_{t-2}} \right)^{1 - \frac{\beta}{\alpha\gamma}}$$

整理后得：$W_{t-1}(n) = W_{t-2}(n) \left(\dfrac{C_{t-1} Q_{t-1}}{C_{t-2} Q_{t-2}} \right)^{1-\frac{\beta}{\alpha\gamma}}$ (4.11)

式（4.11）为高管薪酬契约个人参照点效应的理论模型，说明高管本期的薪酬不仅受到个人上期薪酬水平的影响，还受到高管才能和高管控制权因素的影响，如果高管控制权前后两期没有发生变化，则高管本期薪酬仅与高管才能和高管上一期薪酬水平有关。

二、理论模型分析

加比亚斯和兰迪埃（2008）借鉴跨公司、跨时间、跨国的分析，以及根据上文中有关高管薪酬契约外部参照点效应的理论模型推导，由式（4.7）可知，当所有大公司的规模增加了 λ，那么所有大公司的高管薪酬将增加 λ^γ，特别是参照公司的薪酬与参照公司规模的幂指数 γ 成正比例关系，即 $S(n_*)^\gamma$，说明高管薪酬平均水平取决于参照公司规模的幂指数 γ，即高管薪酬契约存在着外部参照点效应。假设在给定的一段时间内，公司的规模呈 2 倍增长，没有其他因素的变化，那么参照公司的规模将呈 2 倍增长；其他公司的规模也将呈 2 倍增长，结果是高管的平均薪酬将增长 2^γ，由于 γ 的最优解为 $\gamma \cong 1$，则高管的平均薪酬也将增长 2 倍，说明高管薪酬契约存在外部参照点效应。

由式（4.6）可以看出，公司的高管薪酬与公司规模的幂指数 $\gamma - \beta/\alpha$ 成正比例关系，即 $S(n)^{\gamma-\frac{\beta}{\alpha}}$，也就是说高管薪酬与（自身公司规模）$^\kappa$ 成正比。其中 $\kappa = \gamma - \beta/\alpha$，根据加比亚斯和兰迪埃（2008）的推论和论证，最优的 α、β 和 γ 值分别为 $\alpha \cong 1$、$\beta \geq 2/3$ 和 $\gamma \cong 1$，则最优的 $\kappa \cong 1/3$，即最优的关系应是高管薪酬与自身公司规模的幂指数 1/3 成正比例关系。此外，在式（4.6）中，不仅包括自身的公司规模及高管控制权因素，而且包括参照公司的规模、数量、高管才能以及高管控制权因素影响，说明高管的薪酬不仅依靠其自身的才能，还受到对高管才能的总需求影响。根据经理人市场理论可知，经理人市场主要包括高管的供给与需求两个方面，如果高管的供给小于需求，那么高管的薪酬将会受经理人市场的影响而升高；反之，如果高管的供给大于需求，高管薪酬则会降低。企业为了吸引和招聘到合意的高管加入到公司高管团队中来，通常会给予高管具有市场竞争力的薪酬。面对来自经理人市场的压力，公司会反思自身的薪酬情况，为了更好地激励公司的高管人员，便会参照经理人市场反馈的市场薪酬信息来调整薪酬契约。因此，经理人市场会影响高管薪酬契约的外部参照点效应。

由式（4.8）可以看出，公司高管薪酬水平不仅受本公司规模及其高管控制权，以及参照公司规模及其高管控制权因素的影响，还会受参照公司所支付的高管薪酬的影响。换言之，参照公司的高管薪酬水平将影响本公司的高管薪酬水平，参照公司支付给高管的薪酬水平越高，那么本公司也将支付更高的高管薪酬，两者成正比例关系，进一步说明高管薪酬契约存在着外部参照点效应。本公司高管控制权越大，高管薪酬水平越高，参照公司的高管控制权越大，参照公司的高管薪酬水平也越高，相应的外部参照点水平也就越高。换言之，高管控制权的大小会影响高管薪酬契约的外部参照点水平。基于以上分析，本书提出以下命题：

命题 1a　高管控制权与高管薪酬契约的外部参照点效应正相关

命题 1b　经理人市场与高管薪酬契约的外部参照点效应正相关

由式（4.9）可知，公司高管薪酬受到公司内部董事薪酬水平的影响，高管薪酬与董事薪酬成正比例关系，高管薪酬是董事薪酬的 $\left(\dfrac{C_a Q_a}{C_b Q_b}\right)^{1-\frac{\beta}{\alpha\gamma}}$ 倍，由于最优的 α、β 和 γ 值分别为 $\alpha \cong 1$、$\beta \cong 2/3$ 和 $\gamma \cong 1$，那么 $\left(\dfrac{C_a Q_a}{C_b Q_b}\right)^{1-\frac{\beta}{\alpha\gamma}} = \left(\dfrac{C_a Q_a}{C_b Q_b}\right)^{\frac{1}{3}}$，说明公司高管薪酬契约设计会参照本公司内部董事的薪酬水平，其参照的倍数为 $\left(\dfrac{C_a Q_a}{C_b Q_b}\right)^{\frac{1}{3}}$。通过进一步分析可知，该倍数的大小主要受高管才能、高管控制权、董事才能、董事控制权四个因素的影响。当控制权水平保持不变的情况下，高管才能高于董事才能时，那么 $\left(\dfrac{C_a Q_a}{C_b Q_b}\right)^{\frac{1}{3}}$ 的值就越大；反之，则越小。当高管才能和董事才能的水平保持不变的情况下，高管控制权大于董事的控制权时，那么 $\left(\dfrac{C_a Q_a}{C_b Q_b}\right)^{\frac{1}{3}}$ 的值就越大；反之，则越小。因此，高管控制权和经理人市场会影响高管薪酬契约的董事会内部参照点效应。由式（4.10）可知，公司高管薪酬受到高管团队内部其他高管薪酬水平的影响，高管薪酬是公司高管团队内部其他高管薪酬的 $\left(\dfrac{C_1 Q_1}{C_h Q_h}\right)^{1-\frac{\beta}{\alpha\gamma}}$ 倍，由于最优的 α、β 和 γ 值分别为 $\alpha \cong 1$、$\beta \cong 2/3$ 和 $\gamma \cong 1$，那么 $\left(\dfrac{C_1 Q_1}{C_h Q_h}\right)^{1-\frac{\beta}{\alpha\gamma}} = \left(\dfrac{C_1 Q_1}{C_h Q_h}\right)^{\frac{1}{3}}$，说明公司高管薪酬契约设计会参照本公司高管团队内部其他高管薪酬水平，其参照的倍数为 $\left(\dfrac{C_1 Q_1}{C_h Q_h}\right)^{\frac{1}{3}}$。进一步分析可知，高管团队内部参照点主要受高管才能和高管控制权因素的影响，当排名第一位的高管才能和控制权一定的情况下，该倍数取决于其他高管的才能以及控制权的大小。因此，高管控制权和经理人市场会影响高管薪酬契约的高管团队内部参照点效应。基于以上分析，本书提出如下命题：

命题 2a 高管控制权与高管薪酬契约的内部参照点效应正相关

命题 2b 经理人市场与高管薪酬契约的内部参照点效应正相关

由式（4.11）可知，公司高管薪酬受到高管自身历史薪酬水平的影响，本期薪酬水平与上期薪酬水平的比值是 $\left(\dfrac{C_{t-1} Q_{t-1}}{C_{t-2} Q_{t-2}}\right)^{1-\frac{\beta}{\alpha\gamma}}$，由于最优的 α、β 和 γ 值分别为 $\alpha \cong 1$、$\beta \cong 2/3$ 和 $\gamma \cong 1$，那么 $\left(\dfrac{C_{t-1} Q_{t-1}}{C_{t-2} Q_{t-2}}\right)^{1-\frac{\beta}{\alpha\gamma}} = \left(\dfrac{C_{t-1} Q_{t-1}}{C_{t-2} Q_{t-2}}\right)^{\frac{1}{3}}$，说明公司高管薪酬契约设计会参照本公司高管个人历史薪酬水平，其参照的倍数为 $\left(\dfrac{C_{t-1} F_{t-1}}{C_{t-2} F_{t-2}}\right)^{\frac{1}{3}}$。进一步分析可看出，公司高管薪酬契约设计主要看公司与高管才能的敏感性以及公司与高管控制权之间的敏感性，若高管的控制权越大、才能水平越高，那么 $\left(\dfrac{C_{t-1} Q_{t-1}}{C_{t-2} Q_{t-2}}\right)^{1-\frac{\beta}{\alpha\gamma}}$ 的值越大，其个人参照点水平也越高。基于以上分析，本书提出如下命题：

命题 3a 高管控制权与高管薪酬契约的个人参照点效应正相关

命题 3b 经理人市场与高管薪酬契约的个人参照点效应正相关

第二节 内在机理：度量方法与经验证据

一、研究设计

(一) 数据来源与样本选择

本书研究的时间窗口为 2009~2014 年，以该时间窗口范围内我国 A 股上市公司为样本。因相关变量进行了差分处理，实际使用的样本数据的时间窗口为 2007~2014 年，并对样本的数据进行了以下几个方面的处理：(1) 剔除金融保险业类上市公司的样本；(2) 剔除 *St、St、Pt 上市公司的样本；(3) 剔除财务数据及公司治理数据不能用手工整理方式进行补齐的缺失样本；(4) 为了消除宏观物价指数带来的潜在影响，对所有涉及薪酬数据的变量按照 2014 年的居民消费价格指数 (CPI) 进行指数平减；(5) 对所有连续变量进行上下 1% 分位的 Winsorize 处理，以消除异常值带来的影响。最后确定样本观测值共 9515 个。研究的数据来源于国泰安 (CSMAR) 数据库和万元德 (Wind) 数据库，其中产权性质变量通过手工收集和整理年报等相关资料的数据进行确定。

(二) 变量定义与模型设计

本节考察的是高管薪酬契约参照点效应内在机理的实证检验，重点探究高管控制权和经理人市场对高管薪酬契约参照点效应的影响。其中，被解释变量为高管薪酬变动 ($Dcomp$)。参照黎文靖等 (2014) 的做法，本书选取本年度高管平均薪酬减去上一年度高管平均薪酬后的差额与上一年度高管平均薪酬的比值来衡量高管薪酬变动变量。

解释变量主要包括契约参照点、经理人市场和高管控制权变量，其中契约参照点变量的衡量办法与第三章中的保持一致，这里不再赘述。经理人市场变量由 4 个经理人市场衡量指标的主成分合成，其中总经理的来源指标 (万华林和陈信元，2010) 和当年总经理变更的累计次数 (汪柳希，2015) 指标主要是从经理人市场声誉的角度来衡量经理人市场变量，用市场上同行业所有经理人人数除以本公司在任高管人数指标（Parrino，1997）衡量经理人市场的行业竞争程度，用地区市场化指数指标（樊纲等，2011）衡量经理人市场的地区竞争程度。考虑到经理人市场对高管薪酬变动的影响具有一定的滞后性以及经理人市场与高管薪酬变动之间可能存在的内生性问题，此处选取滞后一期的经理人市场变量。借鉴杨蓉（2014）的研究，高管控制权变量选取两职合一（$power1$）、总经理是否来自控股股东（$power2$）、股权分散度（$power3$）和总经理任期（$power4$）4 个变量的综合指标，如果 $power1 + power2 + power3 + power4 \geq 3$，则取值为 1，否则为 0。为了解决高管控制权与高管薪酬变动之间可能存在的内生性问题，高管控制权变量选取其滞后一期变量。

参照江伟（2011）的研究，本书用公司业绩变化（$Droa$）、成长性变化（$Dgrow$）、财务杠杆变化（$Dlev$）、公司规模变化（$Dsize$）等变量控制企业的特征。借鉴劳克斯（2008）和刘鑫（2015）的研究，采用产权性质、地区、董事会独立性、两职合一、第一大股东持股比例变化等变量控制公司治理情况。此外，本书还控制了行业和年度差异。具体变量定义如表 4-1 所示：

表 4-1　　　　　　　　　　变量定义

变量名称		变量符号	计算方法
高管薪酬变动		Dcomp	（本年度高管平均薪酬 - 上一年度高管平均薪酬）/上一年度高管平均薪酬
契约参照点（QY）	外部参照点（PPE）	PPE1	$t-1$ 年同行业、同地区、同产权、规模相近公司高管平均薪酬自然对数的中值与高管平均薪酬自然对数的差额
		PPE2	如果 $t-1$ 年的高管薪酬低于同行业、同地区、同产权、规模相近公司高管薪酬的中值则取值为 1，否则为 0
	内部参照点（DB）	WD1	$t-1$ 年董事薪酬均值自然对数与高管薪酬均值自然对数的差额
		WD2	如果 $t-1$ 年的高管平均薪酬小于公司董事平均薪酬，则取值为 1，否则为 0
		NB1	$t-1$ 年行业高管团队内部薪酬差距中值与公司高管团队内部薪酬差距的差额
		NB2	如果 $t-1$ 年公司高管团队内部薪酬差距低于同行业高管团队内部薪酬差距的中值，则取值为 1，否则为 0

续表

变量名称		变量符号	计算方法
契约参照点（QY）	个人参照点（EC）	EC1	$t-2$ 年的高管平均薪酬自然对数与 $t-1$ 年的高管平均薪酬自然对数的差额
		EC2	如果 $t-1$ 年的高管薪酬小于 $t-2$ 的高管薪酬，则取值为1，否则为0
	综合参照点（ZH）	ZH	如果 $PPE2 + WD2 + NB2 + EC2 \geq 3$，则取值为1，否则为0
经理人市场		JL1	总经理来源，如果来源于内部，则取值为1，否则为0
		JL2	当年总经理变更的累计次数
		JL3	市场上同行业所有经理人人数除以本公司在任高管人数
		JL4	地区市场化指数
		JL	以上4个经理人市场指标的主成分合成指标
高管控制权		Power1	CEO是否兼任董事长，是则取值为1，否则为0
		Power2	总经理是否来自控股单位，是则取值为1，否则为0
		Power3	股权分散度（第一大股东持股比例/（前五大股东持股比例-第一大股东持股比例）），该值小于1则取值为1，否则为0
		Power4	担任总经理的年限大于等于4则取值为1，否则为0
		Power	管理层权力综合指标，如果 $Power1 + Power2 + Power3 + Power4 \geq 3$，则取值为1，否则为0
产权性质		State	最终控制人为国有企业取值为1，否则为0
地区		Reg	如果公司的注册地处中西部地区则取值为1，处于沿海地区取值为0
两职合一		Dual	CEO是否兼任董事长，是则取1，否则取0
独立董事比例		Indep	独立董事人数与董事会总人数的比值
公司业绩变化		Droa	本年公司业绩与上一年公司业绩的差额，其中公司业绩为当年资产收益率
公司规模变化		Dsize	本年期末总资产与上一年期末总资产差额的自然对数
成长性变化		Dgrow	本年营业收入增长率与上一年营业收入增长率的差额
财务杠杆变化		Dlev	本年资产负债率与上一年资产负债率的差额
股权集中度变化		Dtop1	本年第一大股东持股比例与上一年第一大股东持股比例的差额
年度		Year	年度虚拟变量
行业		Ind	行业虚拟变量

为了检验经理人市场和高管控制权分别对高管薪酬契约参照点效应的影响，以及两者共同影响时的倾向性，本书建立如下的模型（4.12）至模型（4.14）。

$$Dcomp_{i,t} = \beta_0 + \beta_1 QY_{i,t} + \beta_2 JL_{i,t-1} + \beta_3 QY_{i,t} \times JL_{i,t-1} + \beta_4 Dual_{i,t} + \beta_5 Indep_{i,t}$$
$$+ \beta_6 State_{i,t} + \beta_7 Reg_{i,t} + \beta_8 Droa_{i,t} + \beta_9 DSize_{i,t} + \beta_{10} DLev_{i,t}$$
$$+ \beta_{11} Dgrow_{i,t} + \beta_{12} Dtop1_{i,t} + \sum Year + \sum Ind + \xi \quad (4.12)$$

$$Dcomp_{i,t} = \beta_0 + \beta_1 QY_{i,t} + \beta_2 Power_{i,t-1} + \beta_3 QY_{i,t} \times Power_{i,t-1} + \beta_4 Dual_{i,t}$$
$$+ \beta_5 Indep_{i,t} + \beta_6 State_{i,t} + \beta_7 Reg_{i,t} + \beta_8 Droa_{i,t} + \beta_9 DSize_{i,t}$$
$$+ \beta_{10} DLev_{i,t} + \beta_{11} Dgrow_{i,t} + \beta_{12} Dtop1_{i,t}$$
$$+ \sum Year + \sum Ind + \varepsilon \quad (4.13)$$

$$Dcomp_{i,t} = \beta_0 + \beta_1 QY_{i,t} + \beta_2 JL_{i,t-1} + \beta_3 Power_{i,t-1} + \beta_4 QY_{i,t} \times JL_{i,t-1}$$
$$+ \beta_5 QY_{i,t} \times Power_{i,t-1} + \beta_6 Dual_{i,t} + \beta_7 Indep_{i,t} + \beta_8 State_{i,t}$$
$$+ \beta_9 Reg_{i,t} + \beta_{10} Droa_{i,t} + \beta_{11} DSize_{i,t} + \beta_{12} DLev_{i,t}$$
$$+ \beta_{13} Dgrow_{i,t} + \beta_{14} Dtop1_{i,t} + \sum Year + \sum Ind + \gamma \quad (4.14)$$

二、实证结果

（一）描述性统计

表4-2列出了样本的描述性统计情况。从表4-2中可以看出，各个变量的样本观测值均为9515。高管薪酬变动的均值为0.136，中位值为0.072，说明高管薪酬整体上呈增长趋势。经理人市场（JL）的均值为0.005，最大值是2.972，最小值为-0.729，说明经理人市场存在竞争程度差异。高管控制权（Power）的均值为0.187，说明样本中有18.7%的样本公司高管控制权较大。外部参照点（PPE2）的均值为0.511，说明有51.1%的样本公司的高管薪酬低于同行业、同地区、同产权、规模相近公司高管薪酬的中值。内部参照点（WD2和NB2）的均值分别为0.492和0.508，说明有49.2%样本公司高管薪酬低于董事薪酬，有50.8%样本公司高管团队内部薪酬差距低于同行业高管团队内部薪酬差距。个人参照点（EC2）的均值为0.414，说明有

41.4%样本公司 $t-2$ 年的高管薪酬低于 $t-1$ 年的高管薪酬。综合参照点（ZH）的均值为 0.371，说明有 37.1% 的样本公司存在综合参照点效应。

表 4-2　　　　　　　　　　描述性统计

变量	样本量	均值	1/4 分位	中位值	3/4 分位	标准差	最小值	最大值
Dcomp	9515	0.136	-0.008	0.072	0.227	0.279	-0.456	1.363
JL	9515	0.005	-0.413	-0.157	0.305	0.532	-0.729	2.972
Power	9515	0.187	0	0	0	0.390	0	1
PPE2	9515	0.511	0	1	1	0.500	0	1
WD2	9515	0.492	0	0	1	0.500	0	1
NB2	9515	0.508	0	1	1	0.500	0	1
EC2	9515	0.414	0	0	1	0.493	0	1
ZH	9515	0.371	0	0	1	0.483	0	1
Dual	9515	0.241	0	0	0	0.428	0	1
Indep	9515	0.369	0.333	0.333	0.400	0.055	0.091	0.714
State	9515	0.493	0	0	1	0.500	0	1
Reg	9515	0.344	0	0	1	0.475	0	1
Dsize	9515	0.140	0.016	0.100	0.207	0.244	-0.428	1.483
Dlev	9515	0.008	-0.027	0.009	0.048	0.086	-0.389	0.291
Dgrow	9515	-0.033	-0.218	-0.027	0.164	0.871	-5.260	4.304
Droa	9515	-0.004	-0.019	-0.002	0.011	0.059	-0.292	0.265
Dtop1	9515	-0.004	0	0	0	0.037	-0.148	0.200

（二）相关性分析

表 4-3 报告了各变量之间的相关系数检验结果。由表 4-3 可以看出，经理人市场（JL）变量与高管薪酬变动（Dcomp）之间在 1% 的水平上呈显著正相关关系，说明经理人市场竞争越激烈，高管薪酬越容易呈增长趋势；高管控制权（Power）变量与高管薪酬变动（Dcomp）之间在 1% 的水平上显著正相关，说明高管控制权越大，高管薪酬增长得越快。外部参照点（PPE2）、内部参照点（NB2）、个人参照点（EC2）和综合参照点（ZH）变量与高管薪酬变动

表 4-3　相关性系数表

	Dcomp	JL	Power	PPE2	WD2	NB2	EC2	ZH	Dual	Indep	State	Reg	Dsize	Dlev	Dgrow	Droa	Dtop1
Dcomp	1																
JL	0.106***	1															
Power	0.035***	−0.037***	1														
PPE2	0.180***	0.035***	−0.004	1													
WD2	0.017*	−0.019**	−0.015	0.069***	1												
NB2	0.189***	0.042***	−0.006	0.943***	0.090***	1											
EC2	0.102***	0.067***	0.280***	0.101***	0.053***	0.108***	1										
ZH	0.161***	0.047***	0.062***	0.729***	0.355***	0.749***	0.350***	1									
Dual	0.008	−0.034***	0.049***	0.019**	−0.008	0.014	−0.044***	−0.007	1								
Indep	−0.005	−0.008	−0.035***	0.016	−0.042***	0.019*	−0.025**	−0.010	0.093***	1							
State	−0.008	−0.055***	0.096***	−0.071***	−0.170***	−0.075***	0.033***	−0.077***	−0.283***	−0.062***	1						
Reg	0.049***	−0.132***	0.022**	0.190***	−0.006	0.180***	0.005	0.137***	−0.088***	−0.018*	0.160***	1					
Dsize	0.160***	−0.013	−0.045***	−0.029***	−0.009	−0.034***	−0.067***	−0.046***	0.014	−0.005	−0.041***	0.011	1				
Dlev	−0.020**	−0.009	−0.017*	0.008	0	0.003	0.007	−0.007	0.036***	0.026**	−0.026**	−0.023**	0.109***	1			
Dgrow	0.048***	−0.048***	−0.018*	0.027***	−0.016	0.030***	0.019**	0.014	0.008	−0.004	−0.014	−0.026**	0.301***	0.015	1		
Droa	0.092***	0.021**	−0.059***	0.019**	0.002	0.026**	−0.012	0.022**	−0.024**	−0.019**	0.011	−0.004	0.136***	−0.300***	0.220***	1	
Dtop1	0.040***	0.009	0.045***	−0.016	−0.023**	−0.015	0.012	−0.021**	−0.019*	−0.002	0.060***	0.010	0.139***	0.011	0.136***	0.054***	1

注：***、**、* 分别表示 0.01、0.05 和 0.1 的显著性水平。

（Dcomp）变量之间在1%的水平上显著正相关，内部参照点（WD2）变量与高管薪酬变动（Dcomp）变量之间在10%的水平上显著正相关，说明高管薪酬契约存在参照点效应。此外，公司规模变化（Dsize）、公司业绩变化（Droa）、成长性变化（Dgrow）等变量与高管薪酬变动（Dcomp）之间呈显著正相关关系，说明规模越大、业绩越好、越具有成长性的公司，其高管薪酬增长得越快。

（三）多元回归分析

为了从实证角度检验高管薪酬契约参照点效应的内在机理，本书根据内在机理理论分析的结果，分别从经理人市场和高管控制权两个视角对高管薪酬契约参照点效应的内在机理进行实证检验与分析。

表4-4是经理人市场对高管薪酬契约参照点效应影响的实证检验结果。由表4-4检验的结果可以看出，在列（1）至列（5）中的经理人市场变量与高管薪酬变动变量均在1%的水平上呈显著正相关关系，说明经理人市场竞争程度越高，高管薪酬增长越快。由列（1）可以看出，外部参照点（PPE2）与经理人市场（JL）变量的交互项（PPE2×JL）与高管薪酬变动（Dcomp）变量在1%的统计水平上显著正相关，命题1a得以验证。在列（2）和列（3）中，尽管内部参照点中的董事会参照点（WD2）与经理人市场（JL）变量的交互项（WD2×JL）与高管薪酬变动（Dcomp）变量并未呈现显著性关系但仍具有正相关关系，内部参照点中的高管团队内部参照点（NB2）经理人市场（JL）变量的交互项（NB2×JL）与高管薪酬变动（Dcomp）变量在1%的统计水平上显著正相关，说明高管薪酬契约参照点效应的内在机理支持经理人市场理论的观点，即高管薪酬契约制定中契约参照点的使用是经理人市场的反映，命题2a得以部分验证。在列（4）和列（5）中，个人参照点（EC2）与经理人市场（JL）变量的交互项（EC2×JL）、综合参照点（ZH）与经理人市场（JL）变量的交互项（ZH×JL）均与高管薪酬变动（Dcomp）变量在1%的统计水平上显著正相关，说明高管薪酬契约参照点效应的内在机理支持经理人市场理论的观点，验证了命题3a的观点。

表 4 - 4　　经理人市场对高管薪酬契约参照点效应影响的实证检验结果

变量	\multicolumn{5}{c}{Dependent Variable = Dcomp}
	（1）	（2）	（3）	（4）	（5）
常数项	0.122*** (3.57)	0.154*** (4.45)	0.118*** (3.46)	0.104*** (2.95)	0.113*** (3.32)
JL	0.029*** (3.88)	0.063*** (7.39)	0.029*** (3.96)	0.041*** (5.18)	0.035*** (4.97)
$PPE2$	0.098*** (17.54)				
$WD2$		0.010* (1.71)			
$NB2$			0.102*** (18.43)		
$EC2$				0.054*** (8.65)	
ZH					0.086*** (13.93)
$PPE2 \times JL$	0.059*** (5.08)				
$WD2 \times JL$		0.012 (0.94)			
$NB2 \times JL$			0.057*** (4.90)		
$EC2 \times JL$				0.050*** (3.99)	
$ZH \times JL$					0.065*** (5.02)
$Dual$	0.016** (2.40)	0.019*** (2.75)	0.017** (2.40)	0.020*** (2.40)	0.019*** (2.40)
$Indep$	0.004 (0.09)	0.032 (0.64)	0.002 (0.05)	0.026 (0.51)	0.023 (0.46)

续表

变量	Dependent Variable = Dcomp				
	(1)	(2)	(3)	(4)	(5)
State	-0.006 (-0.96)	-0.015** (-2.38)	-0.005 (-0.79)	-0.017*** (-2.77)	-0.007 (-1.17)
Reg	0.014** (2.20)	0.037*** (5.89)	0.014** (2.16)	0.035*** (5.64)	0.022*** (3.54)
Dsize	0.180*** (10.55)	0.171*** (9.80)	0.182*** (10.67)	0.179*** (10.27)	0.179*** (10.34)
Droa	0.284*** (4.22)	0.307*** (4.43)	0.277*** (4.12)	0.296*** (4.32)	0.278*** (4.10)
Dlev	-0.050 (-1.12)	-0.036 (-0.79)	-0.049 (-1.09)	-0.043 (-0.94)	-0.041 (-0.91)
Dgrow	-0.006 (-1.19)	-0.003 (-0.59)	-0.006 (-1.27)	-0.005 (-1.02)	-0.005 (-0.98)
Dtop1	0.114 (1.12)	0.096 (0.92)	0.116 (1.14)	0.097 (0.93)	0.122 (1.17)
Year	控制	控制	控制	控制	控制
Ind	控制	控制	控制	控制	控制
N	9515	9515	9515	9515	9515
Adj. R^2	0.100	0.068	0.103	0.078	0.093
F 值	19.63	13.47	20.46	15.22	17.27

注：括号内的 t 值由 Rogers 单向聚类稳健性标准误计算得出，***、**、* 分别表示0.01、0.05和0.1的显著性水平。

从表4-4中的控制变量检验结果来看，没有发现独立董事比例与高管薪酬变动呈显著性关系，说明我国独立董事制度有待于进一步健全和完善。两职合一、地区、公司规模变化、公司业绩变化变量分别与高管薪酬变动变量呈显著正相关关系，说明两职合一、位于中西部地区、公司规模越大、业绩越好的公司，其高管薪酬越容易获得增长。

表4-5是高管控制权对高管薪酬契约参照点效应影响的实证检验结果。

由表 4-5 检验中的列（1）可以看出，外部参照点（PPE2）与高管控制权（Power）变量的交互项（PPE2×Power）与高管薪酬变动（Dcomp）变量在 1% 的统计水平上显著正相关，说明高管薪酬契约的外部参照点效应支持管理层权力理论的观点，即是管理层自利行为的体现，命题 1b 得以验证。由列（2）、列（3）和列（5）可知，内部参照点中的董事会参照点（WD2）与高管控制权（Power）变量的交互项（WD2×Power）与高管薪酬变动（Dcomp）在 10% 的统计水平上显著正相关，内部参照点中的高管团队内部参照点（NB2）与高管控制权（Power）变量的交互项（NB2×Power）、综合参照点（ZH）与高管控制权（Power）变量的交互项（ZH×Power）均与高管薪酬变动（Dcomp）变量在 1% 的统计水平上显著正相关，说明高管薪酬契约的内部参照点效应和综合参照点效应都支持管理层权力理论的观点，命题 2b 得以验证。尽管在列（4）中，个人参照点（EC2）与高管控制权（Power）变量的交互项（EC2×Power）与高管薪酬变动（Dcomp）变量并未呈现显著性关系但仍具有正相关关系，说明高管薪酬契约参照点效应的内在机理支持管理层权力理论的观点，即高管薪酬契约制定中个人参照点的使用是管理者权力的反映，命题 3b 得以部分验证。

表 4-5　　高管控制权对高管薪酬契约参照点效应影响的实证检验结果

变量	Dependent Variable = Dcomp				
	(1)	(2)	(3)	(4)	(5)
常数项	0.108 *** (3.04)	0.142 *** (3.92)	0.102 *** (2.87)	0.067 * (1.72)	0.091 ** (2.56)
Power	-0.018 (-1.62)	-0.002 (-0.18)	-0.015 (-1.35)	-0.001 (-0.10)	-0.009 (-0.84)
PPE2	0.092 *** (15.28)				
WD2		0.003 (0.56)			

续表

变量	Dependent Variable = Dcomp				
	(1)	(2)	(3)	(4)	(5)
NB2			0.097 *** (16.22)		
EC2				0.059 *** (8.80)	
ZH					0.081 *** (12.04)
PPE2 × Power	0.057 *** (3.65)				
WD2 × Power		0.028 * (1.74)			
NB2 × Power			0.054 *** (3.50)		
EC2 × Power				0.028 (1.25)	
ZH × Power					0.056 *** (3.35)
Dual	0.109 (1.56)	0.012 * (1.68)	0.011 * (1.65)	0.013 * (1.88)	0.014 * (1.95)
Indep	0.014 (0.28)	0.027 (0.53)	0.011 (0.22)	0.024 (0.49)	0.031 (0.62)
State	−0.007 (−1.08)	−0.017 *** (−2.63)	−0.006 (−0.90)	−0.018 *** (−2.83)	−0.008 (−1.28)
Reg	0.003 (0.47)	0.026 *** (4.19)	0.003 (0.46)	0.027 *** (4.28)	0.011 * (1.78)
Dsize	0.182 *** (10.60)	0.171 *** (9.77)	0.184 *** (10.72)	0.178 *** (10.16)	0.182 *** (10.47)

续表

变量	Dependent Variable = Dcomp				
	(1)	(2)	(3)	(4)	(5)
Droa	0.304*** (4.45)	0.327*** (4.65)	0.298*** (4.36)	0.316*** (4.54)	0.300*** (4.37)
Dlev	-0.051 (-1.12)	-0.037 (-0.79)	-0.049 (-1.09)	-0.047 (-1.00)	-0.045 (-0.99)
Dgrow	-0.009* (-1.67)	-0.006 (-1.11)	-0.009* (-1.73)	-0.007 (-1.39)	-0.008 (-1.43)
Dtop1	0.136 (1.32)	0.118 (1.12)	0.134 (1.31)	0.118 (1.11)	0.138 (1.33)
Year	控制	控制	控制	控制	控制
Ind	控制	控制	控制	控制	控制
N	9515	9515	9515	9515	9515
Adj. R^2	0.086	0.053	0.089	0.063	0.078
F值	17.90	10.76	18.76	12.92	15.38

注：括号内的 t 值由 Rogers 单向聚类稳健性标准误计算得出，***、**、*分别表示0.01、0.05和0.1的显著性水平。

从表4-5中的控制变量检验结果来看，没有发现独立董事比例与高管薪酬变动呈显著性关系，说明我国独立董事制度有待于进一步健全和完善。地区变量在董事会参照点组、个人参照点组和综合参照点组与高管薪酬变动之间呈显著正相关关系，说明位于中西部地区的公司在这三组中具有驱动薪酬增长的作用。公司规模变化变量、公司业绩变化变量与高管薪酬变动变量呈显著正相关关系，说明规模越大、业绩越好的公司，其高管薪酬越容易获得增长。

由表4-4和表4-5的检验结果可以看出，高管薪酬契约参照点效应的内在机理既支持经理人市场理论的观点又支持管理层权力理论的观点，那么究竟更倾向于支持哪一种理论的观点呢？表4-6对高管薪酬契约参照点效应内在机理的倾向性进行了实证检验。

表 4-6　高管薪酬契约参照点效应内在机理倾向性的实证检验结果

变量	Dependent Variable = Dcomp				
	(1)	(2)	(3)	(4)	(5)
常数项	0.112*** (3.16)	0.141*** (3.92)	0.105*** (2.98)	0.076* (1.95)	0.097*** (2.73)
JL	0.028*** (3.76)	0.063*** (7.38)	0.029*** (3.84)	0.041*** (5.20)	0.034*** (4.90)
$Power$	−0.015 (−1.35)	0.002 (0.16)	−0.012 (−1.05)	0.002 (0.13)	−0.006 (−0.55)
$PPE2$	0.087*** (14.72)				
$WD2$		0.004 (0.73)			
$NB2$			0.093*** (15.65)		
$EC2$				0.051*** (7.77)	
ZH					0.075*** (11.35)
$PPE2 \times JL$	0.061*** (5.21)				
$WD2 \times JL$		0.013 (0.99)			
$NB2 \times JL$			0.058*** (5.01)		
$EC2 \times JL$				0.051*** (4.02)	
$ZH \times JL$					0.066*** (5.10)
$PPE2 \times Power$	0.056*** (3.66)				
$WD2 \times Power$		0.029* (1.80)			

续表

变量	\multicolumn{5}{c}{Dependent Variable = $Dcomp$}
	(1)	(2)	(3)	(4)	(5)
$NB2 \times Power$			0.054*** (3.49)		
$EC2 \times Power$				0.031 (1.37)	
$ZH \times Power$					0.056*** (3.35)
$Dual$	0.016** (2.31)	0.018** (2.53)	0.017** (2.41)	0.019*** (2.72)	0.018*** (2.65)
$Indep$	0.009 (0.18)	0.033 (0.65)	0.007 (0.13)	0.026 (0.52)	0.024 (0.49)
$State$	-0.006 (-1.03)	-0.015** (-2.43)	-0.005 (-0.86)	-0.017*** (-2.83)	-0.007 (-1.21)
Reg	0.014** (2.16)	0.037*** (5.85)	0.013** (2.10)	0.035*** (5.65)	0.022*** (3.43)
$Dsize$	0.180*** (10.57)	0.171*** (9.80)	0.182*** (10.69)	0.178*** (10.25)	0.180*** (10.36)
$Droa$	0.284*** (4.22)	0.306*** (4.42)	0.277*** (4.12)	0.296*** (4.33)	0.276*** (4.08)
$Dlev$	-0.049 (-1.10)	-0.035 (-0.76)	-0.048 (-1.07)	-0.043 (-0.94)	-0.042 (-0.92)
$Dgrow$	-0.006 (-1.24)	-0.003 (-0.60)	-0.007 (-1.31)	-0.005 (-1.01)	-0.005 (-0.98)
$Dtop1$	0.108 (1.06)	0.091 (0.87)	0.110 (1.08)	0.094 (0.90)	0.117 (1.13)
$Year$	控制	控制	控制	控制	控制
Ind	控制	控制	控制	控制	控制
N	9515	9515	9515	9515	9515
$Adj. R^2$	0.101	0.069	0.104	0.078	0.095
F 值	18.63	12.78	19.41	14.42	16.40

注：括号内的 t 值由 Rogers 单向聚类稳健性标准误计算得出，***、**、* 分别表示 0.01、0.05 和 0.1 的显著性水平。

由表4-6的实证检验结果可以看出，列（1）中的外部参照点与经理人市场的交互项（$PPE2 \times JL$）与高管薪酬变动（$Dcomp$）之间在1%的水平上显著正相关且影响系数为0.061，而外部参照点与高管控制权的交互项（$PPE2 \times Power$）对高管薪酬变动（$Dcomp$）具有显著性正向影响且其影响系数为0.056，说明高管薪酬契约外部参照点效应倾向于支持经理人市场理论的观点。同理，可以发现高管薪酬契约的高管团队内部参照点效应以及综合参照点效应均倾向于支持经理人市场理论的观点。在列（2）中，内部参照点中董事会参照点与经理人市场的交互项（$WD2 \times JL$）与高管薪酬变动（$Dcomp$）之间并没有发现具有显著性影响，而内部参照点中董事会参照点与高管控制权的交互项（$WD2 \times Power$）与高管薪酬变动（$Dcomp$）之间在10%的水平上具有显著性正向关系，说明高管薪酬契约内部参照点中的董事会参照点效应倾向于支持管理层权力理论的观点。在列（4）中，个人参照点与经理人市场的交互项（$EC2 \times JL$）与高管薪酬变动（$Dcomp$）之间在1%的水平上具有显著性正向关系，而个人参照点与高管控制权的交互项（$EC2 \times Power$）与高管薪酬变动（$Dcomp$）之间没有发现具有显著性影响，说明高管薪酬契约个人参照点效应倾向于支持经理人市场理论的观点。

从表4-6中的控制变量检验结果来看，没有发现独立董事比例与高管薪酬变动呈显著性关系，说明我国独立董事制度有待于进一步健全和完善。产权性质在董事会参照点组和个人参照点组与高管薪酬变动之间呈显著负相关关系，说明国有企业的产权性质在这两组中具有抑制薪酬增长的作用。两职合一变量、地区变量、公司规模变化变量、公司业绩变化变量与高管薪酬变动变量呈显著正相关关系，说明两职合一、位于中西部地区、规模越大、业绩越好的公司，其高管薪酬越容易获得增长。其他控制变量的实证检验结果详见表4-6所示。

（四）稳健性测试

为了验证以上研究结论的准确性以及稳健性，我们还做了以下几个方面

的稳健性检验测试:

（1）替换高管薪酬变动变量。借鉴江伟（2011）的研究，将高管薪酬变动变量取绝对值指标，即采取本年度高管平均薪酬自然对数与上一年度高管平均薪酬自然对数的差额作为高管薪酬变动变量，然后代入原模型重新进行实证检验与分析，研究结论与上文保持一致。

（2）替换契约参照点变量。前文呈现了契约参照点的虚拟变量的实证检验结果，本书用各个契约参照点的连续变量替换其虚拟变量，然后代入相应的模型重新进行实证检验，其检验结果如表 4-7 至表 4-9 所示，根据表中的结果可以看出，除个别变量的显著性有所变化之外，上述研究结论并没有发生变化。

表 4-7　　经理人市场对高管薪酬契约参照点效应影响的稳健性检验结果

变量	\multicolumn{4}{c}{Dependent Variable = $Dcomp$}
	（1）	（2）	（3）	（4）
常数项	0.153 *** (4.77)	0.140 *** (4.32)	0.152 *** (4.74)	0.162 *** (5.08)
JL	0.049 *** (7.99)	0.066 *** (8.40)	0.049 *** (7.88)	0.067 *** (9.17)
$PPE1$	0.082 *** (16.25)			
$WD1$		0.022 *** (2.81)		
$NB1$			0.082 *** (16.46)	
$EC1$				0.118 *** (9.48)
$PPE1 \times JL$	0.062 *** (6.08)			
$WD1 \times JL$		-0.008 (-0.53)		

续表

变量	Dependent Variable = $Dcomp$			
	(1)	(2)	(3)	(4)
$NB1 \times JL$			0.059 *** (5.91)	
$EC1 \times JL$				0.033 * (1.72)
$Dual$	0.009 (1.39)	0.012 * (1.71)	0.011 (1.61)	0.015 ** (2.16)
$Indep$	−0.059 (−1.20)	−0.011 (−0.22)	−0.062 (−1.27)	−0.037 (−0.75)
$State$	−0.003 (−0.52)	−0.012 * (−1.83)	−0.003 (−0.40)	−0.022 *** (−3.42)
Reg	0.009 (1.33)	0.039 *** (5.95)	0.009 (1.41)	0.041 *** (6.32)
$Dsize$	0.183 *** (10.25)	0.167 *** (8.93)	0.184 *** (10.32)	0.185 *** (10.05)
$Droa$	0.248 *** (3.47)	0.272 *** (3.59)	0.245 *** (3.43)	0.261 *** (3.48)
$Dlev$	−0.030 (−0.64)	−0.033 (−0.68)	−0.030 (−0.64)	−0.045 (−0.93)
$Dgrow$	−0.013 ** (−2.44)	−0.007 (−1.27)	−0.013 ** (−2.46)	−0.016 *** (−2.78)
$Dtop1$	0.133 (1.28)	0.130 (1.17)	0.139 (1.33)	0.136 (1.24)
$Year$	控制	控制	控制	控制
Ind	控制	控制	控制	控制
N	8053	8053	8053	8053
$Adj. R^2$	0.124	0.073	0.127	0.096
F 值	18.10	12.55	18.29	14.70

注：括号内的 t 值由 Rogers 单向聚类稳健性标准误计算得出，*** 、** 、* 分别表示0.01、0.05 和0.1 的显著性水平。

表4-8　管理者权力对高管薪酬契约参照点效应影响的稳健性检验结果

变量	Dependent Variable = $Dcomp$			
	(1)	(2)	(3)	(4)
常数项	0.098*** (2.97)	0.134*** (4.08)	0.095*** (2.89)	0.109*** (3.32)
$Power$	0.012 (1.15)	0.017 (1.50)	0.013 (1.29)	0.017 (1.55)
$PPE1$	0.080*** (13.58)			
$WD1$		-0.000 (-0.00)		
$NB1$			0.085*** (14.53)	
$EC1$				0.054*** (8.32)
$PPE1 \times Power$	0.058*** (3.45)			
$WD1 \times Power$		0.046* (1.82)		
$NB1 \times Power$			0.057*** (3.38)	
$EC1 \times Power$				0.106*** (2.81)
$Dual$	0.004 (0.51)	0.003 (0.47)	0.004 (0.63)	0.006 (0.85)
$Indep$	-0.037 (-0.74)	-0.028 (-0.54)	-0.040 (-0.81)	-0.027 (-0.53)
$State$	-0.006 (-1.01)	-0.016** (-2.45)	-0.006 (-0.90)	-0.017*** (-2.63)
Reg	0.008 (1.30)	0.028*** (4.36)	0.008 (1.30)	0.029*** (4.49)

续表

变量	Dependent Variable = Dcomp			
	(1)	(2)	(3)	(4)
Dsize	0.176*** (9.54)	0.165*** (8.75)	0.177*** (9.65)	0.174*** (9.27)
Droa	0.280*** (3.75)	0.295*** (3.84)	0.275*** (3.67)	0.284*** (3.75)
Dlev	-0.037 (-0.76)	-0.032 (-0.64)	-0.035 (-0.72)	-0.045 (-0.91)
Dgrow	-0.013** (-2.28)	-0.010* (-1.73)	-0.013** (-2.37)	-0.012** (-2.13)
Dtop1	0.170 (1.58)	0.150 (1.34)	0.173 (1.61)	0.145 (1.31)
Year	控制	控制	控制	控制
Ind	控制	控制	控制	控制
N	8053	8053	8053	8053
Adj. R^2	0.085	0.057	0.088	0.069
F 值	14.98	9.77	15.67	11.78

注：括号内的 t 值由 Rogers 单向聚类稳健性标准误计算得出，***、**、* 分别表示 0.01、0.05 和 0.1 的显著性水平。

表4—9　高管薪酬契约参照点效应内在机理倾向性的稳健性检验结果

变量	Dependent Variable = Dcomp			
	(1)	(2)	(3)	(4)
常数项	0.111*** (3.41)	0.141*** (4.33)	0.108*** (3.32)	0.122*** (3.73)
JL	0.053*** (8.52)	0.067*** (8.48)	0.052*** (8.43)	0.069*** (9.28)
Power	0.013 (1.30)	0.022* (1.96)	0.014 (1.43)	0.021* (1.96)
PPE1	0.076*** (13.12)			

续表

变量	Dependent Variable = Dcomp			
	(1)	(2)	(3)	(4)
$WD1$		0.001 (0.14)		
$NB1$			0.081*** (14.05)	
$EC1$				0.045*** (7.08)
$PPE1 \times JL$	0.065*** (6.00)			
$WD1 \times JL$		-0.005 (-0.30)		
$NB1 \times JL$			0.063*** (5.89)	
$EC1 \times JL$				0.107*** (3.35)
$PPE1 \times Power$	0.060*** (3.65)			
$WD1 \times Power$		0.049** (2.00)		
$NB1 \times Power$			0.058*** (3.54)	
$EC1 \times Power$				0.065*** (2.85)
$Dual$	0.009 (1.29)	0.010 (1.43)	0.010 (1.40)	0.013* (1.79)
$Indep$	-0.051 (-1.03)	-0.022 (-0.43)	-0.054 (-1.09)	-0.028 (-0.55)
$State$	-0.007 (-1.19)	-0.016** (-2.50)	-0.007 (-1.05)	-0.018*** (-2.85)

续表

变量	Dependent Variable = Dcomp			
	（1）	（2）	（3）	（4）
Reg	0.018 *** (2.77)	0.038 *** (5.88)	0.018 *** (2.76)	0.038 *** (5.81)
Dsize	0.175 *** (9.66)	0.165 *** (8.88)	0.177 *** (9.77)	0.177 *** (9.57)
Droa	0.260 *** (3.58)	0.270 *** (3.56)	0.255 *** (3.51)	0.260 *** (3.47)
Dlev	-0.032 (-0.67)	-0.033 (-0.66)	-0.030 (-0.63)	-0.043 (-0.87)
Dgrow	-0.011 ** (-2.00)	-0.007 (-1.28)	-0.011 ** (-2.10)	-0.012 ** (-2.12)
Dtop1	0.134 (1.27)	0.118 (1.07)	0.138 (1.30)	0.128 (1.16)
Year	控制	控制	控制	控制
Ind	控制	控制	控制	控制
N	8053	8053	8053	8053
Adj. R^2	0.107	0.072	0.110	0.085
F 值	16.43	11.76	17.08	13.49

注：括号内的 t 值由 Rogers 单向聚类稳健性标准误计算得出，***、**、* 分别表示0.01、0.05 和0.1 的显著性水平。

（3）替换经理人市场变量。借鉴万元华林和陈信元（2010）的研究，选取总经理的来源作为经理人市场的衡量指标以替换原有的经理人市场变量，代入相应的模型重新进行检验，研究结论仍与上文保持一致，说明研究结论具有一定的稳健性。

（4）缩小样本时间窗口。考虑到2009年可能受国际金融危机因素的影响，我们剔除2009年的样本，以2010~2014年作为样本时间窗口。将以上变量和样本窗口进行替换和改变后，与上述研究结果比较未发生实质性变化，说明研究结论比较稳健。

（5）采用固定效应模型进行估计。上文采用混合最小二乘法对高管薪酬契约参照点效应内在机理进行了实证检验，为了进一步验证其研究结论的稳健性，本书采用固定效应模型再次进行回归，根据实证检验的结果显示，以上研究结论比较稳健，支持上面的研究结论。

三、实证结论

实证研究结果表明，高管薪酬契约参照点效应同时支持经理人市场理论和高管控制权理论这两种理论观点，在理论的倾向性方面，整体上更为倾向于经理人市场理论，但各个契约参照点效应的倾向性上存在差异。也就是说，我国高管薪酬契约参照点效应既支持经理人市场理论的观点，也支持高管控制权理论的观点，其中高管薪酬契约的外部参照点效应、高管团队内部参照点效应、个人参照点效应、综合参照点效应整体上更倾向于支持经理人市场理论，而内在参照点中董事会内部参照点效应则支持管理层权力理论。

可见，高管薪酬契约参照点效应的内在机理并不是一种理论可以解释，而是同时存在两种理论解释的结果。支持两种理论的观点，即同时支持经理人市场理论和高管控制权理论这两种理论观点，两种理论的观点目前同时适用于我国高管薪酬契约参照点效应的内在机理，整体上倾向于经理人市场理论。但是，其中的董事会参照点效应则倾向于管理层权力理论，该研究结论为厘清当前学术界有关高管薪酬契约参照点效应的不同理论解释提供的理论与经验的证据，有利于认清我国高管薪酬契约参照点效应内在机理的真实性，为进一步研究和认识高管薪酬契约参照点效应提供了理论思考和可能的证据支持。

第五章　契约参照点、薪酬激励与在职消费

第一节　问题提出与理论分析

一、研究问题的提出

由于信息不对称、监督不完善等因素，委托人与代理人之间的矛盾很难化解，容易引发委托代理问题（Jensen & Meckling，1976）。高管薪酬作为公司内部治理的一种激励机制，其契约设计的初衷是为了调整所有者（股东）和经营者（高管）之间的利益关系，目的是希望高管的行为能与股东的利益保持一致，以降低两者之间的代理成本。现实当中，当对高管的货币薪酬激励不足时，高管会寻求最大化的隐性在职消费来替代货币薪酬激励的不足，进而导致个别企业出现超额在职消费的现象。根据 2016 年审计署对中央部门预算执行的审计结果显示，在 2015 年有 10 户企业所属的 70 家单位存在违规购建楼堂馆所、超标准办会购车、打高尔夫球等问题涉及 11.16 亿元[①]。

关于高管薪酬激励与在职消费之间的关系，学术界长期以来一直存在两种主要观点：一种是强调"效率观"，认为在职消费具有效率，可以替代货币薪酬激励的不足，对公司生产效率和业绩的提升具有重要的作用（Rajan &

[①] 2016 年第 5 号公告：中央部门单位 2015 年度预算执行等情况审计结果 [EB/OL]. 2016 - 06 - 29. http://www.audit.gov.cn/n5/n25/c84845/content.html.

WulF，2010）；另一种是强调"代理观"，认为在职消费是一种代理成本形式，是高管谋取私有收益的体现（Robinson & Sensoy，2013；权小锋等，2010）。以往研究结论的不同可能与忽略了高管的心理因素有关。近年来，契约参照点理论受到越来越多的学者关注，契约参照点理论强调高管的心理因素，如果发现自身的薪酬低于参照基准时，会采取报复或消极行为。但是有关契约参照点、高管薪酬激励以及在职消费三者之间的关系鲜有研究。契约参照点与在职消费之间具有怎样的关系，高管薪酬激励能否抑制两者之间的正向关系，在不同的产权性质和经理人市场化程度方面存在怎样的差异，"八项规定"政策对薪酬激励的作用会产生怎样的影响，这些问题在以往的文献并没有给出直接的答案，尚有待于进一步地深入研究。

本章基于契约参照点理论和经理人市场理论，以中国上市公司 2009～2014 年的数据为样本，从理论与实证两个方面深入探究契约参照点、高管薪酬激励与在职消费三者之间的关系。研究发现，契约参照点与在职消费之间具有负向关系，即契约参照点水平越高，越容易增加在职消费；高管薪酬激励有利于降低在职消费，并且对契约参照点与在职消费之间的关系具有抑制作用，可以抑制在职消费的增长。进一步研究发现，与非国有企业相比，高管薪酬激励对契约参照点与在职消费之间的抑制作用在国有企业中表现得更为明显，但是在董事会内部参照点组检验中没有得到相应的证据支持，可能与董事会内部参照点效应更倾向于支持管理层权力理论有关；与经理人市场化程度低的地区相比，高管薪酬激励对契约参照点与在职消费之间的抑制作用在经理人市场化程度高的地区表现得更为明显。在考虑内生性问题后，以上研究结论依然成立。

本章的研究结论对弥补以往研究的不足之处具有一定的积极作用，特别是对以往高管薪酬激励与在职消费之间的分歧具有更为全面的认识，同时对如何进行高管薪酬契约以及解决超额在职消费问题可以提供一定的经验证据支持和参考作用。薪酬契约参照点效应对在职消费影响的路径如图 5-1 所示。

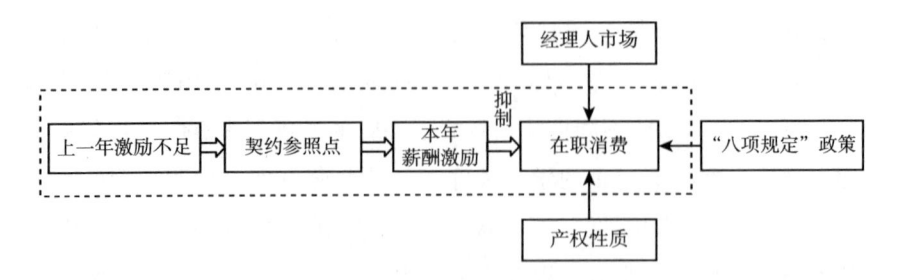

图 5-1 薪酬契约参照点效应对在职消费的影响路径

二、理论分析与研究假设

契约参照点理论的观点认为，现实中的契约是不完全的，仅为缔约方提供了一种自我利益得失判断的参照点。该理论强调契约设计过程中参照点的设立并作为缔约方判断其利益得失的标准。具体到高管薪酬契约领域，如果高管发现自身的薪酬水平低于参照基准（该参照基准可以是外部参照基准，也可以是内部参照基准和个人参照基准），就会产生一种心理上的不平衡，进而会寻求一定的补偿机制、替代机制或报复行为，以满足其心理上的平衡，其中替代机制是指用隐性薪酬的收益来替代显性薪酬的损失（Hart & Moore，2008；Fehr，Hart & Zehnder，2009，2011）。具体而言，替代机制主要是隐性薪酬，比如在职消费等，契约参照点的水平越高，高管寻求替代机制的动机也就越强，实际在职消费增加的可能性也就越大。少数研究基于契约参照点理论的视角探究了契约参照点与超额在职消费之间的关系，但是该研究仅考虑了外部参照点（考虑了行业和地区的外部因素）与超额在职消费之间的关系，研究发现外部参照点与超额在职消费之间具有正向关系（徐细雄和谭瑾，2014），基于本书第三章有关薪酬契约参照点效应存在性识别性的研究结果，表明内部参照点效应、个人参照点效应与外部参照点效应具有趋同性，当外部参照点会带来超额在职消费增长时，预期内部参照点和个人参照点也会带来超额在职消费的增长。因此，本书提出假设 1a 和假设 1b：

假设 1a　契约参照点水平与实际在职消费之间呈正相关关系

假设 1b　契约参照点水平与超额在职消费之间呈正相关关系

关于高管薪酬激励与在职消费之间的关系，主要存在两种观点：一种是"效率观"，强调在职消费具有效率，可以替代货币薪酬激励的不足；另一种观点是"代理观"，强调在职消费是代理成本的一种形式。实际上，两种观点并不矛盾，而是在职消费的两个方面作用的体现，在职消费可以划分为实际在职消费和超额在职消费，其中实际在职消费部分支持"效率观"，超额在职消费部分支持"代理观"。实际在职消费对高管货币薪酬激励的不足具有替代性。陈冬华等（2005）研究发现，高管的相对薪酬越低，高管以实际在职消费替代高管货币薪酬的边际愿望越强。傅颐和汪祥耀（2013）也支持同样的研究结论。超额在职消费是高管获取的超过正常在职消费的部分，通常被认为是高管攫取的隐性私有收益（权小锋等，2010）。徐细雄和刘星（2013）将超额在职消费认为是一种隐性的腐败。张月明和吴春雷（2014）将超额在职消费作为代理成本的一种形式。耿云江和王明晓（2016）研究发现超额在职消费对薪酬业绩敏感性具有降低的作用。弗里德曼和萨克斯（Frydman & Saks，2010）从薪酬业绩敏感性的角度对其进行了研究，研究结果显示，高管薪酬激励能够促使高管与股东的利益趋于一致，增加薪酬业绩之间的敏感性，有利于降低代理成本。可以预测，高管薪酬激励对降低超额在职消费具有一定的抑制作用。基于以上分析，本书提出假设 2a 和假设 2b：

假设 2a　高管薪酬激励与实际在职消费之间呈负相关关系

假设 2b　高管薪酬激励与超额在职消费之间呈负相关关系

为了抑制实际在职消费和超额在职消费的增长，公司在制定高管薪酬契约时有必要找到一个让双方都可以接受的薪酬制定办法，而契约参照点（包括外部参照点、内部参照点和个人参照点）为其提供了参考与帮助。原因在以下四个方面：一是同行业、同产权、规模相近企业之间在竞争环境、产品结构等方面具有相似性，在该类企业中工作的高管薪酬具有可比性，同行业、同产权、规模相近企业的薪酬标准具有较强的参照性，容易被薪酬制定方采纳；二是如果将公司高管的薪酬定在同行业、同产权、规模相近企业的薪酬标准之上，更能说明公司现有的薪酬体系在业内中具有竞争力，对高管也具有较强的说服力，易被其接受与认可；三是为了避免董事会内部和高管团队内部薪酬差距过大可能造成的内耗与低效，对高管薪酬的制定还要考虑公司管理层内部其他人员的薪酬水平；四是为了提升高管个人的工作积极性，公司还是会参照高管的历史薪酬水平，以更好地激励高管的行为。福克纳和杨（2013）研究发现，在选择薪酬的比较基准时，管理者会选择薪酬比较高的公司，从而提升其高管薪酬水平。将高管的薪酬定位薪酬基准之上时，会提高高管心理上的满足感，进而可以更好地激励高管努力工作，从而降低高管的实际在职消费和超额在职消费。基于以上分析，本书提出假设3a和假设3b：

假设3a 高管薪酬激励对契约参照点与实际在职消费之间的关系具有抑制作用

假设3b 高管薪酬激励对契约参照点与超额在职消费之间的关系具有抑制作用

当前，我国的企业具有不同的产权性质。不同产权性质的企业实施着不同的高管薪酬制度，由于国有企业不仅具有获取经济利益的目标，还肩负着解决就业、维持社会稳定等社会目标。但由于多元化经营目标和信息不对称问题的存在，使得国有企业的上级主管部门（政府部门）很难对国有企业经营者的努力程度进行有效而准确地度量，因此，当前对国有企业实施统一的薪酬管理制度成为政府部门的唯一选择（陈冬华等，2005）。而我国的非国有企业高管更多从外部经理人市场选聘，为了吸引更为优秀的高管加入本公司高管团队当中，更多是采取市场化薪酬标准，并将本公司的薪酬标准设定在市场薪酬基准之上。与非国有企业相比，我国的国有企业高管薪酬受到政府部门的薪酬管制，并没有普遍实施"市场化"薪酬。两种不同产权性质的企业，如果对其实施薪酬激励会呈现产权性质方面的差异。如果将国有企业内部高管人员的身份理顺，将属于官员身份的高管实施公务员系列的薪酬标准，属于企业人员身份的高管实施市场化的薪酬标准，按照不同高管身份来制定不同的高管薪酬契约。可以预测，如果对国有企业高管按照契约参照点来进行高管薪酬契约设计，预期会有着更强的激励作用，会更大程度上降低实际在职消费和超额在职消费的发生概率。

现阶段，我国各地区的经理人市场化程度存在较大差异。在我国的东部地区，其经理人市场化程度较高，出于对未来就业机会和薪酬的考量，经理人自身的声誉会得到足够的重视与维护，经理人市场中的声誉机制会迫使经理人在原公司励精图治，努力提升原公司的业绩水平，为其未来跳槽到其他公司积累良好的声誉（Fama，1980；Fama & Jensen，1983）。而在我国中西部地区，其经理人市场化程度较低，经理人市场中的声誉机制作用难以充分发挥作用。因此，与经理人市场化程度较低的地区相比，在经理人市场化程度较高的地区，经理人更为注重维护自身的声誉，薪酬的增加会起到更强的激励作用，抑制在职消费的增长也更为明显。除此之外，与中西部地区相比，东部地区集中了更多更为优异的人才，对其进行薪酬激励也是对其人力资本的认可，更有利于降低实际在职消费和超额在职消费的发生概率。

综上所述，本书提出假设 4a 至假设 4d：

假设 4a　与非国有企业相比，高管薪酬激励对契约参照点与实际在职消费之间的抑制作用在国有企业中表现得更为明显

假设 4b　与非国有企业相比，高管薪酬激励对契约参照点与超额在职消费之间的抑制作用在国有企业中表现得更为明显

假设 4c　与经理人市场化程度低的地区相比，高管薪酬激励对契约参照点与实际在职消费之间的抑制作用在经理人市场化程度高的地区表现得更为明显

假设 4d　与经理人市场化程度低的地区相比，高管薪酬激励对契约参照点与超额在职消费之间的抑制作用在经理人市场化程度高的地区表现得更为明显

第二节 研究设计

一、数据来源与样本选择

本书研究的时间窗口为2009~2014年,以该时间窗口范围内我国A股上市公司为样本。因相关变量进行了差分处理,实际使用2007~2014年的样本数据,并对样本的数据进行了以下五方面的处理:(1)剔除金融保险业类上市公司的样本;(2)剔除*St、St、Pt上市公司的样本;(3)剔除财务数据及公司治理数据不能用手工整理方式进行补齐的缺失样本;(4)为了消除宏观物价指数带来的潜在影响,对所有涉薪酬数据的变量按照2014年的居民消费价格指数(CPI)进行指数平减;(5)对所有连续变量进行上下1%分位的Winsorize处理,以消除异常值带来的影响。最终得到10250个样本观测值。本书所使用的数据主要来自国泰安(CSMAR)数据库,产权性质和实际在职消费变量的样本来自年报手工查询与整理。由于国泰安数据库中并没有详细披露高管变更后的去向,有关晋升变量的数据主要是通过手工查阅上市公司年报、利用搜索引擎等工具查找高管晋升后的去向等方式来获取。

二、变量定义与模型设计

本章的被解释变量为在职消费变量。由于在职消费具有较高的隐蔽性,对在职消费变量的衡量尚存在着多种衡量办法,有的选取管理费用明细项目下的八项明细科目(陈冬华等,2005)、有的选取其五项明细科目(卢锐,2007)、有的采取间接法测算超额在职消费(权小锋等,2010;杨蓉,2016)。本章在综合考虑以往研究文献的基础上,决定将在职消费变量采用实际在职消费和超额在职消费两个指标来衡量。

借鉴罗等(Luo et al.,2011)、权小锋等(2010)、杨蓉(2016)的做法,通过模型(5.1)回归得到的因变量预测值作为预期在职消费,实际在职消费与预期在职消费的差额成为超额在职消费。

$$\frac{Perk_{i,t}}{Asset_{i,t-1}} = \alpha_0 + \beta_1 \frac{1}{Asset_{i,t-1}} + \beta_2 \frac{\Delta sale_{i,t}}{Asset_{i,t-1}} + \beta_3 \frac{Fixed_{i,t}}{Asset_{i,t-1}}$$

$$+ \beta_4 \frac{Inventory_{i,t}}{Asset_{i,t-1}} + \beta_5 \mathrm{Ln}Employee_{i,t} + \varepsilon_{i,t} \qquad (5.1)$$

式（5.1）中，$Perk_{i,t}$为实际在职消费总额，借鉴牟韶红等（2016）做法，数据选取管理费用中扣除了董事、高管及监事会成员薪酬、长期待摊费用以及当年无形资产摊销额等明显不属于在职消费项目后的金额，考虑到样本量的完备性，将样本中该变量缺失的数据采用管理费用明细项目下八项明细科目的衡量办法进行补充完整（陈冬华等，2005），该项补充的数据主要是手工查阅2009~2014年度的上市公司年报数据进行整理获取。$Asset_{i,t-1}$为上一年期末的资产总额；$\Delta sales_{i,t}$为本年主营营业收入的变动额；$Fixed_{i,t}$为本年的固定资产净值；$Inventory_{i,t}$为本年的存货总额；$LnEmployee_{i,t}$为公司员工总数的自然对数。

除了进行上述办法进行获取实际在职消费总额数据外，本书还对各年度的实际在职消费额进行了规模化处理，即用各年度实际在职消费额除以当年度的营业收入总额。最后，因本书研究采取的是差分指标，用本年实际在职消费减去上一年实际在职消费，以衡量最终的实际在职消费变量（$Perk1$）；选取本年超额在职消费与上一年超额在职消费的差额作为超额在职消费变量（$Perk2$）。

解释变量主要包括契约参照点、高管薪酬激励变量。其中，契约参照点变量的衡量办法与第三章中的保持一致，这里不再赘述；高管薪酬激励（$Dcomp$），参照黎文靖等（2014）的做法，本书选取本年度高管平均薪酬减去上一年度高管平均薪酬后的差额与上一年度高管平均薪酬的比值来衡量，并作为高管薪酬激励的代理变量。在第三章有关经理人市场变量衡量办法的基础上，本章将其设定为虚拟变量，如果经理人市场变量中大于其中位值取值为1（经理人市场化程度高），否则为0（经理人市场化程度低）。控制变量的设置参照第三章的设置办法，这里不再赘述。具体变量设置详见表5-1。

表 5-1 变量定义

变量名称	变量符号	计算方法
在职消费（Perk）	Perk1	实际在职消费，具体衡量办法见上文该变量说明
	Perk2	超额在职消费，具体衡量办法见模型（5.1）及其说明
高管薪酬变动	Dcomp	（本年度高管平均薪酬减去上一年度高管平均薪酬）/上一年度高管平均薪酬
契约参照点（Y） 外部参照点（PPE）	PPE1	$t-1$ 年同行业、同地区、同产权、规模相近公司高管平均薪酬自然对数的中值与高管平均薪酬自然对数的差额
	PPE2	如果 $t-1$ 年的高管平均薪酬低于同行业、同地区、同产权、规模相近公司高管平均薪酬的中值，则取值为1，否则为0
内部参照点（DB）	WD1	$t-1$ 年董事平均薪酬自然对数与高管平均薪酬自然对数的差额
	WD2	如果 $t-1$ 年的高管平均薪酬小于公司董事平均薪酬，则取值为1，否则为0
	NB1	$t-1$ 年行业高管团队内部薪酬差距中值与公司高管团队内部薪酬差距的差额
	NB2	如果 $t-1$ 年公司高管团队内部薪酬差距低于同行业高管团队内部薪酬差距的中值，则取值为1，否则为0
个人参照点（EC）	EC1	$t-2$ 年的高管平均薪酬自然对数与 $t-1$ 年的高管平均薪酬自然对数的差额
	EC2	如果 $t-1$ 年的高管平均薪酬小于 $t-2$ 年的高管平均薪酬，则取值为1，否则为0
综合参照点（ZH）	ZH	如果 $PPE2 + WD2 + NB2 + EC2 \geq 3$，则取值为1，否则为0
经理人市场	JL1	总经理来源，如果来源于内部，则取值为1，否则为0
	JL2	当年总经理变更的累计次数
	JL3	市场上同行业所有经理人人数除以本公司在任高管人数
	JL4	地区市场化指数
	JL5	以上4个经理人市场指标的主成分合成指标
	JL	如果 JL5 大于其中位值则取值为1，否则为0
产权性质	State	最终控制人为国有企业取值为1，否则为0
地区	Reg	如果公司的注册地处中西部地区则取值为1，处于沿海地区取值为0

续表

变量名称	变量符号	计算方法
两职合一	Dual	CEO 是否兼任董事长，是则取 1，否则取 0
独立董事比例	Indep	独立董事人数与董事会总人数的比值
公司业绩变化	Droa	本年公司业绩与上一年公司业绩的差额，其中公司业绩为当年资产收益率
公司规模变化	Dsize	本年期末总资产与上一年期末总资产差额的自然对数
成长性变化	Dgrow	本年营业收入增长率与上一年营业收入增长率的差额
财务杠杆变化	Dlev	本年资产负债率与上一年资产负债率的差额
股权集中度变化	Dtop1	本年第一大股东持股比例与上一年第一大股东持股比例的差额
年度	Year	年度虚拟变量
行业	Ind	行业虚拟变量

为了检验契约参照点和高管薪酬激励分别对在职消费的影响，本书建立如下模型（5.2）和模型（5.3）。其中，模型（5.2）是契约参照点对在职消费影响的模型；模型（5.3）是高管薪酬激励对在职消费影响的模型。为了检验契约参照点、高管薪酬激励与在职消费三者之间的关系，本章构建了模型（5.4）。具体模型如下所示：

$$Perk_{i,t} = \beta_0 + \beta_1 QY_{i,t} + \beta_2 Dual_{i,t} + \beta_3 Indep_{i,t} + \beta_4 State_{i,t} + \beta_5 Reg_{i,t}$$
$$+ \beta_6 Droa_{i,t} + \beta_7 DSize_{i,t} + \beta_8 DLev_{i,t} + \beta_9 Dgrow_{i,t} + \beta_{10} Dtop1_{i,t}$$
$$+ \sum Year + \sum Ind + \varepsilon \tag{5.2}$$

$$Perk_{i,t} = \beta_0 + \beta_1 Dcomp_{i,t} + \beta_2 Dual_{i,t} + \beta_3 Indep_{i,t} + \beta_4 State_{i,t} + \beta_5 Reg_{i,t}$$
$$+ \beta_6 Droa_{i,t} + \beta_7 DSize_{i,t} + \beta_8 DLev_{i,t} + \beta_9 Dgrow_{i,t} + \beta_{10} Dtop1_{i,t}$$
$$+ \sum Year + \sum Ind + \xi \tag{5.3}$$

$$Perk_{i,t} = \beta_0 + \beta_1 Dcomp_{i,t} + \beta_2 QY_{i,t} + \beta_3 Dcomp_{i,t} \times QY_{i,t} + \beta_4 Dual_{i,t}$$
$$+ \beta_5 Indep_{i,t} + \beta_6 State_{i,t} + \beta_7 Reg_{i,t} + \beta_8 Droa_{i,t} + \beta_9 DSize_{i,t}$$
$$+ \beta_{10} DLev_{i,t} + \beta_{11} Dgrow_{i,t} + \beta_{12} Dtop1_{i,t}$$
$$+ \sum Year + \sum Ind + \varphi \tag{5.4}$$

为了检验契约参照点、高管薪酬激励与在职消费之间可能存在的产权差异和经理人市场化程度，分别在模型（5.4）的基础上进行了分产权性质和经理人市场化程度高低的实证检验，进一步探究不同产权性质以及经理人市场化程度高低的情况下契约参照点、高管薪酬激励与在职消费三者之间的关系。

第三节 实证检验结果与分析

一、描述性统计分析

图 5-2 是 2009~2014 年在职消费均值与中位值变化图。由该图可以看出，在 2009~2014 年，我国上市公司的在职消费总额无论是均值还是中位值均呈上升趋势，其中，均值由 2009 年的 241.61 百万元上升至 2014 年的 414.35 百万元，增长了 71.5%；中位值由 2009 年的 78.99 百万元上升至 2014 年的 115.6 百万元，增长了 46.35%。

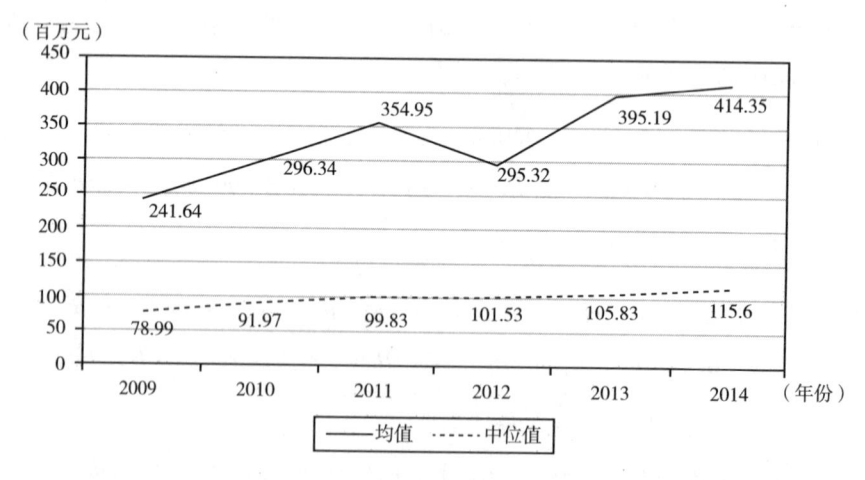

图 5-2 2009~2014 年在职消费均值与中位值变化

表 5-2 列出了各个变量的描述性统计情况。由表 5-2 可以看出，各个变量的样本量均为 10250 个观测值。样本中实际在职消费（*Perk*1）和超额

在职消费（$Perk2$）的均值与中位值均大于零，说明样本公司的实际在职消费和超额在职消费在整体上均呈增长趋势。高管薪酬激励的代理变量（$Dcomp$）的均值为0.101，中位值为0.059，说明高管薪酬整体上呈增长态势。外部参照点连续变量（$PPE1$）的均值为 -0.015，中位值为 -0.009，说明高管薪酬契约存在着外部参照点。董事会参照点连续变量（$WD1$）的均值为 -0.155，中位值为 -0.004，说明高管薪酬契约存在着董事会参照点。高管团队内部参照点连续变量（$NB1$）的均值为 -0.021，中位值为 -0.015，说明高管薪酬契约存在着高管团队内部参照点。个人参照点连续变量（$EC1$）的均值为 -0.119，中位值为 -0.071，说明高管薪酬契约存在着个人参照点。产权性质（$State$）变量的均值为0.489，说明有48.9%的样本公司为国有企业性质。经理人市场（JL）变量的均值为0.517，说明有51.7%的样本公司处于经理人市场化程度较高范围。

表5-2　　　　　　　　　　　描述性统计

变量	样本量	均值	1/4分位	中位值	3/4分位	标准差	最小值	最大值
$Perk1$	10250	0.002	-0.007	0.001	0.010	0.050	-0.580	0.587
$Perk2$	10250	0.001	-0.006	0.001	0.009	0.019	-0.177	0.177
$Dcomp$	10250	0.101	-0.023	0.059	0.209	0.297	-0.793	1.363
$PPE1$	10250	-0.015	-0.457	-0.009	0.429	0.708	-3.115	3.929
$WD1$	10250	-0.155	-0.328	-0.004	0.090	0.451	-5.769	2.067
$NB1$	10250	-0.021	-0.473	-0.015	0.423	0.723	-3.188	5.209
$EC1$	10250	-0.119	-0.239	-0.071	0.020	0.348	-3.218	2.690
$Dual$	10250	0.213	0	0	0	0.409	0	1
$Indep$	10250	0.370	0.333	0.333	0.400	0.055	0.091	0.714
$State$	10250	0.489	0	0	1	0.500	0	1
JL	10250	0.517	0	1	1	0.500	0	1

续表

变量	样本量	均值	1/4分位	中位值	3/4分位	标准差	最小值	最大值
Reg	10250	0.337	0	0	1	0.473	0	1
$Dsize$	10250	0.141	0.021	0.102	0.208	0.231	-0.428	1.483
$Dlev$	10250	0.008	-0.025	0.009	0.048	0.085	-0.389	0.291
$Dgrow$	10250	-0.023	-0.207	-0.024	0.169	0.823	-5.260	4.304
$Droa$	10250	-0.002	-0.018	-0.002	0.011	0.057	-0.292	0.265
$Dtop1$	10250	-0.005	0	0	0	0.037	-0.148	0.200

二、相关性分析

表5-3报告了各变量之间的相关系数检验结果。由表5-3可以看出，外部参照点（$PPE1$）、内部参照点（$WD1$和$NB1$）、个人参照点（$EC1$）与实际在职消费（$Perk1$）以及超额在职消费（$Perk2$）变量之间呈正相关关系，说明契约参照点水平越高，实际在职消费水平以及超额在职消费的水平越高，假设1a和1b得以验证。高管薪酬激励的代理变量（$Dcomp$）与实际在职消费（$Perk1$）以及超额在职消费（$Perk2$）变量之间在1%的水平上呈显著负相关关系，说明高管薪酬激励对在职消费（包括实际在职消费和超额在职消费）具有抑制作用，假设2a和2b得以初步验证。产权性质（$State$）与实际在职消费（$Perk1$）以及超额在职消费（$Perk2$）变量之间均在1%的水平上呈显著负相关关系，说明在职消费存在产权差异。公司的规模变化（$Dsize$）、业绩变化（$Droa$）、成长性变化（$Dgrow$）、第一大股东持股比例的变化（$Dtop1$）等变量均与实际在职消费（$Perk1$）以及超额在职消费（$Perk2$）之间呈显著负向关系，说明公司规模越大、公司业绩和成长性越好、第一大股东持股比较越高，越会抑制在职消费（包括实际在职消费和超额在职消费）的增长。

表 5-3 相关系数表

	Perk1	Perk2	Dcomp	PPE1	WD1	NB1	EC1	Dual	Indep	State	JL	Reg	Dsize	Dlev	Dgrow	Droa	Dtop1
Perk1	1																
Perk2	0.381***	1															
Dcomp	-0.063***	-0.0648***	1														
PPE1	0.003*	0.017*	0.245***	1													
WD1	0.006*	0.033**	0.043**	0.077***	1												
NB1	0.004*	0.019*	0.252***	0.992***	0.111***	1											
EC1	0.028***	0.034**	0.165***	0.186***	0.052***	0.196***	1										
Dual	0.021***	0.017*	0.021*	0.016	0.037***	0.008	-0.028***	1									
Indep	0.010	0.003	-0.012	0.010	-0.052***	0.014	0.007	0.099***	1								
State	-0.031***	-0.062***	-0.009	-0.071***	-0.242***	-0.073***	0.038***	-0.274***	-0.071***	1							
JL	-0.005	-0.013	0.046***	0.028***	0.013	0.027***	0.038***	0.035***	0.003	-0.143***	1						
Reg	-0.002	0.025**	0.031***	0.192***	-0.040**	0.181***	-0.030**	-0.081***	-0.004	0.160***	-0.204***	1					
Dsize	-0.143***	-0.034**	0.152***	-0.038***	-0.0140	-0.040**	-0.052***	0.009	-0.013	-0.034***	-0.021**	0.013	1				
Dlev	0.095***	0.078***	-0.016	-0.014	-0.001	-0.014	0.003	0.023**	0.018*	-0.042***	0.010	-0.024**	0.119***	1			
Dgrow	-0.395***	-0.086***	0.038***	0.046***	-0.021*	0.045***	0.132***	-0.004	-0.008	-0.004	-0.022**	-0.016	0.288***	0.019**	1		
Droa	-0.231***	-0.063***	0.096***	0.044***	-0.007	0.044***	0.043***	-0.027**	-0.009	0.016	0.006	-0.005	0.125***	-0.317***	0.232***	1	
Dtop1	-0.066***	-0.048***	0.016	-0.010	-0.050***	-0.013	0.001	-0.018**	-0.003	0.065***	-0.002	0.007	0.089***	0.023**	0.112***	0.058***	1

注：***、**、*分别表示 0.01、0.05 和 0.1 的显著性水平。

三、单变量分析

表 5-4 列式了不同产权性质下,契约参照点、薪酬激励与在职消费的均值与中位值分组检验。由表 5-4 可以看出,实际在职消费（$Perk1$）、超额在职消费（$Perk2$）、外部参照点的连续变量（$PPE1$）、内部参照点的连续变量（$WD1$ 和 $NB1$）在不同产权性质对比中均通过了中位值和均值检验,具有显著的产权差异。高管薪酬激励的代理变量（$Dcomp$）在不同产权性质对比中通过了中位值检验但未通过均值检验,说明高管薪酬变动在中位值上具有显著的产权差异。个人参照点的连续变量（$EC1$）在不同产权性质对比中通过了均值检验但未中位值通过检验,说明个人参照点在均值上具有显著的产权差异。

表 5-4　不同产权性质下,契约参照点、薪酬激励与在职消费的均值与中位值分组检验

变量	国有企业 均值	国有企业 中位值	非国有企业 均值	非国有企业 中位值	t 检验	Wilcoxon 秩和检验
$Perk1$	0.0004	0.000	0.0035	0.002	3.12 ***	32.38 ***
$Perk2$	0.0015	0.001	0.0025	0.001	6.20 ***	68.33 ***
$Dcomp$	0.0980	0.062	0.1037	0.056	0.96	3.38 ***
$PPE1$	-0.0663	-0.061	0.0342	0.031	7.21 ***	44.08 ***
$WD1$	-0.2670	-0.099	-0.0485	0.000	25.25 ***	334.78 ***
$NB1$	-0.0750	-0.071	0.0312	0.032	7.45 ***	46.74 ***
$EC1$	-0.1050	-0.070	-0.1314	-0.072	-3.84 ***	0.16

注:***、**、* 分别表示 0.01、0.05 和 0.1 的显著性水平。

表 5-5 列式了经理人市场化程度差异下,契约参照点、薪酬激励与在职消费的均值与中位值分组检验。由表 5-5 可以看出,高管薪酬激励的代理变量（$Dcomp$）、外部参照点的连续变量（$PPE1$）、高管团队内部参照点的连续变量（$NB1$）以及个人参照点的连续变量（$EC1$）在不同经理人市场化程度对比中均通过了中位值和均值检验,具有显著的经理人市场化程度差异。实际在职消费

(*Perk*1)、超额在职消费(*Perk*2)通过了中位值检验而未通过均值检验,说明在职消费中位值上具有显著的经理人市场化程度差异。董事会参照点的连续变量(*WD*1)在不同经理人市场化程度对比中均未通过了中位值和均值检验,未发现具有显著的经理人市场化程度差异。详见表5-5内容所示。

表5-5 不同经理人市场下,契约参照点、薪酬激励与在职消费的均值与中位值分组检验

变量	经理人市场化程度高 均值	经理人市场化程度高 中位值	经理人市场化程度低 均值	经理人市场化程度低 中位值	t 检验	Wilcoxon 秩和检验
*Perk*1	0.0017	0.001	0.0023	0.001	0.50	3.83*
*Perk*2	0.0027	0.001	0.0013	0.000	1.27	6.29*
Dcomp	0.1142	0.068	0.0867	0.053	-4.68***	12.38***
*PPE*1	0.0043	0.004	-0.0357	-0.003	-2.87***	7.77***
*WD*1	-0.1496	-0.000	-0.1616	-0.009	-1.35	2.69
*NB*1	-0.0017	0.000	-0.0412	-0.037	-2.76***	7.33***
*EC*1	-0.1056	-0.060	-0.1324	-0.081	-3.90***	19.43***

注:***、**、*分别表示0.01、0.05和0.1的显著性水平。

四、回归结果分析

表5-6是契约参照点和高管薪酬激励分别对实际在职消费影响的实证检验结果。由列(1)、列(3)和列(4)可以看出,外部参照点(*PPE*1)、内部参照点中的高管团队内部参照点(*NB*1)、个人参照点(*EC*1)变量分别与实际在职消费(*Perk*1)变量之间呈显著性正相关关系,说明外部参照点、高管团队内部参照点以及个人参照点的水平越高,越容易提升实际在职消费水平。换句话说,契约参照点与实际在职消费之间具有正相关关系,但由列(2)可以看出,尽管内部参照点中的董事会参照点(*WD*1)变量与实际在职消费(*Perk*1)变量之间没有发现具有显著性关系,因此假设1a得以部分支持与验证。列(5)是高管薪酬激励的代理变量(*Dcomp*)对实际在职消费(*Perk*1)变量影响的实证检验结果,由列(5)的检验结果可以看出,高管薪

酬激励与实际在职消费之间呈显著负相关关系，说明高管薪酬激励对实际在职消费具有一定的抑制作用，研究假设2a得以验证。其他变量的相关性关系详见表5-6所示。

表5-6　　　契约参照点和高管薪酬激励分别对实际在职消费影响的实证检验结果

变量	Dependent Variable = Perk1				
	(1)	(2)	(3)	(4)	(5)
常数项	0.003 (0.54)	0.003 (0.56)	0.003 (0.54)	0.003 (0.66)	0.003 (0.61)
PPE1	0.001** (1.99)				
WD1		-0.001 (-1.01)			
NB1			0.001* (1.82)		
EC1				0.003*** (2.59)	
Dcomp					-0.005*** (-3.45)
Indep	0.003 (0.41)	0.003 (0.33)	0.003 (0.40)	0.003 (0.37)	0.003 (0.38)
Dual	0.000 (0.42)	0.000 (0.41)	0.001 (0.44)	0.001 (0.50)	0.001 (0.54)
State	-0.002* (-1.77)	-0.002** (-2.17)	-0.002* (-1.78)	-0.002** (-2.12)	-0.002** (-2.06)
Reg	-0.000 (-0.29)	0.000 (0.14)	-0.000 (-0.23)	0.000 (0.22)	0.000 (0.24)

续表

变量	Dependent Variable = $Perk1$				
	(1)	(2)	(3)	(4)	(5)
$Dsize$	-0.006*** (-3.01)	-0.006*** (-3.16)	-0.006*** (-3.02)	-0.006*** (-2.91)	-0.005*** (-2.66)
$Droa$	-0.108*** (-12.59)	-0.107*** (-12.51)	-0.108*** (-12.58)	-0.107*** (-12.57)	-0.105*** (-12.25)
$Dlev$	0.038*** (6.73)	0.038*** (6.74)	0.038*** (6.73)	0.038*** (6.70)	0.038*** (6.72)
$Dgrow$	-0.022*** (-37.20)	-0.022*** (-37.16)	-0.022*** (-37.19)	-0.022*** (-37.16)	-0.022*** (-37.24)
$Dtop1$	-0.020 (-1.61)	-0.020* (-1.67)	-0.020 (-1.61)	-0.020 (-1.62)	-0.020 (-1.63)
$Year$	控制	控制	控制	控制	控制
Ind	控制	控制	控制	控制	控制
N	10250	10250	10250	10250	10250
$Adj. R^2$	0.183	0.183	0.183	0.183	0.184
F 值	70.53	70.42	70.50	70.63	70.82

注：括号内的 t 值由 Rogers 单向聚类稳健性标准误计算得出，***、**、*分别表示0.01、0.05和0.1的显著性水平。

表5-7是契约参照点和高管薪酬激励分别对超额在职消费影响的实证检验结果。由列（1）至列（4）可以看出，外部参照点（$PPE1$）、内部参照点中的董事会参照点（$WD1$）以及高管团队内部参照点（$NB1$）、个人参照点（$EC1$）变量分别与超额在职消费（$Perk2$）变量之间呈显著性正相关关系，说明外部参照点、内部参照点以及个人参照点的水平越高，超额在职消费增长得越快。换句话说，契约参照点与超额在职消费之间具有正相关关系，假设1b得以验证。列（5）是高管薪酬激励的代理变量（$Dcomp$）对超额在职消费（$Perk2$）变量影响的实证检验结果，由列（5）的检验结果可以看出，

高管薪酬激励与超额在职消费之间呈显著负相关关系,说明高管薪酬激励对超额在职消费具有一定的抑制作用,研究假设 2b 得以验证。

表 5-7　　契约参照点和高管薪酬激励分别对超额在职消费影响的实证检验结果

变量	Dependent Variable = Perk2				
	(1)	(2)	(3)	(4)	(5)
常数项	0.004 ** (2.27)	0.004 ** (2.21)	0.004 ** (2.27)	0.004 ** (2.50)	0.004 ** (2.34)
PPE1	0.000 ** (2.04)				
WD1		0.001 * (1.77)			
NB1			0.001 ** (2.25)		
EC1				0.002 *** (4.60)	
Dcomp					-0.002 *** (-3.33)
Indep	0.000 (0.14)	0.001 (0.25)	0.000 (0.13)	0.000 (0.08)	0.000 (0.11)
Dual	-0.000 (-1.02)	-0.000 (-0.97)	-0.000 (-1.00)	-0.000 (-0.89)	-0.000 (-0.92)
State	-0.001 *** (-3.81)	-0.001 *** (-3.55)	-0.001 *** (-3.78)	-0.002 *** (-4.26)	-0.001 *** (-4.11)
Reg	-0.001 ** (-2.24)	-0.001 * (-1.84)	-0.001 ** (-2.26)	-0.001 * (-1.69)	-0.001 * (-1.74)
Dsize	-0.002 * (-1.89)	-0.002 ** (-2.11)	-0.002 * (-1.87)	-0.001 * (-1.73)	-0.001 * (-1.72)

续表

变量	Dependent Variable = $Perk2$				
	(1)	(2)	(3)	(4)	(5)
$Droa$	-0.005 (-1.56)	-0.005 (-1.46)	-0.005 (-1.57)	-0.005 (-1.54)	-0.004 (-1.24)
$Dlev$	0.015*** (7.22)	0.015*** (7.26)	0.015*** (7.21)	0.015*** (7.14)	0.015*** (7.25)
$Dgrow$	-0.002*** (-6.80)	-0.002*** (-6.69)	-0.002*** (-6.81)	-0.002*** (-7.27)	-0.002*** (-6.80)
$Dtop1$	-0.019*** (-4.11)	-0.020*** (-4.12)	-0.019*** (-4.10)	-0.019*** (-4.11)	-0.020*** (-4.22)
$Year$	控制	控制	控制	控制	控制
Ind	控制	控制	控制	控制	控制
N	10250	10250	10250	10250	10250
$Adj. R^2$	0.037	0.036	0.037	0.038	0.037
F 值	12.41	12.38	12.44	12.95	12.63

注：括号内的 t 值由 Rogers 单向聚类稳健性标准误计算得出，***、**、* 分别表示 0.01、0.05 和 0.1 的显著性水平。

表 5-8 是契约参照点、高管薪酬激励与实际在职消费三者关系的实证检验结果。由表 5-8 的实证检验结果可以看出，外部参照点与高管薪酬激励的代理变量的交互项（$PPE1 \times Dcomp$）、高管团队内部参照点与高管薪酬激励的代理变量的交互项（$NB1 \times Dcomp$）、个人参照点与高管薪酬激励的代理变量的交互项（$EC1 \times Dcomp$）分别与实际在职消费（$Perk1$）变量之间呈显著负相关关系，但是并没有发现董事会内部参照点与高管薪酬激励的代理变量的交互项（$WD1 \times Dcomp$）与实际在职消费（$Perk1$）变量之间具有显著性关系，说明高管薪酬激励调节了契约参照点（包括外部参照点、高管团队内部参照点和个人参照点）与实际在职消费之间的关系，也就是说，高管薪酬激励会抑制契约参照点（包括外部参照点、高管团队内部参照点和个人参照点）与实际在职消费之间的正向关系，研究假设 3a 得以部分验证。

表 5-8　对契约参照点、高管薪酬激励与实际在职消费之间关系的实证检验结果

变量	Dependent Variable = *Perk*1			
	(1)	(2)	(3)	(4)
常数项	0.003 (0.68)	0.003 (0.64)	0.003 (0.68)	0.004 (0.86)
Dcomp	-0.005*** (-3.09)	-0.005*** (-3.31)	-0.005*** (-3.09)	-0.007*** (-4.23)
*PPE*1	0.003*** (4.26)			
*PPE*1 × *Dcomp*	-0.008*** (-4.96)			
*WD*1		-0.001 (-0.81)		
*WD*1 × *Dcomp*		0.000 (0.02)		
*NB*1			0.003*** (4.16)	
*NB*1 × *Dcomp*			-0.008*** (-4.93)	
*EC*1				0.005*** (3.71)
*EC*1 × *Dcomp*				-0.005* (-1.91)
Dual	0.001 (0.47)	0.001 (0.52)	0.001 (0.50)	0.001 (0.61)
Indep	0.004 (0.47)	0.003 (0.31)	0.004 (0.45)	0.003 (0.36)
State	-0.002* (-1.70)	-0.002** (-2.20)	-0.002* (-1.71)	-0.002** (-2.26)

续表

变量	Dependent Variable = $Perk$1			
	(1)	(2)	(3)	(4)
Reg	-0.000 (-0.37)	0.000 (0.24)	-0.000 (-0.34)	0.000 (0.37)
$Dsize$	-0.005** (-2.25)	-0.006*** (-2.67)	-0.005** (-2.28)	-0.005** (-2.31)
$Droa$	-0.108*** (-12.58)	-0.105*** (-12.25)	-0.108*** (-12.57)	-0.105*** (-12.28)
$Dlev$	0.037*** (6.52)	0.038*** (6.72)	0.037*** (6.54)	0.038*** (6.69)
$Dgrow$	-0.022*** (-37.25)	-0.022*** (-37.25)	-0.022*** (-37.24)	-0.022*** (-37.35)
$Dtop$1	-0.017 (-1.43)	-0.020* (-1.66)	-0.018 (-1.43)	-0.019 (-1.56)
$Year$	控制	控制	控制	控制
Ind	控制	控制	控制	控制
N	10250	10250	10250	10250
$Adj. R^2$	0.186	0.183	0.186	0.185
F 值	67.94	66.79	67.90	67.28

注：括号内的 t 值由 Rogers 单向聚类稳健性标准误计算得出，***、**、* 分别表示 0.01、0.05 和 0.1 的显著性水平。

表 5-9 是契约参照点、高管薪酬激励与超额在职消费三者关系的实证检验结果。由表 5-9 的实证检验结果可以看出，外部参照点与高管薪酬激励的代理变量的交互项（PPE1 × $Dcomp$）、高管团队内部参照点与高管薪酬激励的代理变量的交互项（NB1 × $Dcomp$）分别与超额在职消费（$Perk$2）变量之间呈显著负相关关系，但是并没有发现董事会内部参照点与高管薪酬激励的代理变量的交互项（WD1 × $Dcomp$）、个人参照点与高管薪酬激励的代理变量的交互项（EC1 × $Dcomp$）与超额在职消费（$Perk$2）变量之间具有显著性关系，说明高管薪酬激励调节了外部参照点以及高管团队内部参照点与超额在职消

费之间的关系,也就是说,高管薪酬激励会抑制契约参照点(包括外部参照点、高管团队内部参照点)与超额在职消费之间的正向关系,研究假设3b得以部分验证。

表5-9 对契约参照点、高管薪酬激励与超额在职消费之间关系的实证检验结果

变量	\multicolumn{4}{c}{Dependent Variable = $Perk2$}
	(1)	(2)	(3)	(4)
常数项	0.004** (2.39)	0.004** (2.28)	0.004** (2.40)	0.005*** (2.65)
$Dcomp$	-0.002*** (-3.45)	-0.002*** (-3.06)	-0.002*** (-3.57)	-0.002*** (-4.29)
$PPE1$	0.001*** (3.66)			
$PPE1 \times Dcomp$	-0.002*** (-2.89)			
$WD1$		0.001 (1.42)		
$WD1 \times Dcomp$		0.001 (1.20)		
$NB1$			0.001*** (3.87)	
$NB1 \times Dcomp$			-0.002*** (-2.67)	
$EC1$				0.003*** (5.22)
$EC1 \times Dcomp$				-0.000 (-0.38)
$Dual$	-0.000 (-0.97)	-0.000 (-0.88)	-0.000 (-0.93)	-0.000 (-0.75)

续表

变量	Dependent Variable = Perk2			
	(1)	(2)	(3)	(4)
Indep	0.001 (0.17)	0.001 (0.23)	0.000 (0.15)	0.000 (0.05)
State	-0.001*** (-3.75)	-0.001*** (-3.58)	-0.001*** (-3.71)	-0.002*** (-4.38)
Reg	-0.001** (-2.33)	-0.001* (-1.74)	-0.001** (-2.37)	-0.001 (-1.54)
Dsize	-0.001 (-1.33)	-0.001* (-1.67)	-0.001 (-1.29)	-0.001 (-1.18)
Droa	-0.005 (-1.48)	-0.004 (-1.23)	-0.005 (-1.48)	-0.004 (-1.25)
Dlev	0.015*** (7.16)	0.015*** (7.26)	0.015*** (7.16)	0.015*** (7.13)
Dgrow	-0.002*** (-6.93)	-0.002*** (-6.80)	-0.002*** (-6.95)	-0.002*** (-7.50)
Dtop1	-0.019*** (-4.08)	-0.020*** (-4.13)	-0.019*** (-4.07)	-0.020*** (-4.16)
Year	控制	控制	控制	控制
Ind	控制	控制	控制	控制
N	10250	10250	10250	10250
Adj. R^2	0.039	0.037	0.039	0.040
F 值	12.42	12.06	12.43	12.75

注：括号内的 t 值由 Rogers 单向聚类稳健性标准误计算得出，***、**、* 分别表示 0.01、0.05 和 0.1 的显著性水平。

为了进一步检验契约参照点、高管薪酬激励与代理成本之间的关系在产权性质和经理人市场方面的差异，本书分别从产权性质和经理人市场化程度方面实证检验了契约参照点、高管薪酬激励与在职消费之间的关系。

表 5-10 是不同产权性质下，契约参照点、高管薪酬激励与实际在职消

费之间关系的实证检验结果。由列（1）和列（2）的实证结果对比可以看出，与非国有企业组相比，外部参照点与高管薪酬激励代理变量的交互项（$PPE1 \times Dcomp$）对实际在职消费（$Perk1$）影响的显著性更强，说明当外部参照点水平较高时，对国有企业高管进行薪酬激励更有利于抑制实际在职消费的增加。由列（5）和列（6）的对比可知，与非国有企业组相比，国有企业中的高管团队内部参照点与高管薪酬激励代理变量的交互项（$NB1 \times Dcomp$）对实际在职消费（$Perk1$）影响的显著性更强，说明当高管团队内部参照点水平较高时，对国有企业高管进行薪酬激励更有利于抑制实际在职消费的增加。由以上研究结果可以看出，与非国有企业相比，当外部参照点和高管团队内部参照点水平较高时，对国有企业实施薪酬激励更有利于抑制实际在职消费的增长。但是在实证结果中，并没有发现内部参照点中的董事会参照点以及个人参照点与高管薪酬激励代理变量的交互项对实际在职消费的影响具有显著的产权差异。因此，假设4a得以部分支持。

表5-10　不同产权性质下，契约参照点、高管薪酬激励与实际在职消费之间关系的实证检验结果

变量	国有(1)	非国有(2)	国有(3)	非国有(4)	国有(5)	非国有(6)	国有(7)	非国有(8)
常数项	0.004 (0.69)	0.000 (0.05)	0.004 (0.66)	-0.000 (-0.04)	0.004 (0.70)	0.000 (0.06)	0.005 (0.88)	0.000 (0.02)
$Dcomp$	-0.006*** (-2.94)	-0.004 (-1.11)	-0.004 (-1.18)	-0.004 (-1.18)	-0.006*** (-2.96)	-0.003 (-1.08)	-0.008*** (-4.06)	-0.005** (-2.10)
$PPE1$	0.003*** (3.47)	0.003*** (2.23)						
$PPE1 \times Dcomp$	-0.007*** (-3.51)	-0.009* (-1.84)						
$WD1$			-0.001 (-1.07)	-0.000 (-0.12)				

Dependent Variable = $Perk1$

续表

变量	Dependent Variable = $Perk1$							
	国有	非国有	国有	非国有	国有	非国有	国有	非国有
	(1)	(2)	(3)	(4)	(5)	(6)	(7)	(8)
$WD1 \times Dcomp$			0.007 (1.31)	-0.008 (-1.22)				
$NB1$					0.003*** (3.37)	0.003** (2.21)		
$NB1 \times Dcomp$					-0.006*** (-3.39)	-0.009* (-3.70)		
$EC1$							0.009*** (5.18)	0.003 (1.20)
$EC1 \times Dcomp$							-0.002 (-0.44)	-0.007 (-1.61)
$Dual$	0.001 (0.75)	0.000 (0.24)	0.001 (0.87)	0.000 (0.27)	0.001 (0.76)	0.000 (0.26)	0.001 (0.73)	0.000 (0.31)
$Indep$	0.011 (1.07)	0.001 (0.08)	0.009 (0.94)	0.000 (0.03)	0.010 (1.05)	0.001 (0.06)	0.009 (0.88)	0.002 (0.12)
Reg	-0.001 (-1.05)	0.000 (0.04)	-0.000 (-0.32)	0.000 (0.26)	-0.001 (-1.02)	0.000 (0.05)	-0.000 (-0.15)	0.001 (0.34)
$Dsize$	-0.003 (-1.30)	-0.008 (-1.38)	-0.004 (-0.81)	-0.009 (-1.57)	-0.003 (-1.31)	-0.008 (-1.40)	-0.003 (-1.13)	-0.008** (-2.54)
$Droa$	-0.091*** (-8.25)	-0.111*** (-3.80)	-0.089*** (-2.67)	-0.108*** (-3.71)	-0.091*** (-8.23)	-0.111*** (-3.80)	-0.089*** (-8.07)	-0.108*** (-8.51)
$Dlev$	0.055*** (7.22)	0.029** (2.07)	0.057*** (2.90)	0.030** (2.12)	0.055*** (7.24)	0.029** (2.07)	0.055*** (7.30)	0.030*** (3.70)
$Dgrow$	-0.016*** (-21.83)	-0.027*** (-10.23)	-0.016*** (-8.15)	-0.027*** (-10.21)	-0.016*** (-21.82)	-0.027*** (-10.23)	-0.016*** (-22.27)	-0.027*** (-29.67)

续表

变量	Dependent Variable = $Perk$1							
	国有	非国有	国有	非国有	国有	非国有	国有	非国有
	(1)	(2)	(3)	(4)	(5)	(6)	(7)	(8)
$Dtop$1	-0.047*** (-3.25)	0.009 (0.31)	-0.048* (-1.80)	0.003 (0.09)	-0.047*** (-3.26)	0.009 (0.31)	-0.049*** (-3.42)	0.007 (0.34)
Year	控制	控制	控制	控制	控制	控制	控制	控制
Ind	控制	控制	控制	控制	控制	控制	控制	控制
N	5014	5236	5014	5236	5014	5236	5014	5236
Adj. R^2	0.164	0.213	0.162	0.206	0.164	0.213	0.166	0.206
F 值	6.72	5.58	5.36	6.63	6.71	5.58	6.68	5.44

注：括号内的 t 值由 Rogers 单向聚类稳健性标准误计算得出，***、**、* 分别表示 0.01、0.05 和 0.1 的显著性水平。

表 5-11 是不同产权性质下，契约参照点、高管薪酬激励与超额在职消费之间关系的实证检验结果。由列（1）和列（2）的实证结果对比可以看出，与非国有企业组相比，外部参照点与高管薪酬激励代理变量的交互项（PPE1 × $Dcomp$）对超额在职消费（$Perk$2）影响的显著性更强，说明当外部参照点水平较高时，对国有企业高管进行薪酬激励更有利于抑制超额在职消费的增加。由列（5）和列（6）的对比以及列（7）和列（8）的对比可知，与非国有企业组相比，国有企业中的高管团队内部参照点与高管薪酬激励代理变量的交互项（NB1 × $Dcomp$）以及个人参照点与高管薪酬激励代理变量的交互项（EC1 × $Dcomp$）对超额在职消费（$Perk$2）的影响更具有显著性，说明当高管团队内部参照点水平以及个人参照点水平较高时，对国有企业高管进行薪酬激励更有利于抑制超额在职消费的增加。由以上研究结果可以看出，与非国有企业相比，当外部参照点、高管团队内部参照点水平以及个人参照点水平较高时，对国有企业实施薪酬激励更有利于抑制超额在职消费的增长。但是，在实证结果中，并没有发现董事会内部参照点与高管薪酬激励代理变量的交互项对超额在职消费的影响具有显著的产权差异。因此，假设 4b 得以部分支持。

表 5 – 11　　不同产权性质，下契约参照点、高管薪酬激励与超额在职消费之间关系的实证检验结果

变量	Dependent Variable = $Perk2$							
	国有	非国有	国有	非国有	国有	非国有	国有	非国有
	(1)	(2)	(3)	(4)	(5)	(6)	(7)	(8)
常数项	0.003 (1.09)	0.005** (2.09)	0.003 (1.26)	0.005** (2.08)	0.003 (1.09)	0.005** (2.10)	0.003 (1.32)	0.005** (2.20)
$Dcomp$	-0.002*** (-2.63)	-0.002** (-1.97)	-0.002 (-1.47)	-0.002 (-1.56)	-0.002*** (-2.69)	-0.002** (-2.07)	-0.003*** (-3.42)	-0.002** (-2.31)
$PPE1$	0.001*** (3.15)	0.001* (1.74)						
$PPE1 \times Dcomp$	-0.002** (-2.36)	-0.001 (-1.64)						
$WD1$			0.000 (0.53)	0.001 (1.47)				
$WD1 \times Dcomp$			-0.000 (-0.25)	0.003 (1.44)				
$NB1$					0.001*** (3.30)	0.001* (1.88)		
$NB1 \times Dcomp$					-0.002** (-2.37)	-0.001 (-1.36)		
$EC1$							0.003*** (4.78)	0.002*** (2.64)
$EC1 \times Dcomp$							-0.003* (-1.84)	0.002 (1.34)
$Dual$	-0.000 (-0.43)	-0.001 (-1.01)	-0.000 (-0.50)	-0.000 (-0.75)	-0.000 (-0.41)	-0.001 (-0.99)	-0.000 (-0.48)	-0.000 (-0.80)
$Indep$	0.003 (0.85)	-0.003 (-0.64)	0.003 (0.74)	-0.002 (-0.43)	0.003 (0.84)	-0.003 (-0.66)	0.003 (0.70)	-0.003 (-0.73)

续表

变量	国有 (1)	非国有 (2)	国有 (3)	非国有 (4)	国有 (5)	非国有 (6)	国有 (7)	非国有 (8)
	\multicolumn{8}{c}{Dependent Variable = Perk2}
Reg	-0.001 (-1.35)	-0.001** (-2.20)	-0.000 (-0.69)	-0.001* (-1.87)	-0.001 (-1.38)	-0.001** (-2.23)	-0.000 (-0.49)	-0.001* (-1.91)
Dsize	-0.005*** (-4.03)	0.002* (1.80)	-0.005*** (-2.68)	0.002 (1.25)	-0.005*** (-4.00)	0.002* (1.83)	-0.005*** (-4.02)	0.002** (2.05)
Droa	-0.010** (-2.11)	-0.001 (-0.20)	-0.009 (-0.95)	-0.000 (-0.04)	-0.010** (-2.11)	-0.001 (-0.18)	-0.009** (-1.97)	-0.000 (-0.06)
Dlev	0.017*** (5.04)	0.014*** (4.90)	0.017*** (3.05)	0.014*** (3.23)	0.017*** (5.05)	0.014*** (4.90)	0.017*** (5.04)	0.014*** (4.82)
Dgrow	-0.001** (-1.98)	-0.002*** (-7.22)	-0.001 (-0.55)	-0.002** (-2.43)	-0.001** (-1.98)	-0.002*** (-7.23)	-0.001** (-2.38)	-0.002*** (-7.66)
Dtop1	-0.031*** (-4.75)	-0.004 (-0.63)	-0.031*** (-3.00)	-0.004 (-0.43)	-0.031*** (-4.75)	-0.004 (-0.62)	-0.031*** (-4.79)	-0.005 (-0.66)
Year	控制	控制	控制	控制	控制	控制	控制	控制
Ind	控制	控制	控制	控制	控制	控制	控制	控制
N	5014	5236	5014	5236	5014	5236	5014	5236
Adj. R^2	0.045	0.034	0.043	0.035	0.046	0.034	0.048	0.036
F 值	8.26	6.29	4.55	4.90	8.29	6.29	8.62	6.53

注：括号内的 t 值由 Rogers 单向聚类稳健性标准误计算得出，***、**、* 分别表示 0.01、0.05 和 0.1 的显著性水平。

表 5-12 是不同经理人市场化程度下，契约参照点、高管薪酬激励与实际在职消费之间关系的实证检验结果。在表 5-12 中，由列（1）和列（2）的对比可以看出，与经理人市场化程度低的组相比，经理人市场化程度高组中外部参照点与高管薪酬激励代理变量的交互项（PPE1×Dcomp）对实际在职消费（Perk1）的影响具有显著性负向关系，说明当外部参照点水平较高时，对经理人市场化程度高所在地区的公司高管进行薪酬激励更有利于抑制实际在职消费的增加。同理，由列（5）和列（6）的对比以及列（7）和列

(8) 的对比可知，经理人市场化程度高组中的高管团队内部参照点与高管薪酬激励代理变量的交互项（$NB1 \times Dcomp$）以及个人参照点与高管薪酬激励代理变量的交互项（$EC1 \times Dcomp$）对实际在职消费（$Perk1$）的影响具有显著负向关系，而在经理人市场化程度低的组中并没有呈现显著性关系，说明当高管团队内部参照点水平或个人参照点水平较高时，对经理人市场化程度高的公司高管进行薪酬激励更有利于抑制实际在职消费的增加。尽管内部参照点中的董事会参照点与高管薪酬激励代理变量的交互项（$WD2 \times Dcomp$）对代理成本的影响没有发现具有显著的经理人市场化程度差异，但在经理人市场化程度高组中具有负向关系。由以上可知，当契约参照点水平越高时，对地处经理人市场化程度高的公司高管实施薪酬激励更有利于抑制实际在职消费的增长。因此，假设4c得以验证。

表 5-12　　不同经理人市场下，契约参照点、高管薪酬激励与实际在职消费之间关系的实证检验结果

变量	经理人市场化程度高 (1)	经理人市场化程度低 (2)	经理人市场化程度高 (3)	经理人市场化程度低 (4)	经理人市场化程度高 (5)	经理人市场化程度低 (6)	经理人市场化程度高 (7)	经理人市场化程度低 (8)
常数项	-0.000 (-0.07)	0.003 (0.60)	-0.001 (-0.16)	0.003 (0.55)	-0.000 (-0.06)	0.003 (0.61)	-0.000 (-0.04)	0.004 (0.73)
$Dcomp$	-0.006** (-2.00)	-0.004 (-1.23)	-0.008** (-2.15)	-0.001 (-0.37)	-0.006** (-2.01)	-0.004 (-1.22)	-0.009*** (-4.14)	-0.003 (-0.84)
$PPE1$	0.003** (1.99)	0.004*** (3.59)						
$PPE1 \times Dcomp$	-0.011** (-2.11)	-0.004 (-0.94)						
$WD1$			0.000 (0.36)	-0.001 (-0.61)				

续表

变量	经理人市场化程度高 (1)	经理人市场化程度低 (2)	经理人市场化程度高 (3)	经理人市场化程度低 (4)	经理人市场化程度高 (5)	经理人市场化程度低 (6)	经理人市场化程度高 (7)	经理人市场化程度低 (8)
$WD1 \times Dcomp$			-0.003 (-0.64)	0.005 (0.83)				
$NB1$					0.003** (1.96)	0.004*** (3.55)		
$NB1 \times Dcomp$					-0.010** (-2.07)	-0.004 (-1.00)		
$EC1$							0.005*** (2.77)	0.004* (1.69)
$EC1 \times Dcomp$							-0.009** (-2.35)	-0.000 (-0.01)
$Dual$	0.000 (0.30)	0.002 (1.03)	0.001 (0.41)	0.002 (1.16)	0.001 (0.32)	0.002 (1.07)	0.001 (0.56)	0.002 (1.18)
$Indep$	0.007 (0.60)	0.002 (0.25)	0.008 (0.61)	0.000 (0.03)	0.007 (0.58)	0.002 (0.22)	0.007 (0.62)	0.000 (0.03)
Reg	-0.002 (-0.98)	-0.000 (-0.07)	-0.001 (-0.81)	0.001 (0.72)	-0.002 (-0.99)	-0.000 (-0.02)	-0.001 (-0.87)	0.001 (0.81)
$Dsize$	-0.002 (-0.49)	-0.001 (-0.19)	-0.003 (-0.58)	-0.003 (-0.45)	-0.003 (-0.51)	-0.001 (-0.20)	-0.002 (-0.77)	-0.002 (-0.35)
$Droa$	-0.101*** (-3.43)	-0.110*** (-3.49)	-0.097*** (-3.25)	-0.107*** (-3.44)	-0.101*** (-3.42)	-0.110*** (-3.49)	-0.098*** (-8.50)	-0.107*** (-3.43)
$Dlev$	0.046*** (2.98)	0.022 (1.27)	0.047*** (3.06)	0.023 (1.35)	0.046*** (3.00)	0.022 (1.27)	0.047*** (6.13)	0.022 (1.31)
$Dgrow$	-0.017*** (-8.55)	-0.031*** (-10.81)	-0.017*** (-8.51)	-0.030*** (-10.78)	-0.017*** (-8.55)	-0.031*** (-10.81)	-0.018*** (-23.88)	-0.031*** (-10.80)

续表

变量	经理人市场化程度高	经理人市场化程度低	经理人市场化程度高	经理人市场化程度低	经理人市场化程度高	经理人市场化程度低	经理人市场化程度高	经理人市场化程度低
	\multicolumn{8}{c	}{Dependent Variable = Perk1}
	(1)	(2)	(3)	(4)	(5)	(6)	(7)	(8)
$Dtop1$	-0.028 (-0.97)	-0.006 (-0.23)	-0.033 (-1.15)	-0.008 (-0.31)	-0.028 (-0.98)	-0.006 (-0.23)	-0.030* (-1.72)	-0.009 (-0.34)
$Year$	控制	控制	控制	控制	控制	控制	控制	控制
Ind	控制	控制	控制	控制	控制	控制	控制	控制
N	5301	4949	5301	4949	5301	4949	5301	4949
$Adj.\ R^2$	0.160	0.241	0.156	0.239	0.159	0.241	0.157	0.239
F 值	5.66	7.72	5.69	7.31	5.66	7.69	5.69	7.31

注：括号内的 t 值由 Rogers 单向聚类稳健性标准误计算得出，***、**、* 分别表示 0.01、0.05 和 0.1 的显著性水平。

表 5-13 是不同经理人市场下，契约参照点、高管薪酬激励与超额在职消费之间关系的实证检验结果，由列（1）和列（2）的对比以及（5）和列（6）的对比可知，经理人市场化程度高组中的外部参照点与高管薪酬激励代理变量的交互项（$PPE1 \times Dcomp$）以及高管团队内部参照点与高管薪酬激励代理变量的交互项（$NB1 \times Dcomp$）对超额在职消费（$Perk2$）的影响具有显著负向关系，而在经理人市场化程度低的组中并没有呈现显著性关系，说明当外部参照点或高管团队内部参照点水平时，对经理人市场化程度高的公司高管进行薪酬激励更有利于抑制超额在职消费的增加。而董事会内部参照点以及个人参照点与高管薪酬激励代理变量的交互项对超额在职消费的影响并没有发现存在显著性的经理人市场化程度差异。由以上可知，当外部参照点、高管团队内部参照点水平越高时，对地处经理人市场化程度高的公司实施薪酬激励更有利于抑制实际在职消费的增长。因此，假设 4d 得以部分验证。

表 5-13　不同经理人市场下，契约参照点、高管薪酬激励与超额在职消费之间关系的实证检验结果

变量	经理人市场化程度高 (1)	经理人市场化程度低 (2)	经理人市场化程度高 (3)	经理人市场化程度低 (4)	经理人市场化程度高 (5)	经理人市场化程度低 (6)	经理人市场化程度高 (7)	经理人市场化程度低 (8)
常数项	0.002 (0.58)	0.004** (2.24)	0.001 (0.39)	0.004** (2.23)	0.002 (0.59)	0.004** (2.25)	0.002 (0.61)	0.004** (2.25)
$Dcomp$	-0.003*** (-3.38)	-0.001 (-1.26)	-0.003*** (-3.36)	-0.000 (-0.61)	-0.003*** (-3.56)	-0.001 (-1.27)	-0.004*** (-4.57)	-0.001 (-0.80)
$PPE1$	0.001*** (3.60)	0.001*** (3.17)						
$PPE1 \times Dcomp$	-0.003*** (-3.11)	-0.000 (-0.38)						
$WD1$			0.001** (2.19)	0.000 (0.86)				
$WD1 \times Dcomp$			0.002 (1.17)	0.000 (0.18)				
$NB1$					0.002*** (3.83)	0.001*** (3.17)		
$NB1 \times Dcomp$					-0.002*** (-2.87)	-0.000 (-0.39)		
$EC1$							0.004*** (5.22)	0.000 (0.36)
$EC1 \times Dcomp$							0.000 (0.27)	-0.001 (-0.99)
$Dual$	0.000 (0.03)	-0.000 (-0.57)	0.000 (0.09)	-0.000 (-0.51)	0.000 (0.06)	-0.000 (-0.55)	0.000 (0.57)	-0.000 (-0.50)

续表

	Dependent Variable = Perk2							
变量	经理人市场化程度高	经理人市场化程度低	经理人市场化程度高	经理人市场化程度低	经理人市场化程度高	经理人市场化程度低	经理人市场化程度高	经理人市场化程度低
	(1)	(2)	(3)	(4)	(5)	(6)	(7)	(8)
$Indep$	0.006 (1.16)	-0.004 (-1.14)	0.007 (1.41)	-0.004 (-1.21)	0.005 (1.13)	-0.004 (-1.16)	0.006 (1.17)	-0.004 (-1.23)
Reg	-0.003*** (-4.97)	0.000 (0.84)	-0.003*** (-4.36)	0.001 (1.51)	-0.003*** (-5.03)	0.000 (0.86)	-0.003*** (-4.53)	0.001 (1.52)
$Dsize$	0.001 (0.91)	-0.000 (-0.26)	0.001 (0.68)	-0.001 (-0.70)	0.001 (0.94)	-0.000 (-0.27)	0.001 (1.17)	-0.001 (-0.70)
$Droa$	-0.002 (-0.48)	-0.004 (-1.00)	-0.001 (-0.17)	-0.004 (-0.86)	-0.002 (-0.46)	-0.004 (-1.01)	-0.001 (-0.27)	-0.004 (-0.87)
$Dlev$	0.012*** (3.90)	0.016*** (6.03)	0.013*** (4.05)	0.016*** (6.12)	0.013*** (3.93)	0.016*** (6.02)	0.013*** (3.94)	0.016*** (6.14)
$Dgrow$	0.001*** (3.05)	-0.006*** (-19.35)	0.001*** (3.13)	-0.006*** (-19.15)	0.001*** (3.02)	-0.006*** (-19.35)	0.001** (2.02)	-0.006*** (-19.07)
$Dtop1$	-0.021*** (-2.82)	-0.016*** (-2.85)	-0.021*** (-2.84)	-0.017*** (-2.94)	-0.021*** (-2.82)	-0.016*** (-2.85)	-0.022*** (-2.94)	-0.017*** (-2.97)
Year	控制	控制	控制	控制	控制	控制	控制	控制
Ind	控制	控制	控制	控制	控制	控制	控制	控制
N	5301	4949	5301	4949	5301	4949	5301	4949
Adj. R^2	0.041	0.111	0.039	0.109	0.041	0.111	0.043	0.109
F 值	7.38	19.25	7.14	18.93	7.39	19.25	7.82	18.93

注：括号内的 t 值由 Rogers 单向聚类稳健性标准误计算得出，***、**、* 分别表示 0.01、0.05 和 0.1 的显著性水平。

五、内生性处理

由于上文中有关高管薪酬激励与在职消费之间的关系仅考虑了货币薪酬激励,并没有考虑高管晋升激励的影响,因为在职消费的变化并不一定是由薪酬激励原因造成,还可能是由于晋升的原因造成,比如高管可能会因为自身的晋升而选择减少在职消费行为。因此,高管薪酬激励对在职消费的影响可能存在内生性问题。为了解决该问题,采取两种解决办法进行处理:一是将晋升变量作为控制变量纳入模型重新进行回归;二是将有晋升的样本剔除,只考虑薪酬激励因素对在职消费的影响。

晋升变量(ZZ)的衡量借鉴王曾等(2014)的做法,具体做法包括:首先,手工翻阅上市公司年报将高管变更样本中的总经理变更样本找出来;其次,对总经理变更的原因进行查询和核实,将总经理变更去向为工作调动单独选取出来;再其次,利用搜索引擎等网络搜索工具对总经理变更后的去向进行网络查询与核实,如果总经理变更后担任母公司的总经理、董事长、副董事长等或者平级或更高级担任政府职位,则界定为高管晋升,取值为1,其他变更去向以及变更原因均取值为0;最后,共有491个高管晋升样本。

根据表5-14和表5-15中实证检验的结果显示,在控制高管晋升变量后,契约参照点与在职消费(包括实际在职消费和超额在职消费)之间仍具有显著的正向关系,高管薪酬激励与在职消费(包括实际在职消费和超额在职消费)之间具有显著的负向关系,高管薪酬激励对契约参照点与在职消费(包括实际在职消费和超额在职消费)之间的关系具有抑制作用,与上文的研究结论保持一致。由表5-16和表5-17中实证检验结果可以看出,在剔除高管晋升样本后,高管薪酬激励对契约参照点与在职消费(包括实际在职消费和超额在职消费)之间的关系具有抑制作用,与上文的研究结论保持一致。

表 5-14　契约参照点、薪酬激励与实际在职消费之间关系的实证检验结果（控制晋升变量）

变量	Dependent Variable = $Perk1$			
	（1）	（2）	（3）	（4）
常数项	0.003 (0.64)	0.003 (0.59)	0.003 (0.64)	0.004 (0.81)
$Dcomp$	-0.005*** (-3.04)	-0.005*** (-3.27)	-0.005*** (-3.04)	-0.007*** (-4.19)
$PPE1$	0.003*** (4.24)			
$PPE1 \times Dcomp$	-0.008*** (-4.96)			
$WD1$		-0.001 (-0.75)		
$WD1 \times Dcomp$		-0.000 (-0.02)		
$NB1$			0.003*** (4.14)	
$NB1 \times Dcomp$			-0.008*** (-4.93)	
$EC1$				0.005*** (3.73)
$EC1 \times Dcomp$				-0.005* (-1.90)
ZZ	0.004* (1.86)	0.004* (1.87)	0.004* (1.86)	0.004* (1.94)

续表

变量	Dependent Variable = $Perk1$			
	(1)	(2)	(3)	(4)
$Dual$	0.001 (0.52)	0.001 (0.57)	0.001 (0.55)	0.001 (0.66)
$Indep$	0.004 (0.45)	0.002 (0.30)	0.003 (0.42)	0.003 (0.34)
$State$	-0.002* (-1.79)	-0.002** (-2.26)	-0.002* (-1.80)	-0.002** (-2.35)
Reg	-0.000 (-0.43)	0.000 (0.18)	-0.000 (-0.40)	0.000 (0.31)
$Dsize$	-0.005** (-2.26)	-0.006*** (-2.68)	-0.005** (-2.29)	-0.005** (-2.32)
$Droa$	-0.108*** (-12.58)	-0.105*** (-12.26)	-0.108*** (-12.57)	-0.105*** (-12.28)
$Dlev$	0.037*** (6.54)	0.038*** (6.74)	0.037*** (6.56)	0.038*** (6.71)
$Dgrow$	-0.022*** (-37.28)	-0.022*** (-37.29)	-0.022*** (-37.28)	-0.022*** (-37.39)
$Dtop1$	-0.018 (-1.46)	-0.021* (-1.68)	-0.018 (-1.46)	-0.019 (-1.59)
Year	控制	控制	控制	控制
Ind	控制	控制	控制	控制
N	10250	10250	10250	10250
Adj. R^2	0.186	0.184	0.186	0.185
F 值	66.16	65.15	66.13	65.53

注：括号内的 t 值由 Rogers 单向聚类稳健性标准误计算得出，***、**、* 分别表示 0.01、0.05 和 0.1 的显著性水平。

表 5–15　契约参照点、薪酬激励与超额在职消费之间关系的实证检验结果（控制晋升变量）

变量	Dependent Variable = $Perk2$			
	（1）	（2）	（3）	（4）
常数项	0.004** (2.39)	0.004** (2.27)	0.004** (2.39)	0.005*** (2.65)
$Dcomp$	−0.002*** (−3.44)	−0.002*** (−3.05)	−0.002*** (−3.56)	−0.002*** (−4.28)
$PPE1$	0.001*** (3.66)			
$PPE1 \times Dcomp$	−0.002*** (−2.89)			
$WD1$		0.001 (1.43)		
$WD1 \times Dcomp$		0.001 (1.20)		
$NB1$			0.001*** (3.86)	
$NB1 \times Dcomp$			−0.002*** (−2.67)	
$EC1$				0.003*** (5.23)
$EC1 \times Dcomp$				−0.000 (−0.38)
ZZ	0.000 (0.13)	0.000 (0.20)	0.000 (0.14)	0.000 (0.26)

续表

变量	Dependent Variable = $Perk2$			
	(1)	(2)	(3)	(4)
$Dual$	-0.000 (-0.96)	-0.000 (-0.87)	-0.000 (-0.92)	-0.000 (-0.75)
$Indep$	0.001 (0.17)	0.001 (0.23)	0.000 (0.15)	0.000 (0.04)
$State$	-0.001*** (-3.75)	-0.001*** (-3.58)	-0.001*** (-3.71)	-0.002*** (-4.39)
Reg	-0.001** (-2.33)	-0.001* (-1.74)	-0.001** (-2.37)	-0.001 (-1.55)
$Dsize$	-0.001 (-1.33)	-0.001* (-1.67)	-0.001 (-1.29)	-0.001 (-1.18)
$Droa$	-0.005 (-1.49)	-0.004 (-1.23)	-0.005 (-1.48)	-0.004 (-1.25)
$Dlev$	0.015*** (7.16)	0.015*** (7.26)	0.015*** (7.16)	0.015*** (7.13)
$Dgrow$	-0.002*** (-6.93)	-0.002*** (-6.81)	-0.002*** (-6.95)	-0.002*** (-7.50)
$Dtop1$	-0.019*** (-4.08)	-0.020*** (-4.13)	-0.019*** (-4.07)	-0.020*** (-4.16)
$Year$	控制	控制	控制	控制
Ind	控制	控制	控制	控制
N	10250	10250	10250	10250
$Adj. R^2$	0.039	0.037	0.039	0.040
F 值	12.07	11.72	12.08	12.40

注：括号内的 t 值由 Rogers 单向聚类稳健性标准误计算得出，***、**、* 分别表示 0.01、0.05 和 0.1 的显著性水平。

表5-16　契约参照点、薪酬激励与实际在职消费之间关系的实证检验结果（剔除晋升样本）

变量	Dependent Variable = $Perk1$			
	（1）	（2）	（3）	（4）
常数项	0.002 (0.49)	0.002 (0.43)	0.002 (0.49)	0.003 (0.67)
$Dcomp$	-0.006*** (-3.40)	-0.006*** (-3.63)	-0.006*** (-3.41)	-0.008*** (-4.67)
$PPE1$	0.003*** (4.36)			
$PPE1 \times Dcomp$	-0.009*** (-5.16)			
$WD1$		-0.001 (-0.51)		
$WD1 \times Dcomp$		0.001 (0.29)		
$NB1$			0.003*** (4.28)	
$NB1 \times Dcomp$			-0.008*** (-5.10)	
$EC1$				0.006*** (4.02)
$EC1 \times Dcomp$				-0.006* (-1.91)
$Dual$	0.001 (0.55)	0.001 (0.59)	0.001 (0.59)	0.001 (0.69)

续表

变量	Dependent Variable = $Perk1$			
	(1)	(2)	(3)	(4)
$Indep$	0.004 (0.45)	0.003 (0.33)	0.004 (0.43)	0.003 (0.34)
$State$	-0.001 (-1.22)	-0.002* (-1.66)	-0.001 (-1.23)	-0.002* (-1.82)
Reg	-0.000 (-0.22)	0.000 (0.41)	-0.000 (-0.20)	0.001 (0.56)
$Dsize$	-0.005** (-2.37)	-0.006*** (-2.76)	-0.005** (-2.40)	-0.005** (-2.37)
$Droa$	-0.114*** (-12.84)	-0.111*** (-12.52)	-0.114*** (-12.83)	-0.111*** (-12.55)
$Dlev$	0.035*** (5.97)	0.036*** (6.15)	0.035*** (6.00)	0.036*** (6.12)
$Dgrow$	-0.022*** (-36.55)	-0.022*** (-36.54)	-0.022*** (-36.55)	-0.022*** (-36.70)
$Dtop1$	-0.020 (-1.55)	-0.023* (-1.78)	-0.020 (-1.55)	-0.022* (-1.70)
$Year$	控制	控制	控制	控制
Ind	控制	控制	控制	控制
N	9759	9759	9759	9759
$Adj.\ R^2$	0.188	0.185	0.188	0.187
F 值	65.67	64.42	65.62	65.00

注：括号内的 t 值由 Rogers 单向聚类稳健性标准误计算得出，***、**、* 分别表示 0.01、0.05 和 0.1 的显著性水平。

表 5-17　契约参照点、薪酬激励与超额在职消费之间关系的实证检验结果（剔除晋升样本）

变量	Dependent Variable = $Perk2$			
	(1)	(2)	(3)	(4)
常数项	0.004 ** (2.21)	0.004 ** (2.10)	0.004 ** (2.22)	0.004 ** (2.48)
$Dcomp$	-0.002 *** (-3.52)	-0.002 *** (-3.12)	-0.002 *** (-3.63)	-0.003 *** (-4.42)
$PPE1$	0.001 *** (3.94)			
$PPE1 \times Dcomp$	-0.002 *** (-3.08)			
$WD1$		0.001 (1.33)		
$WD1 \times Dcomp$		0.001 (1.14)		
$NB1$			0.001 *** (4.14)	
$NB1 \times Dcomp$			-0.002 *** (-2.88)	
$EC1$				0.003 *** (5.48)
$EC1 \times Dcomp$				-0.000 (-0.38)
$Dual$	-0.000 (-1.00)	-0.000 (-0.92)	-0.000 (-0.96)	-0.000 (-0.79)

续表

变量	Dependent Variable = $Perk2$			
	(1)	(2)	(3)	(4)
$Indep$	0.001 (0.41)	0.001 (0.46)	0.001 (0.39)	0.001 (0.27)
$State$	-0.001*** (-3.32)	-0.001*** (-3.24)	-0.001*** (-3.29)	-0.001*** (-4.02)
Reg	-0.001*** (-2.65)	-0.001** (-2.01)	-0.001*** (-2.69)	-0.001* (-1.80)
$Dsize$	-0.001 (-0.70)	-0.001 (-1.05)	-0.001 (-0.67)	-0.000 (-0.53)
$Droa$	-0.004 (-1.27)	-0.003 (-1.01)	-0.004 (-1.26)	-0.003 (-1.04)
$Dlev$	0.016*** (7.06)	0.016*** (7.14)	0.016*** (7.06)	0.015*** (7.02)
$Dgrow$	-0.001*** (-6.46)	-0.001*** (-6.32)	-0.001*** (-6.48)	-0.002*** (-7.09)
$Dtop1$	-0.017*** (-3.52)	-0.018*** (-3.62)	-0.017*** (-3.51)	-0.018*** (-3.62)
$Year$	控制	控制	控制	控制
Ind	控制	控制	控制	控制
N	9759	9759	9759	9759
$Adj. R^2$	0.037	0.036	0.037	0.039
F 值	11.50	11.05	11.51	11.84

注：括号内的 t 值由 Rogers 单向聚类稳健性标准误计算得出，***、**、* 分别表示0.01、0.05和0.1的显著性水平。

综上可知，无论是采取控制高管晋升变量还是剔除高管晋升样本的实证检验结果均未发生实质性变化，说明以上研究结论具有稳健性。

六、稳健性测试

为了验证以上研究结论的准确性和稳健性，我们还做了以下几个方面的稳健性检验测试：

（1）替换契约参照点变量。本章实证检验部分主要呈现了契约参照点的连续变量的实证检验结果，本书用各个契约参照点的虚拟变量替换其连续变量，然后代入相应的模型重新进行实证检验。实证检验的结果显示，除了董事会内部参照点和个人参照点变量的显著性有所变化之外，上述研究结论并没有发生变化。

（2）替换高管薪酬激励的代理变量。借鉴江伟（2011）的研究，将高管薪酬变动变量取绝对值指标，即采取本年度高管平均薪酬自然对数与上一年度高管平均薪酬自然对数的差额作为高管薪酬激励的代理变量，然后代入原模型重新进行实证检验与分析，研究结论与上文保持一致。

（3）替换经理人市场变量。借鉴万元华林和陈信元（2010）的研究，选取总经理的来源作为经理人市场的衡量指标以替换原有的经理人市场变量，将总经理来源于公司外部的样本作为经理人市场化程度较高组，将总经理来源于公司内部的样本作为经理人市场化程度较低组，代入相应的模型重新进行检验，研究结论仍与上文保持一致，说明研究结论具有一定的稳健性。

（4）采用固定效应模型进行估计。上文采用混合最小二乘法对契约参照点、薪酬激励与代理成本之间的关系进行了实证检验，为了进一步验证其研究结论的稳健性，本书采用固定效应模型再次进行回归。根据实证检验的结果显示，以上研究结论比较稳健，支持本书的研究结论。

七、实证结论

研究发现，契约参照点与在职消费之间具有正向关系，即契约参照点水平越高，越容易增加实际在职消费和超额在职消费。高管薪酬激励有利于降低实际在职消费和超额在职消费，并且对契约参照点与在职消费（包括实际在职消费和超额在职消费）之间的关系具有抑制作用，会抑制实际在职消费和超额在职消费的增加。进一步研究发现，与非国有企业相比，高管薪酬激励对契约参照点与在职消费（包括实际在职消费和超额在职消费）之间的抑制作用在国有企业中表现得更为明显，但是在董事会参照点组检验中没有得到相应的证据支持，可能与董事会参照点效应更倾向于支持管理层权力理论有关。与经理人市场化程度低的地区相比，高管薪酬激励对契约参照点与在职消费（包括实际在职消费和超额在职消费）之间的抑制作用在经理人市场化程度高的地区表现得更为明显。

现阶段，我国具有不同的经理人市场化程度，这些差异对契约参照点、薪酬激励与在职消费之间的关系具有怎样的影响，以往的文献并没有给出直接答案，本书的研究有利于拓展研究的深度，对不同经理人市场化程度下的三者关系具有更为深入地认识与理解。此外，本书的研究对如何进行高管薪酬契约设计和解决高管超额在职消费问题也可以提供相应的证据支持与参考。

第六章 契约参照点、薪酬激励与高管离职

第一节 问题提出与理论分析

一、研究问题的提出

现有文献研究成果集中在高管薪酬差距对高管主动离职的影响（Kale, 2014；梅春和赵晓菊，2016；李济含和刘淑莲，2016），主要是基于锦标赛理论和行为理论来探究高管团队内部薪酬差距对高管主动离职的影响。较少有文献同时从契约参照点理论和经理人市场理论出发，来深入探究契约参照点对高管主动离职的影响，特别是面对来自经理人市场的压力和存在契约参照点时，高管薪酬激励是否会降低高管主动离职率和减少高管主动离职行为的发生，尚有待于从公司层面和个体层面进行深入探究。少数文献（徐细雄和谭瑾，2014）研究了外部参照点对高管离职的影响，但该研究成果仅从高管个体层面进行了单一参照点地研究，没有涉及来自公司层面所带来的影响，同时缺乏有关多重契约参照点对高管离职的影响，也没有深入探究薪酬激励对两者之间关系的作用。

本章基于 2009~2014 年中国上市公司的数据，从公司层面和个体层面全面系统地研究多重契约参照点对高管离职的影响，并探究高管薪酬激励对两者关系的影响。本章的研究结果发现，契约参照点与高管主动离职之间具有正向关系，说明契约参照点水平越高，高管越可能发生主动离职行为；高管

薪酬激励与高管主动离职之间具有负向关系，说明高管薪酬的增长可以抑制高管的主动离职行为。当存在契约参照点时，高管薪酬激励仍然对高管的主动离职行为具有抑制作用。本章从高管薪酬激励的视角考察了契约参照点对高管离职行为的影响，证实契约参照点水平越高越可能发生高管主动离职行为，既丰富了当前有关高管变更的研究文献，也站在公司层面和高管个体层面说明了当存在契约参照点时，高管薪酬激励对抑制高管主动离职的重要性。

基于以上分析，本书的契约参照点效应对高管离职的影响路径见图6-1。

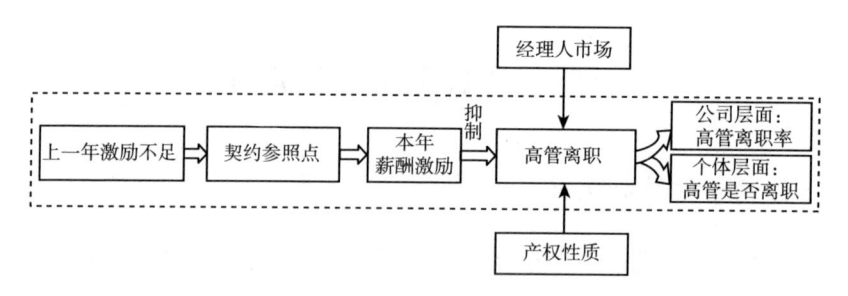

图6-1 薪酬契约参照点效应对高管离职的影响路径

二、理论分析与研究假设

植根于代理理论，关于高管薪酬的研究始终在最优契约理论的分析范式下展开（Jensen & Murphy，1990）。然而在现实中，高管薪酬设计却往往会背离传统的理论模型，非最优的薪酬反而被认为是普遍、持久和系统的（Bebchuk & Fried，2003，2005），高管权力理论（Bebchuk，Fried & Walker，2002）和经理人市场理论分别对先前的分析范式做了改进和拓展（Murphy & Zabojnik，2004；Gabaix & Landier，2008）。前者批判性地分析了董事公平缔约假设，后者则基于拓展竞争市场假设对最优契约理论的委托代理分析范式作了修正。

尽管如此，对于高管薪酬的研究仍然存在着不足之处。不少国内外学者指出，先前的诸多研究普遍忽视了高管薪酬契约设计中参照基准的作用及其对高管主观心理感知与行动选择影响（Ezzamel & Watson，1998；Devers，Cannella，Reilly & Yode，2007；李维安等，2010；徐细雄和谭瑾，2014）。近些年兴起的契约参照点理论（Hart & Moore，2008；Fehr，Hart & Zehnder，2009，2011）把契约视为参照点，缔约方会将自己的利益与参照点进行比较，以判断自身利益的得与失。目前，契约参照点已经被引入到高管薪酬研究当中，并作为高管薪酬契约制定中十分重要的因素。

根据契约参照点理论的观点，契约参照点是高管判定自身利益得失的参考依据。具体到高管薪酬契约领域，如果高管发现自身的薪酬水平低于参照基准（该参照基准可以是外部参照基准，也可以是内部参照基准和个人参照基准），就会产生一种心理上的不平衡，进而会寻求一定的补偿机制、替代机制或报复行为，以满足其心理上的平衡，其中补偿机制采取一定措施来弥补其所遭受的损失，使其薪酬水平位于参照点水平之上。高管为了弥补其心理上的不平衡，会选择采取主动离职的方式进入能给予其更高薪酬的企业。有关契约参照点对高管离职的影响，近年来已经有少数研究有所涉及。凯勒（Kale，2014）研究了薪酬不公平性对公司整体非 CEO 高管（简称 VP）自愿离职率和 VP 个体自愿离职可能性的影响，研究结果表明，当管理者的薪酬相对本公司和其他公司同级管理人员的薪酬越低时，离职的可能性越大；当公司内部的薪酬不公平性越大，以及相对外部标杆公司的薪酬不公平性越大时，VP 整体离职率越高。徐细雄和谭瑾（2014）研究发现，如果高管薪酬位于外部参照基准（同行业或同地区薪酬均值）之下，易引发高管的消极心理感知，其发生主动离职的概率会增加。梅春和赵晓菊（2016）从高管筛选效应的角度探究了薪酬差异对高管主动离职的影响，研究发现高管薪酬差异（包括垂直薪酬差异和平行薪酬差异）与副总经理主动离职之间具有正向关系。基于以上分析，本书从公司层面和个体层面提出如下假设：

假设 1a 对于公司整体而言，契约参照点与高管主动离职率显著正相关

假设 1b 对于高管个人而言，契约参照点与高管主动离职显著正相关

经理人市场的理论研究最早源于法玛（1980）提出的声誉效应。法玛

（1980）和法玛和詹森（1983）很早就发现，声誉机制会对高管的未来就业机会和薪酬产生影响，高管对自身声誉的重视程度较高，经理人市场中的声誉机制会迫使高管在原公司（跳槽前的公司）励精图治，努力提升原公司的业绩水平，为其未来跳槽到其他公司（跳槽后的公司）积累良好的声誉。除了声誉激励外，经理人市场中的流动性也会对经理人的行为起到激励作用，吉鲁德和穆勒（Giroud & Mueller, 2010）研究表明，处于同质化程度较高的行业其高管的流动性也越大，在这些行业中高管拥有的薪酬也相对较高。墨菲和扎博尼克（Murphy & Zabojnik, 2004, 2007）将高管薪酬的增长归因为高管在经理人市场上流动能力的增强，并由此提出了经理人市场理论。高等（Gao H. et al., 2015）从高管跳槽的角度研究了经理人市场对高管薪酬的影响，验证了经理人市场对提高公司高管薪酬的激励效率具有重要作用，特别是当公司发现失去的那个高管在新公司职务或薪酬更高时，公司更可能给留任高管涨薪，试图通过给高管涨薪的方式来减少高管的主动辞职行为。李济含和刘淑莲（2016）研究发现，国有企业整体薪酬支付水平较高会提升高管留任的可能性。可见，公司为了减少高管人才的流失，会通过涨薪的方式来挽留高管，以降低公司的高管主动离职率和高管的主动离职行为。基于以上分析，本书提出如下假设：

假设2a 对于公司整体而言，高管薪酬激励与高管主动离职率显著负相关

假设2b 对于高管个人而言，高管薪酬激励与高管主动离职显著负相关

根据契约参照点理论的观点可知，当高管发现自身薪酬低于契约参照点薪酬基准时，会选择主动离职行为。对于公司而言，高管主动离职率的高低直接关乎高管团队的稳定性以及公司的前途命运，为了降低公司的高管主动离职率，公司会根据经理人市场反馈的信息来调整公司的高管薪酬契约。一是经理人市场中传递的高管薪酬水平信息，提醒公司要调整原有公司高管薪酬契约，以适应经理人市场变化的要求；二是当前经理人市场的繁荣程度也影响着公司的高管薪酬水平，如果公司处于经理人市场比较繁荣的行业，公司的董事会会遭受来自经理人市场的压力，会迫使公司的董事会根据经理人

市场情况重新制定公司的高管薪酬契约,其结果则将其拉升到一个正常的薪酬水平之上,以减少高管的主动离职行为。邓玉林等(2016)研究发现,高管团队薪酬水平会调节高管团队薪酬差距对高管离职的影响,有利于抑制高管的离职行为。徐细雄和谭瑾(2014)从行为经济学的视角进行实证研究发现,如果高管薪酬低于同行业或同地区薪酬参照基准,会通过寻求在职消费来替代薪酬上的损失,从而减少高管离职的可能性。可见,当公司的高管薪酬水平低于参照薪酬基准(包括外部参照基准、内部参照基准和个人参照基准)时,公司会遭受来自经理人市场的压力及其反馈的高管薪酬信息,为了降低高管主动离职率和高管的主动离职行为,公司会选择给予高管涨薪方式来稳定高管团队成员。基于以上分析,本书提出如下假设:

假设 3a 对于公司整体而言,当存在契约参照点时,高管薪酬激励可以显著降低高管的主动离职率

假设 3b 对于高管个人而言,当存在契约参照点时,高管薪酬激励可以显著降低高管的主动离职行为

第二节 研究设计

一、数据来源与样本选择

本书研究的时间窗口为 2009~2014 年,以该时间窗口范围内我国 A 股上市公司为样本。因相关变量进行了差分处理,实际使用的样本数据的时间窗口为 2007~2014 年,并对样本的数据进行了以下几个方面的处理:(1)剔除金融保险业类上市公司的样本;(2)剔除 *St、St、Pt 上市公司的样本;(3)剔除财务数据及公司治理数据不能用手工整理方式进行补齐的缺失样本;(4)为了消除宏观物价指数带来的潜在影响,对所有涉及薪酬数据的变量按照 2014 年的居民消费价格指数(CPI)进行指数平减;(5)对所有连续变量进行上下 1% 分位的 Winsorize 处理,以消除异常值带来的影响。最后样本观测值共 10054 个。本书研究的数据来源于国泰安(CSMAR)数据库

和万元德（Wind）数据库，其中产权性质变量通过手工收集和整理年报等相关资料的数据进行确定。

二、变量定义与模型设计

本章考察的是对契约参照点、高管薪酬激励与高管离职三者之间关系的实证检验。其中，被解释变量为高管离职变量。借鉴凯勒等（Kale et al.，2014）的研究，该变量从公司层面和个体层面分别进行衡量，其中，公司层面选取高管主动离职率指标来衡量高管离职变量，高管离职率选取为当年主动离职的高管人数与高管总人数的比值。将个体层面设置为虚拟变量，选取高管是否主动离职作为衡量指标，当上市公司年报中披露高管离职原因为"辞职"则界定为高管主动离职，取值为1，否则为0。

解释变量主要包括契约参照点、高管薪酬激励变量，其中契约参照点变量的衡量办法与第三章中的保持一致，这里不再赘述。高管薪酬变动（Dcomp）参照黎文靖等（2014）的做法，选取本年度高管平均薪酬减去上一年度高管平均薪酬后的差额与上一年度高管平均薪酬的比值来衡量，作为高管薪酬激励的代理变量。

参照江伟（2011）的研究，本书用公司业绩变化（Droa）、成长性变化（Dgrow）、财务杠杆变化（Dlev）、公司规模变化（Dsize）等变量控制企业的特征。借鉴Laux（2008）和刘鑫（2015）的研究，采用产权性质、地区、董事会独立性、两职合一、第一大股东持股比例变化等变量控制公司治理情况。此外，本书还控制了行业、年度差异。具体变量定义如表6-1所示。

表6-1　　　　　　　　　　变量定义

变量名称	变量符号	计算方法
高管离职	Mnres	高管主动离职率，本年度高管辞职的人数与高管总人数的比重
	Resign	高管主动离职，高管离职的原因是辞职，取值为1，否则取0
高管薪酬变动	Dcomp	（本年度高管平均薪酬减去上一年度高管平均薪酬）/上一年度高管平均薪酬

续表

变量名称		变量符号	计算方法
契约参照点 (QY)	外部参照点 (PPE)	PPE1	$t-1$ 年同行业、同地区、同产权、规模相近公司高管平均薪酬自然对数的中值与高管平均薪酬自然对数的差额
		PPE2	如果 $t-1$ 年度高管薪酬低于同行业、同地区、同产权、规模相近公司高管薪酬的中值，则取值为1，否则为0
	内部参照点 (DB)	WD1	$t-1$ 年董事平均薪酬自然对数与高管平均薪酬自然对数的差额
		WD2	如果 $t-1$ 年度高管平均薪酬小于公司董事平均薪酬，则取值为1，否则为0
		NB1	$t-1$ 年行业高管团队内部薪酬差距中值与公司高管团队内部薪酬差距的差额
		NB2	如果 $t-1$ 年公司高管团队内部薪酬差距低于同行业高管团队内部薪酬差距的中值，则取值为1，否则为0
	个人参照点 (EC)	EC1	$t-2$ 年的高管平均薪酬自然对数与 $t-1$ 年的高管平均薪酬自然对数的差额
		EC2	如果 $t-1$ 年的高管平均薪酬小于 $t-2$ 年的高管平均薪酬，则取值为1，否则为0
	综合参照点 (ZH)	ZH	如果 $PPE2 + WD2 + NB2 + EC2 \geq 3$，则取值为1，否则为0
产权性质		State	最终控制人为国有企业取值为1，否则为0
地区		Reg	如果公司的注册地处中西部地区则取值为1，处于沿海地区取值为0
两职合一		Dual	CEO是否兼任董事长，是则取1，否则取0
独立董事比例		Indep	独立董事人数与董事会总人数的比值
公司业绩变化		Droa	本年公司业绩与上一年公司业绩的差额，其中公司业绩为当年资产收益率
公司规模变化		Dsize	本年期末总资产与上一年期末总资产差额的自然对数
成长性变化		Dgrow	本年营业收入增长率与上一年营业收入增长率的差额
财务杠杆变化		Dlev	本年资产负债率与上一年资产负债率的差额
股权集中度变化		Dtop1	本年第一大股东持股比例与上一年第一大股东持股比例的差额
年度		Year	年度虚拟变量
行业		Ind	行业虚拟变量

为了检验契约参照点和高管薪酬激励分别对高管离职的影响,本书建立模型(6.1)至模型(6.4)。其中,模型(6.1)是从公司层面探究契约参照点对高管离职的影响;模型(6.2)是从个体层面探究契约参照点对高管离职的影响;模型(6.3)是从公司层面探究高管薪酬激励对高管离职的影响;模型(6.4)是从个体层面探究高管薪酬激励对高管离职的影响。具体模型和变量定义如下所示:

$$Mnres_{i,t} = \beta_0 + \beta_1 QY_{i,t} + \beta_2 Dual_{i,t} + \beta_3 Indep_{i,t} + \beta_4 State_{i,t} + \beta_5 Reg_{i,t}$$
$$+ \beta_6 Droa_{i,t} + \beta_7 DSize_{i,t} + \beta_8 DLev_{i,t} + \beta_9 Dgrow_{i,t} + \beta_{10} Dtop1_{i,t}$$
$$+ \sum Year + \sum Ind + \xi \qquad (6.1)$$

$$Resign_{i,t} = \beta_0 + \beta_1 QY_{i,t} + \beta_2 Dual_{i,t} + \beta_3 Indep_{i,t} + \beta_4 State_{i,t} + \beta_5 Reg_{i,t}$$
$$+ \beta_6 Droa_{i,t} + \beta_7 DSize_{i,t} + \beta_8 DLev_{i,t} + \beta_9 Dgrow_{i,t} + \beta_{10} Dtop1_{i,t}$$
$$+ \sum Year + \sum Ind + \varepsilon \qquad (6.2)$$

$$Mnres_{i,t} = \beta_0 + \beta_1 Dcomp_{i,t} + \beta_2 Dual_{i,t} + \beta_3 Indep_{i,t} + \beta_4 State_{i,t} + \beta_5 Reg_{i,t}$$
$$+ \beta_6 Droa_{i,t} + \beta_7 DSize_{i,t} + \beta_8 DLev_{i,t} + \beta_9 Dgrow_{i,t} + \beta_{10} Dtop1_{i,t}$$
$$+ \sum Year + \sum Ind + \varphi \qquad (6.3)$$

$$Resign_{i,t} = \beta_0 + \beta_1 Dcomp_{i,t} + \beta_2 Dual_{i,t} + \beta_3 Indep_{i,t} + \beta_4 State_{i,t} + \beta_5 Reg_{i,t}$$
$$+ \beta_6 Droa_{i,t} + \beta_7 DSize_{i,t} + \beta_8 DLev_{i,t} + \beta_9 Dgrow_{i,t} + \beta_{10} Dtop1_{i,t}$$
$$+ \sum Year + \sum Ind + \xi \qquad (6.4)$$

为了检验契约参照点、高管薪酬激励与高管离职之间的关系,本书在模型(6.3)和模型(6.4)的基础上对不同的契约参照点进行分组检验,以验证当存在契约参照点时,高管薪酬激励对高管离职的影响。为了进一步检验其可能存在的产权差异和经理人市场化程度差异,分别在模型(6.1)至模型(6.4)的基础上进行分产权性质和经理人市场化程度高低检验,进一步探究不同产权性质和经理人市场化程度高低情况下,契约参照点对高管离职的影响以及存在契约参照点时高管薪酬激励对高管离职的影响。

第六章　契约参照点、薪酬激励与高管离职　　151

第三节　实证检验结果与分析

一、描述性统计分析

表 6-2 列出了各个变量的描述性统计情况。由表 6-2 可以看出，各个变量的样本量均为 10054 个观测值。在样本中，主动离职率（Mnres）的均值为 0.004，最大值为 0.4，说明样本公司的高管主动离职率差异较大，整体上高管主动离职率较低，平均有 0.4% 的高管选择主动离职。高管主动离职（Resign）的均值为 0.038，说明在 2009~2014 年有 3.8% 的样本公司出现高管主动离职。高管薪酬激励的代理变量（Dcomp）的均值为 0.058，中位值为 0.049，说明高管薪酬整体上呈增长态势。外部参照点连续变量（PPE1）的均值为 -0.047，中位值为 -0.030，说明高管薪酬契约存在着外部参照点。外部参照点虚拟变量（PPE2）的均值为 0.479，说明有 47.9% 的公司高管薪酬位于外部参照基准之下。内部参照点中的董事会参照点连续变量（WD1）的均值为 -0.159，中位值为 -0.004，说明高管薪酬契约存在着董事会参照点。内部参照点中的董事会参照点虚拟变量（WD2）的均值为 0.489，说明有 48.9% 的公司高管薪酬位于外部参照基准之下。内部参照点中的高管团队内部参照点连续变量（NB1）的均值为 -0.054，中位值为 -0.037，说明高管薪酬契约存在着外部参照点。内部参照点中的高管团队内部参照点虚拟变量（NB2）的均值为 0.474，说明有 47.4% 的公司高管团队内部薪酬差距位于参照基准之下。个人参照点连续变量（EC1）的均值为 -0.128，中位值为 -0.074，说明高管薪酬契约存在着个人参照点。个人参照点虚拟变量（EC2）的均值为 0.341，说明有 34.1% 的公司 $t-1$ 高管薪酬低于 $t-2$ 期的高管薪酬。综合参照点（ZH）的均值为 0.331，说明有 33.1% 的公司高管薪酬位于综合参照基准之下。两职合一（Dual）变量的均值为 0.221，说明有 22.1% 的样本公司存在两职合一行为。独立董事比例（Indep）变量的均值为 0.370，说明所有样本公司的独立董事比例均值超过 1/3。产权性质（State）

变量的均值为 0.494，说明有 49.4% 的样本公司为国有企业性质。地区（Reg）变量的均值为 0.336，说明有 33.6% 的样本公司位于中西部地区。

表 6-2　　　　　　　　　各变量的描述性统计

变量	样本量	均值	1/4 分位	中位值	3/4 分位	标准差	最小值	最大值
Mnres	10054	0.004	0	0	0	0.021	0	0.400
Resign	10054	0.038	0	0	0	0.192	0	1
Dcomp	10054	0.058	-0.032	0.049	0.178	0.232	-0.793	0.833
PPE1	10054	-0.047	-0.478	-0.030	0.395	0.693	-3.115	2.877
PPE2	10054	0.479	0	0	1	0.500	0	1
WD1	10054	-0.159	-0.330	-0.004	0.089	0.447	-5.769	1.762
WD2	10054	0.489	0	0	1	0.500	0	1
NB1	10054	-0.054	-0.494	-0.037	0.390	0.705	-3.188	2.816
NB2	10054	0.474	0	0	1	0.499	0	1
EC1	10054	-0.128	-0.241	-0.074	0.015	0.338	-3.218	1.479
EC2	10054	0.341	0	0	1	0.474	0	1
ZH	10054	0.331	0	0	1	0.471	0	1
Dual	10054	0.212	0	0	0	0.409	0	1
Indep	10054	0.370	0.333	0.333	0.400	0.055	0.091	0.714
State	10054	0.494	0	0	1	0.500	0	1
Reg	10054	0.336	0	0	1	0.472	0	1
Dsize	10054	0.136	0.021	0.101	0.204	0.218	-0.428	1.483
Dlev	10054	0.008	-0.025	0.009	0.047	0.083	-0.389	0.291
Dgrow	10054	-0.029	-0.206	-0.025	0.163	0.766	-5.260	4.304
Droa	10054	-0.003	-0.018	-0.002	0.011	0.056	-0.292	0.265
Dtop1	10054	-0.005	0	0	0	0.035	-0.148	0.200

表 6-3 是 2009~2014 年高管主动离职率变量全样本和分年度描述性统计情况。在表 6-3 中，2009 年的离职率最高，均值为 0.007。整体上来看，2009~2014 年高管主动离职率呈下降趋势。由各年的最大值比较来看，首先，2011 年的最大值最高，高达 0.4；其次是 2010 年，高达 0.375。可见，尽管整体上高管主动离职率呈下降趋势，但是个别公司的高管主动离职依旧比较高。

表 6-3　2009~2014 年高管主动离职率变量全样本和分年度描述性统计

	Mnres	样本量	均值	1/4 分位	中位值	3/4 分位	最小值	最大值
分年度	2009	1259	0.007	0.000	0.000	0.000	0.000	0.222
	2010	1314	0.006	0.000	0.000	0.000	0.000	0.375
	2011	1482	0.003	0.000	0.000	0.000	0.000	0.400
	2012	1825	0.003	0.000	0.000	0.000	0.000	0.364
	2013	2040	0.003	0.000	0.000	0.000	0.000	0.267
	2014	2134	0.002	0.000	0.000	0.000	0.000	0.333
全样本		10054	0.004	0.000	0.000	0.000	0.000	0.400

表 6-4 是 2009~2014 年高管主动离职变量全样本和分年度描述性统计情况。在表 6-4 中，高管离职（Resign）变量是虚拟变量，最大值均为 1，最小值均为 0。2009 年的离职数量最高，均值为 0.076，说明当年有 7.6% 的高管选择主动离职；其次是 2010 年，高管主动离职变量的均值为 0.059，说明当年有 5.9% 的高管选择主动离职。2009~2014 年的样本量呈逐年增长，但高管主动离职率呈下降趋势，详见表 6-4 所示。

表 6-4　2009~2014 年高管主动离职变量全样本和分年度描述性统计

	Resign	样本量	均值	1/4 分位	中位值	3/4 分位	标准差	最小值	最大值
分年度	2009	1259	0.076	0.000	0.000	0.000	0.266	0.000	1.000
	2010	1314	0.059	0.000	0.000	0.000	0.236	0.000	1.000
	2011	1482	0.031	0.000	0.000	0.000	0.173	0.000	1.000
	2012	1825	0.026	0.000	0.000	0.000	0.160	0.000	1.000
	2013	2040	0.034	0.000	0.000	0.000	0.181	0.000	1.000
	2014	2134	0.023	0.000	0.000	0.000	0.150	0.000	1.000
全样本		10054	0.038	0.000	0.000	0.000	0.192	0.000	1.000

表 6-5 列示了高管主动离职率的分行业描述性统计情况。行业样本量超过 1800 个的行业主要有两个行业，分别是 C3 行业（非金属矿物制品业）和 C2 行业（化学原料及化学制品制造业）。P 行业（教育业）的样本量最少，仅有 4 个样本。所有行业中均值最高的是 H 行业（住宿和餐饮业），均值为 0.02，说明

在住宿和餐饮业中的高管主动离职率最高；其次是 B 行业（采矿业），均值为 0.009，说明采矿业中的高管离职率相对于其他行业而言也比较高。其他行业的离职率相对较低，均在 0.006 及以下。从最值的分布来看，所有行业中最大值最高的是制造业 C3 行业，最大值为 0.4，说明在该类行业中高管主动离职率最大；其次是 B 行业（采矿业），最大值为 0.375，说明采矿业中的高管离职率相对于其他行业而言比较大；排名第三位的是 K 行业（房地产业），最大值为 0.364，说明房地产中的高管离职率也比较大。

表 6-5　　　　　　高管主动离职率的分行业描述性统计结果

行业	样本量	均值	中位值	标准差	最小值	最大值
A	157	0.005	0.000	0.022	0.000	0.154
B	312	0.009	0.000	0.036	0.000	0.375
C1	698	0.002	0.000	0.015	0.000	0.214
C2	1898	0.003	0.000	0.017	0.000	0.214
C3	3543	0.004	0.000	0.021	0.000	0.400
C4	119	0.001	0.000	0.010	0.000	0.083
D	400	0.005	0.000	0.022	0.000	0.200
E	268	0.003	0.000	0.016	0.000	0.133
F	703	0.004	0.000	0.020	0.000	0.200
G	391	0.003	0.000	0.018	0.000	0.182
H	51	0.020	0.000	0.059	0.000	0.333
I	411	0.003	0.000	0.019	0.000	0.250
K	643	0.005	0.000	0.027	0.000	0.364
L	107	0.006	0.000	0.028	0.000	0.167
M	30	0.002	0.000	0.010	0.000	0.056
N	105	0.004	0.000	0.018	0.000	0.118
P	4	0.000	0.000	0.000	0.000	0.000
R	108	0.002	0.000	0.010	0.000	0.071
S	106	0.001	0.000	0.009	0.000	0.071
总体	10054	0.004	0.000	0.021	0.000	0.400

二、相关性分析

表 6-6 报告了各变量之间的相关系数检验结果。由表 6-6 可以看出，高管薪酬激励的代理变量（$Dcomp$）与高管主动离职率（$Mnres$）变量之间在 1% 的水平上呈显著负相关关系，说明高管薪酬激励对高管主动离职率的影响具有抑制作用，假设 2a 得以初步验证。外部参照点（$PPE2$）、内部参照点中的高管团队内部参照点（$NB2$）、综合参照点（ZH）与高管主动离职率（$Mnres$）变量之间在 1% 的水平上呈显著正相关关系，说明契约参照点水平越高，高管主动离职率越高，假设 2a 得以部分验证。高管薪酬激励的代理变量（$Dcomp$）与高管主动离职（$Resign$）变量之间在 1% 的水平上呈显著负相关关系，说明高管薪酬的增长对高管主动离职行为具有一定的抑制作用，假设 2b 得以验证。外部参照点（$PPE2$）、内部参照点中的高管团队内部参照点（$NB2$）与高管主动离职（$Resign$）变量之间在 1% 的水平上呈显著正相关关系，说明外部参照点以及内部参照点中的高管团队内部参照点水平越高，高管越可能进行主动离职。综合参照点（ZH）与高管主动离职（$Resign$）变量之间在 10% 的水平上呈显著正相关关系，说明综合参照点水平越高，高管越可能采取主动离职行为，假设 2a 和假设 2b 得以进一步验证。在相关系数表中，没有发现内部参照点中的董事会参照点（$WD2$）与高管主动离职率（$Mnres$）变量以及高管主动离职（$Resign$）变量之间呈显著性关系，可能其倾向于管理层权力理论有关。个人参照点（$EC2$）与高管主动离职率（$Mnres$）变量以及高管主动离职（$Resign$）变量之间尽管不显著但具有正向关系，说明个人参照点水平越高，高管越可能选择主动离职，在一定程度上验证了假设 1a 和假设 1b 的观点。

此外，产权性质（$State$）、区域（Reg）与高管主动离职率（$Mnres$）变量以及高管主动离职（$Resign$）变量之间具有显著正向关系，说明国有企业，且位于中西部地区的公司高管更可能发生主动离职行为。其他变量的相关性关系如表 6-6 所示。

表6-6　各变量之间相关系数表检验结果

	Mures	Resign	Dcomp	PPE2	WD2	NB2	EC2	ZH	Dual	Indep	State	Reg	Dsize	Dlev	Dgrow	Droa	Dnop1
Mures	1																
Resign	0.874***	1															
Dcomp	-0.028***	-0.027***	1														
PPE2	0.039***	0.029***	0.137***	1													
WD2	-0.018	-0.025	0.024***	0.074***	1												
NB2	0.041***	0.032***	0.142***	0.940***	0.098***	1											
EC2	0.010	0.013	0.059***	0.113***	0.060***	0.117***	1										
ZH	0.028**	0.017*	0.119***	0.715***	0.382***	0.734***	0.345***	1									
Dual	-0.035***	-0.047***	0.021**	0.028***	-0.007	0.023**	-0.019*	0.001	1								
Indep	0.017*	-0.001	-0.015	0.001	-0.039***	0.004	-0.007	-0.018*	0.095***	1							
State	0.026**	0.045***	-0.004	-0.074***	-0.183***	-0.076***	-0.015	-0.101***	-0.278***	-0.066***	1						
Reg	0.028***	0.033***	0.008	0.176***	-0.013	0.165***	-0.006	0.109***	-0.084***	-0.004	0.162***	1					
Dsize	0.024**	0.024**	0.102***	-0.054***	0.005	-0.057***	-0.060***	-0.052***	0.003	-0.008	-0.032***	0.011	1				
Dlev	0.005	-0.005	0.003	0.007	0.017*	0.001	0.008	-0.005	0.031***	0.015	-0.039***	-0.022**	0.138***	1			
Dgrow	0.021**	0.016*	0.020**	0.023**	-0.013	0.030***	0.054***	0.027***	-0.008	-0.003	0.001	-0.018*	0.256***	0.027***	1		
Droa	0.004	0.009	0.088***	0.026***	-0.007	0.032***	0.023**	0.038***	-0.034***	-0.009	0.020**	-0.004	0.118***	-0.319***	0.226***	1	
Dnop1	0.011	-0.026**	-0.031***	-0.029***	-0.031***	0.00300	-0.034***	-0.018*	-0.003	0.069***	0	0.044***	0.031***	0.082***	0.057***	1

注：***、**、*分别表示0.01、0.05和0.1的显著性水平。

三、单变量分析

表6-7列示了是否发生高管主动离职事件下,契约参照点与高管薪酬激励的均值与中位值分组检验结果。由表6-7可以看出,发生高管主动离职组的高管薪酬激励变量的均值与中位值显著低于未发生高管主动离职组,说明与未发生高管主动离职组相比,主动离职组的高管薪酬相对较低。外部参照点的连续变量($PPE1$)、虚拟变量($PPE2$)、内部参照点中高管团队内部参照点($NB1$和$NB2$)以及综合参照点(ZH)在是否发生高管主动离职组对比中均通过了中位值和均值检验,具有显著性差异。表6-8进一步列示了产权性质下的分组比较差异检验。在非国有企业组检验中与表6-7具有一致的检验结果;在国有企业组中,个人参照点在是否发生高管主动离职组对比中也通过了中位值和均值检验,并具有显著性差异。

表6-7 是否发生高管主动离职事件下,契约参照点与高管薪酬激励的均值与中位值分组检验

变量	未发生高管主动离职 均值	未发生高管主动离职 中位值	发生高管主动离职 均值	发生高管主动离职 中位值	t检验	Wilcoxon 秩和检验
$Dcomp$	0.0598	0.050	0.0267	0.035	2.76***	1.55
$PPE1$	-0.0510	-0.034	0.0641	0.051	-3.20***	8.45***
$PPE2$	0.4761	0	0.5518	1	-2.92***	8.53***
$WD1$	-0.1573	-0.003	-0.2003	-0.068	1.85	1.22
$WD2$	0.4917	0	0.4274	0	1.48	1.13
$NB1$	-0.0588	-0.041	0.0715	0.082	-3.56***	8.45***
$NB2$	0.4711	0	0.5544	1	-3.21***	10.32***
$EC1$	-0.1293	-0.074	-0.0974	-0.064	-1.82	1.08
$EC2$	0.3400	0	0.3731	0	-1.35	1.81
ZH	0.3294	0	0.3704	0	-1.68*	2.83*

注:***、**、*分别表示0.01、0.05和0.1的显著性水平。

表 6-8　　　　　　　基于产权性质分组的差异性检验

分组	变量	未发生高管主动离职 均值	未发生高管主动离职 中位值	发生高管主动离职 均值	发生高管主动离职 中位值	t 检验	Wilcoxon 秩和检验
国有企业组	PPE1	-0.1052	-0.086	0.01358	0.000	-2.64***	3.77*
	WD1	-0.2693	-0.096	-0.2665	-0.162	-0.09	0.54
	NB1	-0.1152	-0.102	-0.0220	0.010	-3.01***	4.31**
	EC1	-0.1179	-0.076	-0.0806	-0.046	-1.7*	4.31**
非国有企业组	PPE1	0.0010	0.011	0.1475	0.182	-2.51**	6.12***
	WD1	-0.0500	0.000	-0.0959	0.000	1.51	0.88
	NB1	-0.0047	0.009	0.1533	0.202	-2.65***	3.92**
	EC1	-0.1403	-0.073	-0.1226	-0.083	-0.62	0.24

注：***、**、*分别表示 0.01、0.05 和 0.1 的显著性水平。

四、回归结果分析

表 6-9 是契约参照点和高管薪酬激励对高管离职影响的公司层面实证检验结果。其中，高管离职变量选取公司层面的高管主动离职率来衡量。由列（1）、列（3）和列（5）可以看出，外部参照点（PPE2）、内部参照点中的高管团队内部参照点（NB2）以及综合参照点（ZH）变量分别与高管主动离职率变量（Mnres）在 1% 的统计水平上呈显著正相关关系，说明外部参照点、高管团队内部参照点以及综合参照点的水平越高，越容易发生高管离职行为。换句话说，契约参照点与高管离职之间具有正相关关系，假设 1a 得以初步验证。由列（4）可知，尽管个人参照点（EC2）与高管主动离职率变量（Mnres）之间未发现具有显著性统计特征，但是具有正相关关系，进一步验证了假设 1a 的研究结论。由列（2）可以看出，内部参照点中的董事会参照点与高管离职率变量（Mnres）之间未发现具有显著性统计特征，可能与其倾向于支持管理层权力理论有关。因此，假设 1a 得以部分验证。列（6）是高管薪酬激励的代理变量（Dcomp）对高管主动离职率（Mnres）影响的实证检验结果，由列（6）的检验结果可以看出，高管薪酬激励的代理变量与高管离职率之间在

1%的统计水平上呈显著负相关关系，说明高管薪酬的增长对高管的离职行为具有一定的抑制作用，假设2a得以初步验证。表中还列式了控制变量对高管主动离职率（*Mnres*）的影响结果。

表6-9 契约参照点和高管薪酬激励对高管离职影响的公司层面实证检验结果（公司层面）

变量	\multicolumn{6}{c}{Dependent Variable = *Mnres*}
	（1）	（2）	（3）	（4）	（5）	（6）
常数项	0.004 (1.44)	0.005* (1.85)	0.004 (1.43)	0.004* (1.67)	0.004 (1.50)	0.005* (1.77)
PPE2	0.002*** (3.82)					
WD2		-0.000 (-1.02)				
NB2			0.002*** (3.98)			
EC2				0.000 (0.72)		
ZH					0.001*** (2.69)	
Dcomp						-0.003*** (-3.01)
Dual	-0.001*** (-2.71)	-0.001*** (-2.67)	-0.001*** (-2.69)	-0.001*** (-2.61)	-0.001*** (-2.59)	-0.001*** (-2.61)
Indep	0.008* (1.67)	0.008 (1.59)	0.008* (1.66)	0.008 (1.65)	0.008* (1.71)	0.008 (1.62)
State	0.000 (0.73)	0.000 (0.14)	0.000 (0.75)	0.000 (0.33)	0.000 (0.65)	0.000 (0.27)
Reg	0.001 (1.41)	0.001** (2.15)	0.001 (1.44)	0.001** (2.15)	0.001* (1.80)	0.001** (2.17)

续表

变量	Dependent Variable = Mnres					
	(1)	(2)	(3)	(4)	(5)	(6)
Dsize	0.002 (1.07)	0.001 (0.88)	0.002 (1.08)	0.001 (0.92)	0.002 (1.02)	0.002 (1.08)
Droa	−0.003 (−0.47)	−0.003 (−0.39)	−0.003 (−0.48)	−0.003 (−0.40)	−0.003 (−0.46)	−0.002 (−0.24)
Dlev	−0.001 (−0.18)	−0.000 (−0.09)	−0.001 (−0.18)	−0.000 (−0.11)	−0.000 (−0.14)	−0.000 (−0.05)
Dgrow	0.000 (0.91)	0.000 (0.99)	0.000 (0.89)	0.000 (0.97)	0.000 (0.94)	0.000 (0.93)
Dtop1	0.005 (0.54)	0.004 (0.46)	0.005 (0.54)	0.004 (0.47)	0.005 (0.52)	0.004 (0.40)
Year	控制	控制	控制	控制	控制	控制
Ind	控制	控制	控制	控制	控制	控制
N	10054	10054	10054	10054	10054	10054
Adj. R^2	0.013	0.011	0.013	0.011	0.012	0.012
F 值	3.19	3.47	3.17	3.38	3.11	3.63

注：括号内的 t 值由 Rogers 单向聚类稳健性标准误差计算得出，***、**、* 分别表示 0.01、0.05 和 0.1 的显著性水平。

表 6-10 是契约参照点和高管薪酬激励分别对高管离职影响的个体层面实证检验结果。其中，高管离职变量选取个体层面的高管主动离职来衡量。由表 6-10 的检验结果可以看出，契约参照点对高管主动率的影响与公司层面的实证检验结果一致，即契约参照点中的外部参照点（PPE2）、高管团队内部参照点（NB2）和综合参照点（ZH）分别与高管主动离职变量（Resign）之间呈显著正向关系，说明契约参照点水平越高，高管越容易选择主动离职行为，假设 1b 进一步得以验证。高管薪酬激励的代理变量（Dcomp）与高管主动离职变量（Resign）之间具有显著负向关系，说明高管薪酬激励对高管主动离职具有一定的抑制作用，验证了假设 2b 的研究结论。表中还列式了控制变量对高管主动离职（Resign）的影响结果。

表 6-10　　契约参照点和高管薪酬激励对高管离职影响的个体层面实证检验结果（个体层面）

变量	\multicolumn{6}{c}{Dependent Variable = *Resign*}
	(1)	(2)	(3)	(4)	(5)	(6)
常数项	-2.783*** (-5.16)	-2.503*** (-4.66)	-2.798*** (-5.18)	-2.671*** (-4.98)	-2.712*** (-5.05)	-2.628*** (-4.94)
PPE2	0.311*** (2.85)					
WD2		-0.162 (-1.47)				
NB2			0.338*** (3.11)			
EC2				0.122 (1.11)		
ZH					0.201* (1.81)	
Dcomp						-0.707*** (-3.19)
Dual	-0.486*** (-2.83)	-0.482*** (-2.79)	-0.484*** (-2.82)	-0.472*** (-2.76)	-0.473*** (-2.76)	-0.471*** (-2.74)
Indep	0.440 (0.45)	0.329 (0.34)	0.431 (0.44)	0.388 (0.40)	0.435 (0.44)	0.380 (0.39)
State	0.277** (2.33)	0.208* (1.74)	0.280** (2.36)	0.238** (2.03)	0.263** (2.21)	0.233** (1.99)
Reg	0.184 (1.58)	0.258** (2.28)	0.182 (1.57)	0.256** (2.27)	0.225** (1.97)	0.258** (2.29)
Dsize	0.352 (1.36)	0.314 (1.17)	0.359 (1.39)	0.334 (1.24)	0.339 (1.28)	0.380 (1.43)
Droa	-0.568 (-0.45)	-0.487 (-0.37)	-0.579 (-0.46)	-0.522 (-0.40)	-0.544 (-0.42)	-0.244 (-0.19)

续表

变量	\multicolumn{6}{c}{Dependent Variable = Resign}
	(1)	(2)	(3)	(4)	(5)	(6)
Dlev	-0.580 (-0.81)	-0.547 (-0.74)	-0.570 (-0.80)	-0.574 (-0.78)	-0.556 (-0.77)	-0.540 (-0.74)
Dgrow	0.045 (0.48)	0.052 (0.55)	0.042 (0.45)	0.050 (0.52)	0.050 (0.52)	0.046 (0.47)
Dtop1	0.769 (0.46)	0.656 (0.38)	0.777 (0.47)	0.684 (0.40)	0.738 (0.44)	0.550 (0.32)
Year	控制	控制	控制	控制	控制	控制
Ind	控制	控制	控制	控制	控制	控制
N	10054	10054	10054	10054	10054	10054
Pseudo R^2	0.044	0.041	0.044	0.042	0.042	0.044
Wald chi2	157.30	150.69	157.94	152.23	152.46	157.62

注：括号内的 t 值由 Rogers 单向聚类稳健性标准误计算得出，***、**、* 分别表示 0.01、0.05 和 0.1 的显著性水平。

表6-11是在契约参照点下，高管薪酬激励对高管离职影响在公司层面的实证检验结果。由表中的实证检验结果可以看出，当外部参照点（PPE2）、内部参照点（WD2 和 NB2）和综合参照点（ZH）均取值为1时，高管薪酬激励的代理变量（Dcomp）与高管主动离职率（Mnres）之间具有显著的负向关系，说明当存在外部参照点、内部参照点和综合参照点时，高管薪酬激励对高管主动离职行为具有一定的抑制作用。换句话说，高管薪酬激励调节了契约参照点与高管主动离职之间的关系，假设3得以初步验证。由表中的列（4）可以看出，当个人参照点（EC2）取值为1时，高管薪酬激励的代理变量（Dcomp）与高管主动离职率（Mnres）之间尽管不显著但仍存在负向关系，说明当存在个人参照点时，高管薪酬激励对高管主动离职行为具有一定的抑制作用，进一步验证了假设3a的研究结论。表中还列示了各个控制变量对高管主动离职率（Mnres）的影响结果。

表6-11 契约参照点下高管薪酬激励对高管离职影响的公司层面
实证检验结果（公司层面）

变量	Dependent Variable = $Mnres$				
	(1)	(2)	(3)	(4)	(5)
	PPE2=1	WD2=1	NB2=1	EC2=1	ZH=1
常数项	0.004 (0.87)	0.004 (1.09)	0.004 (0.95)	0.002 (0.52)	0.002 (0.36)
$Dcomp$	-0.005*** (-2.72)	-0.004*** (-2.63)	-0.004** (-2.26)	-0.001 (-0.74)	-0.005** (-2.38)
$Dual$	-0.002** (-2.51)	-0.000 (-0.73)	-0.002** (-2.32)	-0.001* (-1.74)	-0.001 (-1.14)
$Indep$	0.018** (2.01)	0.010 (1.47)	0.016* (1.80)	0.012* (1.80)	0.020** (2.00)
$State$	0.000 (0.33)	0.000 (0.37)	0.000 (0.59)	0.001 (0.93)	0.001 (1.13)
Reg	0.001 (1.05)	0.001 (1.26)	0.001 (1.09)	0.002** (2.37)	0.001 (1.31)
$Dsize$	0.002 (1.07)	-0.000 (-0.00)	0.002 (1.10)	0.001 (0.48)	0.000 (0.20)
$Droa$	-0.009 (-0.90)	0.014 (1.41)	-0.008 (-0.81)	-0.006 (-0.57)	0.001 (0.08)
$Dlev$	-0.000 (-0.02)	-0.006 (-1.17)	0.000 (0.01)	-0.005 (-0.75)	-0.007 (-1.18)
$Dgrow$	0.001* (1.80)	0.001 (1.21)	0.001* (1.72)	0.001 (1.58)	0.002** (2.27)
$Dtop1$	0.017 (1.19)	-0.009 (-0.67)	0.018 (1.19)	-0.003 (-0.26)	0.007 (0.44)
Year	控制	控制	控制	控制	控制
Ind	控制	控制	控制	控制	控制
N	4817	4920	4770	3430	3329
Adj. R^2	0.025	0.026	0.029	0.030	0.031
F值	2.04	2.41	2.17	3.10	1.87

注：括号内的 t 值由 Rogers 单向聚类稳健性标准误计算得出，***、**、*分别表示0.01、0.05和0.1的显著性水平。

表6-12是在契约参照点下，高管薪酬激励对高管离职影响在个体层面的实证检验结果。由表中的实证检验结果可以看出，当外部参照点（PPE2）取值为1时，高管薪酬激励的代理变量（Dcomp）与高管主动离职变量（Resign）之间在1%的统计水平上呈显著的负向关系。内部参照点（WD2和NB2）取值为1时，高管薪酬激励的代理变量（Dcomp）与高管主动离职变量（Resign）之间在5%的统计水平上呈显著的负向关系。综合参照点（ZH）取值为1时，高管薪酬激励的代理变量（Dcomp）与高管主动离职变量（Resign）之间在10%的统计水平上具有显著的负向关系，说明当存在外部参照点、内部参照点和综合参照点时，高管薪酬激励对高管主动离职行为具有一定的抑制作用，其中存在外部参照点时，高管薪酬激励对高管离职的负向影响最大，假设3a得以进一步验证。由表中的列（4）可以看出，当个人参照点（EC2）取值为1时，高管薪酬激励的代理变量（Dcomp）与高管主动离职变量（Resign）之间尽管不显著但仍存在负向关系，说明当存在个人参照点时，高管薪酬激励对高管主动离职行为具有一定的抑制作用，进一步验证了假设3b的研究结论。表6-12中还列式了各个控制变量对高管主动离职变量（Resign）的影响结果。

表6-12　契约参照点下，高管薪酬激励对高管离职影响在个体层面的实证检验结果

变量	Dependent Variable = Resign					
	(1)	(2)	(3)	(4)	(5)
	$PPE2=1$	$WD2=1$	$NB2=1$	$EC2=1$	$ZH=1$
常数项	-2.509*** (-3.46)	-2.656*** (-3.50)	-2.396*** (-3.31)	-3.542*** (-3.82)	-3.094*** (-3.57)
Dcomp	-0.829*** (-2.65)	-0.875** (-2.50)	-0.688** (-2.17)	-0.258 (-0.71)	-0.713* (-1.82)
Dual	-0.451** (-2.10)	-0.263 (-1.10)	-0.437 (-2.04)	-4.19 (-1.54)	-0.206 (-0.83)
Indep	1.228 (0.85)	0.677 (0.48)	0.916 (0.64)	1.445 (1.06)	2.049 (1.27)
State	0.231 (1.48)	0.262 (1.55)	0.240 (1.54)	0.369* (1.84)	0.380** (2.03)

续表

变量	Dependent Variable = Resign					
	(1)	(2)	(3)	(4)	(5)
	$PPE2=1$	$WD2=1$	$NB2=1$	$EC2=1$	$ZH=1$
Reg	0.179	0.309*	0.183	0.441**	0.230
	(1.19)	(1.81)	(1.22)	(2.43)	(1.24)
Dsize	0.409	−0.102	0.403	0.444	0.249
	(1.34)	(−0.23)	(1.32)	(1.08)	(0.65)
Droa	−1.435	2.343	−1.441	−1.022	−0.337
	(−1.00)	(1.33)	(−0.99)	(−0.51)	(−0.20)
Dlev	−0.429	−1.529	−0.431	−1.653	−1.674*
	(−0.50)	(−1.47)	(−0.50)	(−1.42)	(−1.69)
Dgrow	0.123	0.071	0.116	0.107	0.162
	(1.07)	(0.48)	(1.01)	(0.85)	(1.18)
Dtop1	2.517	0.475	2.602	−1.442	1.790
	(1.31)	(0.15)	(1.33)	(−0.60)	(0.71)
Year	控制	控制	控制	控制	控制
Ind	控制	控制	控制	控制	控制
N	4817	4920	4770	3430	3329
Pseudo R^2	0.0556	0.0701	0.0571	0.0675	0.0629
Wald chi2	101.22	105.79	107.53	94.88	76.79

注：括号内的 t 值由 Rogers 单向聚类稳健性标准误计算得出，***、**、* 分别表示 0.01、0.05 和 0.1 的显著性水平，下同。

为了进一步检验在产权方面的差异，本书分别从公司层面和个体层面实证检验了契约参照点对高管离职在产权方面的差异，以及当存在契约参照点时，高管薪酬激励对高管离职在产权方面的差异。表 6-13 是不同产权性质下，契约参照点对高管离职影响在公司层面的实证检验结果。在表 6-13 中由列（1）和列（2）的对比可以看出，与非国有企业相比，国有企业组中的外部参照点对高管离职的影响显著性更强，说明当外部参照点水平越高时，国有企业高管越可能选择主动离职。高管团队内部参照点（NB2）、个人参照点（NB2）以及综合参照点（ZH）分别对高管离职的影响也存在产权差异，具体表现为与非国有企业相比，国有企业高管团队内部参照点、个人参照点

表6-13　不同产权性质下，契约参照点对高管离职影响在公司层面的实证检验结果

Dependent Variable = Mnres

变量	国有企业 (1)	非国有企业 (2)	国有企业 (3)	非国有企业 (4)	国有企业 (5)	非国有企业 (6)	国有企业 (7)	非国有企业 (8)	国有企业 (9)	非国有企业 (10)
常数项	0.009** (2.10)	-0.002 (-0.64)	0.011** (2.35)	-0.001 (-0.28)	0.009** (2.07)	-0.002 (-0.62)	0.010** (2.22)	-0.001 (-0.46)	0.010** (2.15)	-0.002 (-0.57)
PPE2	0.002*** (3.18)	0.001** (2.33)								
WD2			-0.000 (-0.19)	-0.001 (-1.13)						
NB2					0.002*** (3.75)	0.001* (1.90)				
EC2							0.001* (1.73)	-0.000 (-0.66)		
ZH									0.002*** (3.03)	0.000 (0.74)
Dual	-0.000 (-0.14)	-0.002*** (-2.99)	-0.000 (-0.14)	-0.002*** (-3.03)	-0.000 (-0.14)	-0.001*** (-2.96)	-0.000 (-0.16)	-0.001*** (-2.97)	-0.000 (-0.15)	-0.002*** (-2.93)
Indep	0.003 (0.46)	0.015** (2.09)	0.002 (0.33)	0.015** (1.99)	0.003 (0.47)	0.015** (2.10)	0.002 (0.32)	0.016** (2.12)	0.002 (0.41)	0.016** (2.14)
Reg	-0.000 (-0.32)	0.002** (2.18)	0.000 (0.55)	0.002** (2.44)	-0.000 (-0.42)	0.002** (2.26)	0.000 (0.56)	0.002** (2.44)	-0.000 (-0.08)	0.002** (2.41)

续表

Dependent Variable = $Mnres$

变量	国有企业 (1)	非国有企业 (2)	国有企业 (3)	非国有企业 (4)	国有企业 (5)	非国有企业 (6)	国有企业 (7)	非国有企业 (8)	国有企业 (9)	非国有企业 (10)
$Dsize$	0.005** (2.01)	-0.001 (-0.64)	0.004* (1.82)	-0.001 (-0.72)	0.005** (2.05)	-0.001 (-0.64)	0.005* (1.91)	-0.002 (-0.76)	0.005** (2.00)	-0.001 (-0.70)
$Droa$	-0.012 (-1.37)	0.002 (0.20)	-0.011 (-1.25)	0.003 (0.23)	-0.012 (-1.38)	0.002 (0.19)	-0.011 (-1.31)	0.002 (0.23)	-0.012 (-1.38)	0.002 (0.21)
$Dlev$	-0.007 (-1.26)	0.004 (0.90)	-0.007 (-1.18)	0.005 (0.96)	-0.007 (-1.26)	0.004 (0.91)	-0.007 (-1.22)	0.005 (0.95)	-0.007 (-1.22)	0.004 (0.93)
$Dgrow$	0.000 (0.60)	0.000 (0.61)	0.000 (0.71)	0.000 (0.63)	0.000 (0.57)	0.000 (0.61)	0.000 (0.63)	0.000 (0.67)	0.000 (0.60)	0.000 (0.63)
$Dtop1$	0.016 (1.22)	-0.007 (-0.54)	0.016 (1.20)	-0.008 (-0.62)	0.016 (1.21)	-0.007 (-0.54)	0.015 (1.18)	-0.008 (-0.61)	0.016 (1.22)	-0.008 (-0.58)
$Year$	控制	控制	控制	控制	控制	控制	控制	控制	控制	控制
Ind	控制	控制	控制	控制	控制	控制	控制	控制	控制	控制
N	4963	5091	4963	5091	4963	5091	4963	5091	4963	5091
Adj. R^2	0.017	0.012	0.015	0.012	0.018	0.012	0.016	0.012	0.017	0.012
F 值	1.97	3.18	1.83	3.27	2.00	3.21	1.90	3.23	1.97	3.23

注：括号内的 t 值由 Rogers 单向聚类稳健性标准误计算得出，***、**、* 分别表示 0.01、0.05 和 0.1 的显著性水平。

以及综合参照点水平越高，高管越可能选择主动离职行为，进一步验证了假设 1a 的研究结论。

表 6-14 是在不同产权性质下，契约参照点对高管离职影响在个体层面的实证检验结果。结果显示其研究结论与公司层面的实证检验结果一致，即与非国有企业相比，国有企业外部参照点、高管团队内部参照点、个人参照点以及综合参照点水平越高，高管越可能选择主动离职行为。也就是说，国有企业契约参照点水平越高，高管选择主动离职的概率越大，进一步验证了假设 1b 的研究结论。

表 6-15 是当存在契约参照点时，不同产权性质下高管薪酬激励对高管离职影响在公司层面的实证检验结果。由表 6-15 的实证检验结果可以看出，当存在契约参照点时，与国有企业相比，非国有企业高管薪酬的增长对高管主动离职的影响更为显著，可能的原因在于国有企业的高管流动存在一定的限制，而非国有企业高管的流动性更强，更符合经理人市场理论的观点，一旦给非国有企业高管增加薪酬，其选择主动离职的概率会增大。

表 6-16 是当存在契约参照点时，不同产权性质下高管薪酬激励对高管离职影响在个体层面的实证检验结果。由表 6-16 可以看出，除个别契约参照点变量（*NB*1、*EC*1、*ZH*）存在时，高管薪酬激励对高管主动离职影响的显著性有所降低外，其与国有企业组相比，非国有企业高管薪酬的增长对高管主动离职的抑制作用更大，说明当存在契约参照点时，高管薪酬激励对高管主动离职具有负向影响并存在产权差异。

为了进一步考核契约参照点、薪酬激励与高管离职三者之间的关系支持经理人市场理论，在第三章有关经理人市场变量衡量办法的基础上，本章将经理人市场变量设定为虚拟变量，如果经理人市场变量大于其中位值则取值为 1（经理人市场化程度较高），否则为 0（经理人市场化程度较低）。然后对不同经理人市场化程度和存在契约参照点下，高管薪酬激励对高管离职影响针对公司层面和个体层面分别进行实证检验，表 6-17 和表 6-18 分别是其在公司层面和个体层面的实证检验结果。

表 6-14　不同产权性质下，契约参照点对高管离职影响在个体层面的实证检验结果

Dependent Variable = Resign

变量	国有企业 (1)	非国有企业 (2)	国有企业 (3)	非国有企业 (4)	国有企业 (5)	非国有企业 (6)	国有企业 (7)	非国有企业 (8)	国有企业 (9)	非国有企业 (10)
常数项	-2.088*** (-3.02)	-3.657*** (-4.30)	-1.904*** (-2.79)	-3.272*** (-3.78)	-2.112*** (-3.04)	-3.657*** (-4.30)	-2.034*** (-2.95)	-3.474*** (-4.08)	-2.041*** (-2.98)	-3.550*** (-4.16)
PPE2	0.312** (2.23)	0.349* (1.95)								
WD2			-0.061 (-0.43)	-0.298 (-0.74)						
NB2					0.362*** (2.61)	0.338* (1.88)				
EC2							0.275* (1.96)	-0.106 (-0.60)		
ZH									0.314** (2.16)	0.058 (0.34)
Dual	-0.228 (-0.90)	-0.591*** (-2.57)	-0.213 (-0.84)	-0.608*** (-2.59)	-0.230 (-0.91)	-0.586** (-2.55)	-0.225 (-0.89)	-0.583** (-2.53)	-0.225 (-0.89)	-0.579** (-2.51)
Indep	0.228 (0.18)	1.437 (0.92)	0.099 (0.08)	1.259 (0.79)	0.224 (0.17)	1.444 (0.92)	0.082 (0.06)	1.489 (0.95)	0.170 (0.13)	1.510 (0.96)
Reg	-0.058 (-0.39)	0.565*** (3.08)	0.032 (0.22)	0.605*** (3.40)	-0.067 (-0.45)	0.571*** (3.12)	0.031 (0.21)	0.615*** (3.44)	-0.032 (-0.22)	0.611*** (3.40)

续表

Dependent Variable = Resign

变量	国有企业 (1)	非国有企业 (2)	国有企业 (3)	非国有企业 (4)	国有企业 (5)	非国有企业 (6)	国有企业 (7)	非国有企业 (8)	国有企业 (9)	非国有企业 (10)
$Dsize$	0.704** (2.11)	-0.144 (-0.33)	0.667* (1.94)	-0.178 (-0.39)	0.714** (2.15)	-0.142 (-0.32)	0.710** (2.07)	-0.207 (-0.45)	0.700** (2.07)	-0.182 (-0.40)
$Droa$	-2.193 (-1.42)	1.118 (0.57)	-2.163 (-1.34)	1.161 (0.59)	-2.191 (-1.43)	1.099 (0.56)	-2.271 (-1.42)	1.191 (0.59)	-2.180 (-1.41)	1.163 (0.58)
$Dlev$	-1.638* (-1.70)	0.684 (0.64)	-1.666* (-1.69)	0.735 (0.67)	-1.622* (-1.69)	0.695 (0.65)	-1.692* (-1.72)	0.733 (0.67)	-1.610* (-1.65)	0.722 (0.66)
$Dgrow$	-0.001 (-0.01)	0.092 (0.61)	0.009 (0.07)	0.096 (0.63)	-0.005 (-0.04)	0.090 (0.60)	-0.000 (-0.00)	0.105 (0.67)	0.001 (0.00)	0.100 (0.64)
$Dtop1$	1.647 (0.83)	-1.140 (-0.40)	1.656 (0.82)	-1.542 (-0.52)	1.632 (0.83)	-1.129 (-0.39)	1.567 (0.78)	-1.421 (-0.48)	1.603 (0.80)	-1.372 (-0.46)
$Year$	控制	控制	控制	控制	控制	控制	控制	控制	控制	控制
Ind	控制	控制	控制	控制	控制	控制	控制	控制	控制	控制
N	4963	5091	4963	5091	4963	5091	4963	5091	4963	5091
$Pseudo\ R^2$	0.041	0.055	0.039	0.054	0.042	0.055	0.041	0.052	0.041	0.052
$Wald\ chi2$	85.14	89.70	82.21	81.61	86.06	88.91	83.37	81.87	82.64	80.58

注：括号内的 t 值由 Rogers 单向聚类稳健性标准误计算得出，***、**、* 分别表示 0.01、0.05 和 0.1 的显著性水平。

表 6-15　不同产权性质和存在契约参照点下，高管薪酬激励对高管离职影响在公司层面的实证检验结果

Dependent Variable = Mnres

变量	PPE2=1 国有企业 (1)	PPE2=1 非国有企业 (2)	WD2=1 国有企业 (3)	WD2=1 非国有企业 (4)	NB2=1 国有企业 (5)	NB2=1 非国有企业 (6)	EC2=1 国有企业 (7)	EC2=1 非国有企业 (8)	ZH=1 国有企业 (9)	ZH=1 非国有企业 (10)
常数项	0.013* (1.69)	-0.005 (-0.88)	0.017*** (3.20)	-0.003 (-0.79)	0.014** (2.28)	-0.005 (-0.89)	0.009 (0.99)	-0.003 (-0.86)	0.015 (1.48)	-0.009 (-1.63)
Dcomp	-0.005* (-1.83)	-0.006** (-2.04)	-0.004* (-1.72)	-0.004** (-2.12)	-0.004* (-1.77)	-0.005** (-2.14)	-0.002 (-0.66)	-0.001 (-0.60)	-0.005* (-1.65)	-0.005* (-1.69)
Dual	-0.001 (-0.40)	-0.002** (-2.41)	0.000 (0.65)	-0.001 (-1.46)	-0.000 (-0.50)	-0.002** (-2.16)	0.001 (0.36)	-0.002** (-2.32)	0.001 (0.58)	-0.002* (-1.67)
Indep	0.003 (0.21)	0.032*** (2.62)	0.000 (0.05)	0.018 (1.64)	0.003 (0.26)	0.030*** (3.51)	0.014 (1.30)	0.014 (1.56)	0.012 (0.78)	0.027** (2.09)
Reg	0.000 (0.02)	0.002 (1.50)	0.000 (0.45)	0.001 (1.03)	-0.000 (-0.03)	0.002* (1.81)	0.001 (0.80)	0.003** (2.23)	-0.001 (-0.43)	0.002* (1.66)
Dsize	0.007** (2.02)	-0.002 (-0.70)	0.001 (0.36)	-0.002 (-0.55)	0.007*** (2.75)	-0.001 (-0.75)	0.006 (1.63)	-0.003 (-1.22)	0.005 (1.37)	-0.004 (-1.39)
Droa	-0.003 (-0.27)	-0.013 (-0.87)	-0.007 (-0.70)	0.026* (1.83)	-0.006 (-0.60)	-0.010 (-1.24)	0.005 (0.27)	-0.013 (-0.86)	0.003 (0.19)	-0.002 (-0.09)
Dlev	-0.000 (-0.04)	0.002 (0.40)	-0.005 (-0.76)	-0.005 (-0.84)	0.000 (0.05)	0.001 (0.25)	-0.008 (-0.68)	0.002 (0.22)	-0.008 (-0.65)	-0.005 (-0.74)

续表

Dependent Variable = $Mnres$

变量	$PPE2=1$ 国有企业 (1)	$PPE2=1$ 非国有企业 (2)	$WD2=1$ 国有企业 (3)	$WD2=1$ 非国有企业 (4)	$NB2=1$ 国有企业 (5)	$NB2=1$ 非国有企业 (6)	$EC2=1$ 国有企业 (7)	$EC2=1$ 非国有企业 (8)	$ZH=1$ 国有企业 (9)	$ZH=1$ 非国有企业 (10)
$Dgrow$	0.001 (1.00)	0.001 (1.48)	-0.000 (-0.27)	0.001* (1.68)	0.001 (1.06)	0.001** (2.34)	-0.000 (-0.03)	0.002** (2.02)	0.000 (0.41)	0.002*** (2.63)
$Drop1$	0.034* (1.75)	-0.000 (-0.01)	0.014 (0.96)	-0.024 (-1.25)	0.035** (2.57)	-0.000 (-0.02)	0.006 (0.34)	-0.019 (-1.16)	0.036* (1.73)	-0.021 (-0.92)
$Year$	控制	控制	控制	控制	控制	控制	控制	控制	控制	控制
Ind	控制	控制	控制	控制	控制	控制	控制	控制	控制	控制
N	2193	2624	1970	2950	2165	2605	1656	1774	1404	1925
Adj. R^2	0.028	0.023	0.027	0.021	0.036	0.021	0.034	0.021	0.044	0.021
F 值	1.91	1.72	2.87	1.71	3.81	2.77	2.45	1.29	1.46	1.40

注：括号内的 t 值由 Rogers 单向聚类稳健性标准误计算得出，***、**、* 分别表示 0.01、0.05 和 0.1 的显著性水平。

表 6-16 不同产权性质和存在契约参照点下，高管薪酬激励对高管离职影响在个体层面的实证检验结果

Dependent Variable = Resign

变量	PPE2=1 国有企业 (1)	PPE2=1 非国有企业 (2)	WD2=1 国有企业 (3)	WD2=1 非国有企业 (4)	NB2=1 国有企业 (5)	NB2=1 非国有企业 (6)	EC2=1 国有企业 (7)	EC2=1 非国有企业 (8)	ZH=1 国有企业 (9)	ZH=1 非国有企业 (10)
常数项	-1.336 (-1.24)	-4.005*** (-4.07)	-1.194 (-1.21)	-4.016*** (-2.99)	-1.331 (-1.36)	-3.837*** (-3.58)	-2.251** (-2.13)	-3.276*** (-2.60)	-1.517 (-1.38)	-3.944*** (-3.83)
Dcomp	-0.740* (-1.78)	-0.891* (-1.84)	-0.693 (-1.52)	-1.117** (-2.13)	-0.631 (-1.59)	-0.718 (-1.58)	-0.225 (-0.48)	-0.502 (-0.86)	-0.591 (-1.10)	-0.848 (-1.45)
Dual	-0.253 (-0.73)	-0.535** (-1.92)	-0.002 (-0.01)	-0.331 (-1.13)	-0.281 (-0.81)	-0.477* (-1.73)	-0.058 (-0.16)	-0.636 (-1.63)	0.054 (0.14)	-0.352 (-1.08)
Indep	-0.969 (-0.44)	4.310** (2.27)	-0.231 (-0.12)	1.456 (0.64)	-0.947 (-0.48)	3.889** (2.11)	1.458 (0.87)	2.431 (0.92)	1.204 (0.54)	3.718 (1.63)
Reg	0.070 (0.34)	0.378* (1.65)	0.115 (0.49)	0.490* (1.86)	0.080 (0.39)	0.362 (1.60)	0.206 (0.92)	0.872*** (2.90)	0.000 (0.00)	0.461 (1.63)
Dsize	0.874** (2.05)	-0.285 (-0.60)	-0.153 (-0.27)	-0.361 (-0.59)	0.861** (2.37)	-0.228 (-0.53)	1.113** (2.28)	-0.467 (-0.61)	0.953* (1.72)	-0.540 (-1.01)
Droa	-1.033 (-0.53)	-1.720 (-0.90)	-1.179 (-0.54)	4.777* (1.93)	-1.579 (-0.96)	-1.303 (-0.85)	-0.408 (-0.17)	-1.328 (-0.45)	0.145 (0.07)	-0.967 (-0.39)
Dlev	-0.525 (-0.39)	-0.158 (-0.15)	-1.676 (-1.13)	-0.607 (-0.47)	-0.620 (-0.55)	-0.143 (-0.13)	-1.722 (-1.04)	-0.727 (-0.40)	-1.562 (-0.92)	-1.680 (-1.43)

续表

Dependent Variable = Resign

变量	PPE2 = 1 国有企业 (1)	PPE2 = 1 非国有企业 (2)	WD2 = 1 国有企业 (3)	WD2 = 1 非国有企业 (4)	NB2 = 1 国有企业 (5)	NB2 = 1 非国有企业 (6)	EC2 = 1 国有企业 (7)	EC2 = 1 非国有企业 (8)	ZH = 1 国有企业 (9)	ZH = 1 非国有企业 (10)
Dgrow	0.021 (0.13)	0.243 (1.49)	−0.120 (−0.78)	0.298 (1.44)	0.006 (0.05)	0.242* (1.86)	−0.120 (−0.75)	0.352** (2.15)	−0.118 (−0.77)	0.440*** (2.85)
Dtop1	3.307 (1.43)	0.755 (0.23)	4.406 (1.51)	−3.523 (−0.84)	3.483* (1.71)	0.878 (0.32)	−0.447 (−0.16)	−3.795 (−0.83)	3.880 (1.24)	−1.827 (−0.46)
Year	控制	控制	控制	控制	控制	控制	控制	控制	控制	控制
Ind	控制	控制	控制	控制	控制	控制	控制	控制	控制	控制
N	2193	2624	1970	2950	2165	2605	1656	1774	1404	1925
Pseudo R^2	0.066	0.067	0.080	0.083	0.069	0.063	0.064	0.109	0.092	0.069
Wald chi2	68.23	50.89	58.05	74.59	63.95	50.30	44.48	67.55	52.86	43.26

注：括号内的 t 值由 Rogers 单向聚类稳健性标准误计算得出，***、**、* 分别表示 0.01、0.05 和 0.1 的显著性水平。

表6−17 不同经理人市场和在契约参照点下,高管薪酬激励对高管离职影响在公司层面的实证检验结果

Dependent Variable = $Mnres$

变量	$PPE2=1$ 经理人市场化程度高 (1)	$PPE2=1$ 经理人市场化程度低 (2)	$WD2=1$ 经理人市场化程度高 (3)	$WD2=1$ 经理人市场化程度低 (4)	$NB2=1$ 经理人市场化程度高 (5)	$NB2=1$ 经理人市场化程度低 (6)	$EC2=1$ 经理人市场化程度高 (7)	$EC2=1$ 经理人市场化程度低 (8)	$ZH=1$ 经理人市场化程度高 (9)	$ZH=1$ 经理人市场化程度低 (10)
常数项	0.009 (0.98)	0.006 (1.46)	0.007 (1.06)	0.006** (2.10)	0.009 (0.97)	0.006 (1.48)	0.005 (0.61)	0.002 (0.90)	0.002 (0.23)	0.005 (1.05)
Dcomp	−0.007** (−2.48)	−0.003 (−1.46)	−0.006** (−2.48)	−0.002 (−1.35)	−0.006** (−2.06)	−0.003 (−1.31)	−0.001 (−0.71)	−0.003 (−1.44)	−0.006* (−1.79)	−0.004 (−1.55)
Dual	−0.002** (−2.54)	−0.001 (−1.57)	−0.002** (−2.49)	0.000 (0.50)	−0.002** (−2.24)	−0.001* (−1.70)	−0.002* (−1.73)	−0.002** (−2.32)	−0.002** (−2.28)	−0.000 (−0.17)
Indep	0.024** (2.04)	−0.000 (−0.00)	0.013 (1.21)	−0.001 (−0.21)	0.020* (1.79)	0.001 (0.05)	0.019* (1.82)	0.004 (0.73)	0.030** (2.09)	0.004 (0.41)
Reg	0.000 (0.34)	0.001 (0.94)	0.000 (0.33)	0.001 (0.92)	0.000 (0.28)	0.001 (1.11)	0.003* (1.81)	0.001 (1.16)	0.001 (0.54)	0.001 (0.99)
Dsize	0.000 (0.15)	0.002 (0.67)	0.002 (0.52)	−0.002 (−0.72)	0.001 (0.27)	0.002 (0.83)	0.001 (0.28)	0.000 (0.16)	−0.001 (−0.29)	−0.000 (−0.09)
Droa	−0.006 (−0.42)	−0.004 (−0.37)	0.023 (1.41)	0.001 (0.13)	−0.001 (−0.10)	−0.005 (−0.50)	−0.027* (−1.82)	0.011 (0.79)	−0.004 (−0.23)	0.006 (0.51)

续表

Dependent Variable = $Mnres$

变量	PPE2 = 1 经理人市场化程度高 (1)	PPE2 = 1 经理人市场化程度低 (2)	WD2 = 1 经理人市场化程度高 (3)	WD2 = 1 经理人市场化程度低 (4)	NB2 = 1 经理人市场化程度高 (5)	NB2 = 1 经理人市场化程度低 (6)	EC2 = 1 经理人市场化程度高 (7)	EC2 = 1 经理人市场化程度低 (8)	ZH = 1 经理人市场化程度高 (9)	ZH = 1 经理人市场化程度低 (10)
$Dlev$	0.006 (1.17)	−0.003 (−0.48)	−0.002 (−0.26)	−0.007 (−1.55)	0.006 (1.10)	−0.003 (−0.40)	0.003 (0.36)	−0.010 (−1.37)	0.004 (0.53)	−0.010 (−1.53)
$Dgrow$	0.000 (0.69)	0.001 (1.17)	0.000 (0.46)	0.001 (1.56)	0.001 (0.71)	0.001 (0.83)	0.002** (1.98)	−0.000 (−0.25)	0.002* (1.95)	0.000 (0.54)
$Dop1$	−0.009 (−0.49)	0.028* (1.66)	−0.033 (−1.43)	0.010 (0.75)	−0.009 (−0.48)	0.029* (1.75)	−0.015 (−0.90)	0.016 (1.17)	−0.011 (−0.46)	0.023 (1.54)
$Year$	控制	控制	控制	控制	控制	控制	控制	控制	控制	控制
Ind	控制	控制	控制	控制	控制	控制	控制	控制	控制	控制
N	2448	2321	2481	2400	2438	2301	1816	1576	1743	1556
$Adj. R^2$	0.043	0.020	0.066	0.008	0.052	0.023	0.093	0.025	0.070	0.011
F值	2.22	1.23	1.83	1.58	2.31	1.32	2.45	1.62	1.79	1.30

注：括号内的 t 值由 Rogers 单向聚类稳健性标准误估计得出，***、**、* 分别表示 0.01、0.05 和 0.1 的显著性水平。

表6-18 不同经理人市场和存在契约参照点下，高管薪酬激励对高管离职影响在个体层面的实证检验结果

Dependent Variable = Resign

变量	PPE2 = 1 经理人市场化程度高 (1)	PPE2 = 1 经理人市场化程度低 (2)	WD2 = 1 经理人市场化程度高 (3)	WD2 = 1 经理人市场化程度低 (4)	NB2 = 1 经理人市场化程度高 (5)	NB2 = 1 经理人市场化程度低 (6)	EC2 = 1 经理人市场化程度高 (7)	EC2 = 1 经理人市场化程度低 (8)	ZH = 1 经理人市场化程度高 (9)	ZH = 1 经理人市场化程度低 (10)
常数项	-1.558 (-1.53)	-2.686* (-1.96)	-1.724 (-1.47)	-2.391** (-2.23)	-1.438 (-1.38)	-2.728** (-2.02)	-2.499** (-2.02)	-2.027** (-2.04)	-2.759** (-2.50)	-2.698* (-1.88)
Dcomp	-1.100*** (-2.76)	-0.563 (-1.00)	-1.181** (-2.30)	-0.677 (-1.28)	-0.901** (-2.11)	-0.550 (-1.00)	-0.334 (-0.68)	-0.755 (-1.21)	-0.844 (-1.63)	-0.727 (-1.00)
Dual	-0.716** (-2.13)	-0.481 (-1.42)	-0.907** (-2.06)	-0.036 (-0.11)	-0.630* (-1.88)	-0.511 (-1.51)	-0.612 (-1.36)	-0.835* (-1.77)	-0.729* (-1.67)	-0.185 (-0.48)
Indep	1.280 (0.68)	-0.562 (-0.22)	-1.007 (-0.42)	0.153 (0.07)	0.753 (0.39)	-0.494 (-0.20)	1.524 (0.69)	1.399 (0.67)	2.861 (1.27)	0.269 (0.10)
Reg	0.186 (0.77)	0.321 (1.29)	0.281 (0.99)	0.359 (1.37)	0.128 (0.54)	0.354 (1.45)	0.516* (1.77)	0.437 (1.56)	0.139 (0.45)	0.446 (1.48)
Dsize	0.477 (1.17)	-0.041 (-0.08)	0.358 (0.55)	-0.911 (-1.35)	0.514 (1.26)	0.066 (0.13)	0.675 (1.13)	-0.061 (-0.10)	0.251 (0.45)	-0.333 (-0.50)
Droa	-0.599 (-0.29)	-1.677 (-0.73)	4.638* (1.65)	0.960 (0.50)	0.059 (0.03)	-1.798 (-0.79)	-3.198 (-1.22)	1.413 (0.43)	-0.747 (-0.25)	0.657 (0.27)

续表

	PPE2 = 1		WD2 = 1		NB2 = 1		EC2 = 1		ZH = 1	
	经理人市场化程度高	经理人市场化程度低	经理人市场化程度高	经理人市场化程度低	经理人市场化程度高	经理人市场化程度低	经理人市场化程度高	经理人市场化程度低	经理人市场化程度高	经理人市场化程度低
变量	(1)	(2)	(3)	(4)	(5)	(6)	(7)	(8)	(9)	(10)
Dlev	1.394 (1.22)	-2.022 (-1.32)	0.436 (0.26)	-2.958** (-2.21)	1.512 (1.30)	-1.886 (-1.27)	0.628 (0.38)	-4.303** (-2.23)	0.784 (0.52)	-3.593** (-2.16)
Dgrow	-0.008 (-0.06)	0.165 (0.79)	-0.122 (-0.89)	0.334 (1.40)	-0.003 (-0.03)	0.118 (0.58)	0.289 (1.34)	-0.049 (-0.22)	0.214 (1.00)	0.047 (0.16)
Dtop1	-0.231 (-0.08)	6.432** (2.30)	-5.497 (-1.13)	4.751 (1.09)	-0.100 (-0.03)	6.478** (2.38)	-3.026 (-0.88)	3.843 (1.13)	0.568 (0.14)	7.518** (2.16)
Year	控制	控制	控制	控制	控制	控制	控制	控制	控制	控制
Ind	控制	控制	控制	控制	控制	控制	控制	控制	控制	控制
N	2287	2321	2327	2383	2277	2301	1694	1482	1608	1537
Pseudo R^2	0.091	0.084	0.118	0.090	0.094	0.088	0.106	0.126	0.103	0.103
Wald chi2	75.19	76.76	91.42	62.96	73.29	77.97	94.77	67.20	58.18	59.29

注：括号内的 t 值由 Rogers 单向聚类稳健性标准误计算得出，***、**、* 分别表示 0.01、0.05 和 0.1 的显著性水平。

由表 6-17 中列（1）和列（2）的实证检验结果可以看出，与经理人市场化程度低的相比，当经理人市场化程度较高和存在外部参照点时，高管薪酬激励对高管主动离职率的负向抑制作用更大，也更为显著。由列（3）至列（6）的实证检验结果可知，与经理人市场化程度低的相比，当经理人市场化程度较高和存在内部参照点（包括董事会内部参照点和高管团队内部参照点）时，高管薪酬激励对高管主动离职率负向影响程度更大，也更为显著。由列（9）至列（10）的实证检验结果对比可以看出，当经理人市场化程度较高和存在综合参照点时，高管薪酬激励对高管主动离职率的抑制作用更大，也更为显著。尽管没有发现在不同经理人市场和存在个人参照点时，高管薪酬激励对高管主动离职率的影响具有显著性，但是仍具有负向作用。综上可以说明，与经理人市场化程度低的相比，当经理人市场化程度较高和存在契约参照点时，高管薪酬激励对高管主动离职率负向影响程度更大，也更为显著，进一步支持了经理人市场理论。

由表 6-18 中的实证检验结果可以看出，当存在外部参照点或内部参照点情况下，经理人市场化程度高时，高管薪酬激励对高管主动离职的负向影响程度更为显著，与公司层面的研究结果保持一致。由列（9）至列（10）的实证检验结果对比可以看出，当经理人市场化程度较高和存在综合参照点时，高管薪酬激励对高管主动离职的抑制作用越大，尽管没有发现具有显著性，但是在经理人市场化程度高的组中更接近统计显著性的临界值。因此，与经理人市场化程度低相比，当经理人市场化程度较高和存在契约参照点时，高管薪酬激励对高管主动离职的负向影响程度更大，也更为显著，支持经理人市场理论。

五、倾向得分匹配分析

为了避免契约参照点和高管薪酬激励分别对高管离职影响进行普通 OLS 回归带来的估计偏误，解决可能存在的内生性问题，本书运用倾向得分匹配法（PSM）来寻找发生高管主动离职事件公司的对照匹配样本，以分析样本匹配前后契约参照点和高管薪酬激励方面对其影响的差异。

首先，选取影响公司发生高管主动离职事件的影响因素变量，如地区、两职合一、独立董事比例、公司规模的变化、营业收入增长率的变化、公司成长性变化、股权集中度变化等，运用逐步回归法选取显著的影响因素变量，并建立 logit 回归模型，计算出倾向得分（PS）值。

其次，对共同支撑假设进行验证。图 6-2 和图 6-3 列示了处理组与控制组在匹配前后的密度函数图。在匹配前，处理组与控制组两条曲线存在的共同支撑空间，而匹配后较匹配前的处理组与控制组的密度函数图更为接近，满足共同支撑假设。

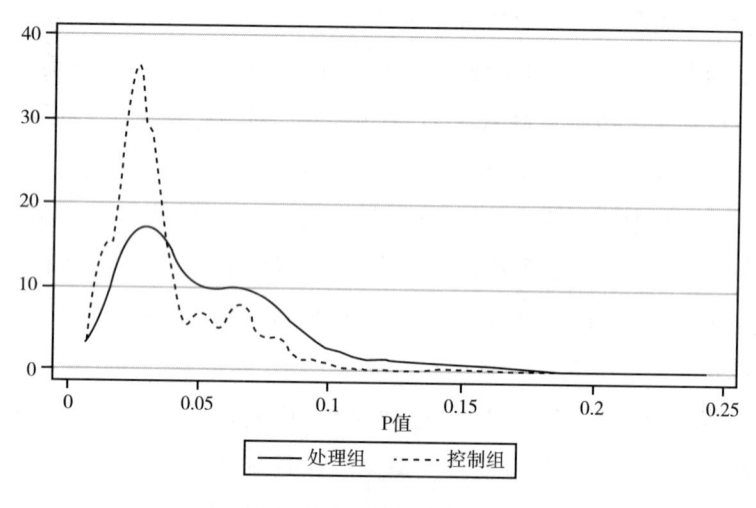

图 6-2 匹配前密度函数

再其次，对平行假设进行验证。根据 PSM 模型平行假设鉴定的要求，匹配后的影响因素变量较匹配前的标准偏差值要小，且匹配后的影响因素变量标准差值均小于5%。由检验结果可知，匹配后各变量在%bias 的绝对值均小于5%，且P值均小于0.1，满足 PSM 模型的匹配程度较好，满足对平行假设条件的要求。

最后，分别运用最近邻匹配、半径匹配和核匹配三种方法，检验匹配前

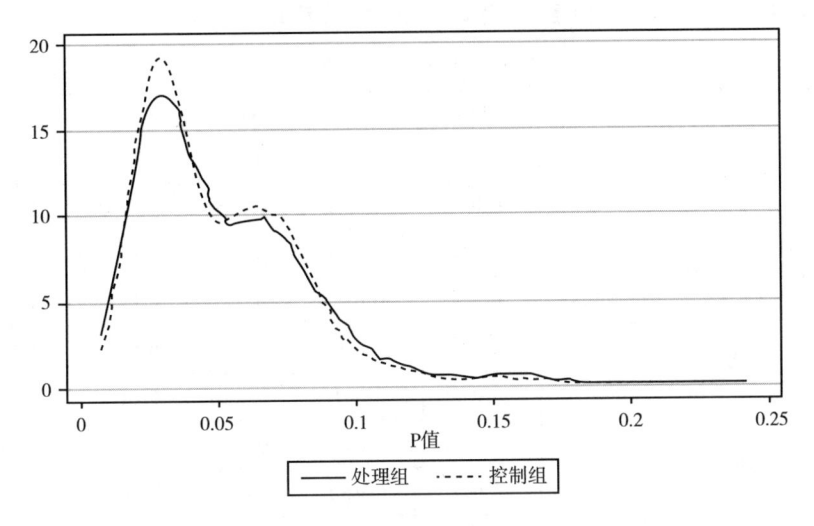

图 6-3 匹配后密度函数

后处理组与控制组在高管主动离职与否方面的差异。表 6-19 报告了运用倾向得分匹配法（PSM）对假设 1b 和假设 2b 的检验结果。由表 6-19 可以看出，外部参照点（$PPE1$）、内部参照点中的高管团队内部参照点（$NB1$）不论采取哪一种匹配方法，其在处理组和控制组中均具有显著性正向差异，尽管匹配后的显著性相对于匹配前有所降低，但仍具有正向的显著性差异，说明外部参照点和高管团队内部参照点水平越高，越可能出现高管主动离职行为，假设 1b 得以验证。尽管个人参照点（$EC1$）匹配前后不具有显著性差异，但是个人参照点对高管主动离职具有正向的影响，假设 1 进一步得以验证。在采用 PSM 进行匹配后发现，个人参照点中的董事会内部参照点在处理组合控制组中仍然不具有显著性差异，与上文有关多元回归的实证检验结果一致，可能的原因在于高管薪酬契约的董事会内部参照点效应更倾向于管理层权力理论的观点。高管薪酬激励的代理变量（$Dcomp$）在高管是否主动离职方面不论是匹配前还是匹配后都存在显著性差异，匹配后的 ATT 值比匹配前要小，并呈现显著的负相关关系，说明高管薪酬激励对高管的主动离职具有一定的抑制作用，这说明上述多元回归检验结果具有稳健性，假设 2b 得以验证。

表6-19　契约参照点、高管薪酬激励对高管离职影响的倾向得分匹配模型（PSM）结果

变量	匹配方法	样本	处理组	控制组	ATT	标准误	t值
Dcomp	最近邻匹配	匹配前	0.0266	0.0598	-0.0332	0.0121	-2.76***
		匹配后	0.0266	0.0730	-0.0464	0.0162	-2.86***
	半径匹配	匹配前	0.0266	0.0598	-0.0332	0.0121	-2.76***
		匹配后	0.0285	0.0751	-0.0466	0.0152	-3.06***
	核匹配	匹配前	0.0266	0.0598	-0.0332	0.0121	-2.76***
		匹配后	0.0266	0.0627	-0.0361	0.0142	-2.54***
PPE1	最近邻匹配	匹配前	0.0641	-0.0510	0.1151	0.0360	3.20***
		匹配后	0.0641	-0.0205	0.0847	0.0433	1.95*
	半径匹配	匹配前	0.0641	-0.0510	0.1151	0.0360	3.20***
		匹配后	0.0549	-0.0299	0.0848	0.0399	2.12**
	核匹配	匹配前	0.0641	-0.0510	0.1151	0.0360	3.20***
		匹配后	0.0641	-0.0534	0.1175	0.0371	3.17***
WD1	最近邻匹配	匹配前	-0.2003	-0.1573	-0.0430	0.0232	-1.85
		匹配后	-0.2003	-0.1657	-0.0345	0.0289	-1.20
	半径匹配	匹配前	-0.2003	-0.1573	-0.0430	0.0232	-1.85
		匹配后	-0.1934	-0.1710	-0.0224	0.0265	-0.85
	核匹配	匹配前	-0.2003	-0.1573	-0.0430	0.0232	-1.85
		匹配后	-0.2003	-0.1637	-0.0366	0.0252	-1.45
NB1	最近邻匹配	匹配前	0.0715	-0.0588	0.1303	0.0366	3.56***
		匹配后	0.0715	-0.0244	0.0960	0.0448	2.14**
	半径匹配	匹配前	0.0715	-0.0588	0.1303	0.0366	3.56***
		匹配后	0.0579	-0.0340	0.0919	0.0414	2.22**
	核匹配	匹配前	0.0715	-0.0588	0.1303	0.0366	3.56***
		匹配后	0.0715	-0.0595	0.1311	0.0386	3.39***

续表

变量	匹配方法	样本	处理组	控制组	ATT	标准误	t值
EC1	最近邻匹配	匹配前	-0.0974	-0.1293	0.0319	0.0175	1.82
		匹配后	-0.0973	-0.1199	0.0226	0.0242	0.93
	半径匹配	匹配前	-0.0974	-0.1293	0.0319	0.0175	1.82
		匹配后	-0.0934	-0.1340	0.0406	0.0218	1.86
	核匹配	匹配前	-0.0974	-0.1293	0.0319	0.0175	1.82
		匹配后	-0.0974	-0.1295	0.0322	0.0212	1.52

注：“匹配前”是指未使用倾向得分匹配之前的样本，"匹配后"是值使用倾向得分匹配之后的样本；"处理组"是指发生高管主动离职的公司，"控制组"是指未发生高管主动离职事件的公司，*，**，*** 分别表示在10%、5%、1%的水平上显著，标准误采取自抽样法反复抽样500次得到。

六、内生性处理

考虑到高管离职原因不一定是由于薪酬问题引起，还可能是由于晋升的原因造成，也就是晋升也可能是高管离职的原因。当高管具有良好的晋升前景，即使当前薪酬激励不足，其可能也不会选择主动离职。反之，如果高管没有良好的晋升前景，即使当前不存在薪酬激励不足的情形，其也有可能会出于高管个人晋升前景的考虑，而选择离职。因此，因为遗漏高管晋升变量，而可能会造成高管薪酬激励与高管离职之间存在内生性问题。

为了解决该项内生性问题，可以采取两种解决办法进行处理：一是将晋升变量作为控制变量纳入模型重新进行回归；二是将有晋升的样本剔除，只考虑薪酬激励因素对高管离职的影响。其中晋升变量（ZZ）的选取和衡量办法与第五章中的该变量的选取和衡量办法相同，这里不再赘述。表6-20和表6-21是控制晋升变量情形下的实证检验结果，表6-22和表6-23是剔除晋升变量样本后的实证检验结果。

表 6-20　契约参照点和高管薪酬激励分别对高管离职影响的稳健性检验结果（控制晋升变量）

变量	(1)	(2)	(3)	(4)	(5)	(6)
	\multicolumn{6}{c}{Dependent Variable = *Mnres*}
常数项	0.005** (2.29)	0.006*** (2.72)	0.005** (2.29)	0.006** (2.51)	0.006** (2.37)	0.006*** (2.62)
PPE2	0.001*** (3.54)					
WD2		-0.001 (-1.22)				
NB2			0.001*** (3.66)			
EC2				0.000 (0.67)		
ZH					0.001** (2.18)	
Dcomp						-0.003*** (-3.05)
ZZ	-0.004*** (-14.15)	-0.004*** (-14.29)	-0.004*** (-14.16)	-0.004*** (-14.25)	-0.004*** (-14.22)	-0.004*** (-14.11)
Dual	-0.001*** (-2.70)	-0.001*** (-2.69)	-0.001*** (-2.67)	-0.001*** (-2.62)	-0.001*** (-2.58)	-0.001** (-2.52)
Indep	0.004 (1.09)	0.004 (1.01)	0.004 (1.08)	0.004 (1.07)	0.004 (1.11)	0.004 (1.03)
State	0.000 (0.89)	0.000 (0.31)	0.000 (0.90)	0.000 (0.55)	0.000 (0.80)	0.000 (0.52)
Reg	0.001 (1.18)	0.001* (1.87)	0.001 (1.21)	0.001* (1.86)	0.001 (1.59)	0.001* (1.90)
Dsize	0.001 (0.81)	0.001 (0.63)	0.001 (0.82)	0.001 (0.66)	0.001 (0.74)	0.001 (0.83)

续表

变量	Dependent Variable = *Mnres*					
	(1)	(2)	(3)	(4)	(5)	(6)
Droa	0.000 (0.00)	0.001 (0.08)	-0.000 (-0.01)	0.000 (0.07)	0.000 (0.02)	0.002 (0.22)
Dlev	-0.000 (-0.02)	0.000 (0.07)	-0.000 (-0.02)	0.000 (0.04)	0.000 (0.02)	0.000 (0.11)
Dgrow	-0.000 (-0.03)	0.000 (0.04)	-0.000 (-0.05)	0.000 (0.02)	0.000 (0.00)	-0.000 (-0.01)
*Dtop*1	-0.000 (-0.01)	-0.001 (-0.09)	-0.000 (-0.00)	-0.001 (-0.08)	-0.000 (-0.03)	-0.001 (-0.15)
Year	控制	控制	控制	控制	控制	控制
Ind	控制	控制	控制	控制	控制	控制
N	10054	10054	10054	10054	10054	10054
Adj. R^2	0.017	0.015	0.017	0.015	0.016	0.017
F 值	6.56	6.65	6.54	6.66	6.61	6.52

注：括号内的 *t* 值由 Rogers 单向聚类稳健性标准误计算得出，***、**、* 分别表示 0.01、0.05 和 0.1 的显著性水平。

表 6-21　契约参照点下，高管薪酬激励对高管离职影响的
　　　　　稳健性检验结果（控制晋升变量）

变量	Dependent Variable = *Mnres*				
	(1)	(2)	(3)	(4)	(5)
	PPE2 = 1	WD2 = 1	NB2 = 1	EC2 = 1	ZH = 1
常数项	0.005 (1.19)	0.005 (1.48)	0.006 (1.31)	0.002 (0.49)	0.001 (0.23)
Dcomp	-0.005*** (-2.64)	-0.003** (-2.37)	-0.004** (-2.20)	-0.002 (-1.07)	-0.004** (-2.11)
ZZ	-0.005*** (-9.85)	-0.004*** (-7.73)	-0.005*** (-9.68)	-0.005*** (-7.86)	-0.005*** (-7.20)

续表

变量	(1) PPE2 = 1	(2) WD2 = 1	(3) NB2 = 1	(4) EC2 = 1	(5) ZH = 1
	\multicolumn{5}{c}{Dependent Variable = Mnres}
Dual	-0.002*** (-2.64)	-0.000 (-0.83)	-0.002** (-2.38)	-0.002** (-2.42)	-0.001 (-1.42)
Indep	0.015* (1.92)	0.007 (1.18)	0.013 (1.64)	0.013** (2.00)	0.021** (2.15)
State	0.000 (0.45)	0.000 (0.56)	0.001 (0.79)	0.001 (0.79)	0.001 (1.00)
Reg	0.001 (0.88)	0.001 (1.09)	0.001 (0.95)	0.002** (2.03)	0.001 (1.11)
Dsize	0.001 (0.56)	0.000 (0.05)	0.001 (0.74)	0.000 (0.10)	-0.001 (-0.39)
Droa	-0.005 (-0.51)	0.015 (1.53)	-0.003 (-0.28)	-0.008 (-0.80)	0.001 (0.08)
Dlev	0.002 (0.43)	-0.005 (-1.10)	0.002 (0.47)	0.001 (0.10)	-0.002 (-0.36)
Dgrow	0.001 (0.91)	0.000 (0.74)	0.000 (0.78)	0.001 (1.21)	0.001* (1.65)
Dtop1	0.009 (0.70)	-0.013 (-0.95)	0.009 (0.71)	-0.002 (-0.20)	0.004 (0.24)
Year	控制	控制	控制	控制	控制
Ind	控制	控制	控制	控制	控制
N	4817	4920	4770	3430	3329
Adj. R^2	0.021	0.025	0.026	0.026	0.026
F 值	3.38	2.83	3.27	2.77	2.21

注：括号内的 t 值由 Rogers 单向聚类稳健性标准误计算得出，***、**、* 分别表示 0.01、0.05 和 0.1 的显著性水平。

表 6-22 契约参照点和高管薪酬激励分别对高管离职影响的稳健性检验结果（剔除晋升样本）

变量	\multicolumn{6}{c}{Dependent Variable = $Mnres$}
	(1)	(2)	(3)	(4)	(5)	(6)
常数项	0.006** (2.21)	0.007*** (2.65)	0.006** (2.21)	0.006** (2.42)	0.006** (2.28)	0.006** (2.54)
PPE2	0.001*** (3.55)					
WD2		-0.001 (-1.26)				
NB2			0.002*** (3.67)			
EC2				0.000 (0.67)		
ZH					0.001** (2.18)	
Dcomp						-0.003*** (-3.07)
Dual	-0.001*** (-2.65)	-0.001*** (-2.65)	-0.001*** (-2.62)	-0.001** (-2.57)	-0.001** (-2.53)	-0.001** (-2.47)
Indep	0.005 (1.13)	0.004 (1.04)	0.005 (1.12)	0.005 (1.10)	0.005 (1.15)	0.004 (1.07)
State	0.000 (0.81)	0.000 (0.22)	0.000 (0.82)	0.000 (0.47)	0.000 (0.72)	0.000 (0.43)
Reg	0.001 (1.13)	0.001* (1.82)	0.001 (1.16)	0.001* (1.81)	0.001 (1.54)	0.001* (1.85)
Dsize	0.001 (0.77)	0.001 (0.60)	0.001 (0.78)	0.001 (0.63)	0.001 (0.71)	0.001 (0.79)
Droa	0.000 (0.03)	0.001 (0.10)	0.000 (0.02)	0.001 (0.09)	0.000 (0.05)	0.002 (0.24)

续表

变量	Dependent Variable = $Mnres$					
	(1)	(2)	(3)	(4)	(5)	(6)
$Dlev$	-0.000 (-0.00)	0.000 (0.09)	0.000 (0.01)	0.000 (0.06)	0.000 (0.04)	0.000 (0.11)
$Dgrow$	-0.000 (-0.02)	0.000 (0.05)	-0.000 (-0.04)	0.000 (0.04)	0.000 (0.01)	0.000 (0.01)
$Dtop1$	0.000 (0.04)	-0.000 (-0.05)	0.000 (0.04)	-0.000 (-0.04)	0.000 (0.01)	-0.001 (-0.10)
Year	控制	控制	控制	控制	控制	控制
Ind	控制	控制	控制	控制	控制	控制
N	9582	9582	9582	9582	9582	9582
Adj. R^2	0.016	0.015	0.016	0.015	0.015	0.016
F 值	3.49	3.65	3.45	3.65	3.52	3.57

注：括号内的 t 值由 Rogers 单向聚类稳健性标准误计算得出，***、**、* 分别表示 0.01、0.05 和 0.1 的显著性水平。

表 6-23　契约参照点下，高管薪酬激励对高管离职影响的稳健性检验结果（剔除晋升样本）

变量	Dependent Variable = $Mnres$				
	(1)	(2)	(3)	(4)	(5)
	$PPE2 = 1$	$WD2 = 1$	$NB2 = 1$	$EC2 = 1$	$ZH = 1$
常数项	0.005 (1.16)	0.005 (1.42)	0.006 (1.28)	0.002 (0.45)	0.001 (0.19)
$Dcomp$	-0.005*** (-2.69)	-0.004** (-2.38)	-0.004** (-2.24)	-0.002 (-1.18)	-0.005** (-2.14)
ZZ	-0.002*** (-2.61)	-0.000 (-0.76)	-0.002** (-2.34)	-0.002** (-2.40)	-0.001 (-1.42)
$Dual$	0.016* (1.93)	0.008 (1.22)	0.014* (1.65)	0.014** (2.03)	0.022** (2.18)

续表

变量	Dependent Variable = $Mnres$				
	(1) $PPE2=1$	(2) $WD2=1$	(3) $NB2=1$	(4) $EC2=1$	(5) $ZH=1$
$Indep$	0.000 (0.38)	0.000 (0.54)	0.001 (0.71)	0.001 (0.71)	0.001 (0.96)
$State$	0.001 (0.85)	0.001 (1.06)	0.001 (0.92)	0.002** (2.02)	0.001 (1.09)
Reg	0.001 (0.57)	0.000 (0.02)	0.002 (0.74)	0.000 (0.06)	-0.001 (-0.38)
$Dsize$	-0.005 (-0.51)	0.015 (1.53)	-0.003 (-0.29)	-0.009 (-0.77)	0.001 (0.07)
$Droa$	0.002 (0.42)	-0.005 (-1.14)	0.002 (0.45)	0.001 (0.14)	-0.002 (-0.36)
$Dlev$	0.001 (0.95)	0.000 (0.80)	0.001 (0.83)	0.001 (1.20)	0.001* (1.70)
$Dgrow$	0.011 (0.75)	-0.014 (-0.96)	0.011 (0.77)	-0.002 (-0.18)	0.005 (0.28)
$Dtop1$	0.005 (1.16)	0.005 (1.42)	0.006 (1.28)	0.002 (0.45)	0.001 (0.19)
$Year$	控制	控制	控制	控制	控制
Ind	控制	控制	控制	控制	控制
N	4506	4681	4485	3222	3138
$Adj. R^2$	0.022	0.026	0.027	0.027	0.027
F 值	2.24	2.65	2.27	2.64	1.81

注：括号内的 t 值由 Rogers 单向聚类稳健性标准误计算得出，***、**、* 分别表示 0.01、0.05 和 0.1 的显著性水平。

根据表 6-20 和表 6-21 中实证检验的结果显示，在控制高管晋升变量后，契约参照点与高管离职之间仍具有显著的正向关系，高管薪酬激励与高管离职之间具有显著的负向关系，高管薪酬激励对契约参照点与高管离职之间关系具有抑制作用,与上文的研究结论保持一致。由表6-22和表6-23中实证检验结果可以看出,在剔除高管晋升样本后,尽管外部参照点、内部参照点、综合参照点与高管离职之间仍具有正向影响作用,而个人参照点与高管离职之间尽管不显著但仍呈正向关系。当存在契约参照点时,高管薪酬激励与高管离职之间仍呈负向关系,说明高管薪酬激励对契约参照点与高管离职之间关系具有抑制作用,与上文的研究结论保持一致。

综上可知,无论是采取控制高管晋升变量还是剔除高管晋升样本的实证检验结果,均未发生实质性变化,说明以上研究结论具有稳健性。

七、稳健性测试

为了验证以上研究结论的准确性以及稳健性,我们还做了以下几个方面的稳健性检验测试:

1. 替换高管离职变量。借鉴梅春和赵晓菊(2016)的研究,将高管离职原因中"个人原因"也作为高管主动离职,然后重新衡量公司层面的高管离职率变量和个体层面的高管离职变量,代入相应的模型重新进行检验,研究结论仍与上文保持一致,说明研究结论具有一定的稳健性。

2. 替换高管薪酬激励的代理变量。借鉴江伟(2011)的研究,将高管薪酬激励变量取绝对值指标,即采取本年度高管平均薪酬自然对数与上一年度高管平均薪酬自然对数的差额作为高管薪酬激励的代理变量,然后代入原模型重新进行实证检验与分析,研究结论与上文保持一致。

3. 替换契约参照点变量。本章实证检验部分主要呈现了契约参照点的虚拟变量的实证检验结果,本书用各个契约参照点的连续变量替换其虚拟变量,然后代入相应的模型重新进行实证检验,根据表中的结果可以看出,除个别变量的显著性有所变化之外,上述研究结论并没有发生变化。

4. 替换经理人市场变量。借鉴万元华林和陈信元(2010)的研究,选取总经理的来源作为经理人市场的衡量指标以替换原有的经理人市场变量。然后对不同经理人市场化程度和契约参照点下,高管薪酬激励对高管离职影响分公司层面和个体层面进行实证检验，研究结果显示，经理人市场化程度较高和存在契约参照点时，高管薪酬的增长对高管主动离职的负向抑制作用越大，进一步验证了支持经理人市场理论的观点。

八、实证结论

实证研究发现，契约参照点与高管主动离职之间具有正向关系，说明契约参照点水平越高，高管越可能发生主动离职行为。高管薪酬激励与高管主动离职之间具有负向关系，说明高管薪酬激励可以抑制高管的主动离职行为。当存在契约参照点时，高管薪酬激励仍然对高管的主动离职行为具有抑制作用。

本书可能的贡献在于：（1）深化和丰富了高管薪酬契约参照点效应的经济后果研究。本章从公司层面和高管个体层面深入探究了契约参照点、高管薪酬激励与高管主动离职三者之间的关系，实证研究结果表明，当存在不同契约参照点时，高管薪酬激励对高管的主动离职行为存在契约参照点差异和产权差异，该研究结论有利于进一步深化对高管薪酬契约的设计与认识。（2）丰富了对经理人市场的研究。以往对契约参照点与高管主动离职之间关系的研究更多是基于竞标赛理论和行为理论，很少有从经理人市场角度对其进行探究。本章突破了以往理论研究基础的局限，从经理人市场理论的角度对两者的关系进行了研究，并引出高管薪酬增长的背后机理与重要性，丰富了有关经理人市场的研究成果。（3）丰富了契约参照点的研究。以往的研究以研究外部参照点为主，很少同时考虑外部参照点、内部参照点和个人参照点等多重参照点对高管主动离职的影响。本章研究的范围更为全面，其得出的研究结论有利于进一步加强对高管主动离职的认识与理解，为我国企业高管薪酬改革提供一定的借鉴与参考。

第七章 研究结论与政策建议

第一节 研究结论

针对当前高管薪酬的现实问题和研究现状，本书立足于中国的制度环境，同时基于契约参照点理论、管理层权力理论和经理人市场理论对我国高管薪酬参照点效应展开了较为系统的研究，主要包括对其存在性识别、内在机理以及对高管行为影响三个方面的探究，既有参照点识别、理论模型的构建与内在机理方面的理论分析，也有存在性识别、内在机理和对高管行为影响等方面的实证检验，以期更为全面地探究高管薪酬契约参照点效应，具体的研究结论主要包括以下几点：

第一，在契约参照点的存在性识别方面。首先，对高管薪酬的契约参照点进行了分类和衡量，将契约参照点划分为外部参照点、内部参照点和个人参照点。其次，对各个契约参照点的识别方法进行了探究，其中在对外部参照点识别方面采取 PSM 方法进行识别，主要是按照同行业、同地区、同产权、规模相近进行匹配出参照样本，并取其薪酬的中位值，如果上一年度高管薪酬小于匹配后薪酬的中值则说明存在外部参照点，否则不存在外部参照点。在对内部参照点识别方面，主要从董事会内部和高管团队内部两个方面进行识别，其中在董事会内部，将高管薪酬与董事薪酬进行比较，如果上一年度高管薪酬低于董事薪酬则说明存在董事会内部参照点，反之则不存在。在高管团队内部，将高管团队内部薪酬差距与同行业高管团队内部薪酬差距的中值进行比较，如果上一年度高管团队内部薪酬差距低于同行业高管团队内部薪酬差距的中值则说明存在高管团队内部参照点，反之则不存在。在对个人参照点的识别方面，主要是对 $t-1$ 年度高管薪酬与 $t-2$ 年度高管薪酬进行比较，如果小于零则说明存在个人参照点，否则不存在个人参照点。最后，以 2009~2014 年我国上市公司的数据为样本，对薪酬契约参照点效应的存在性进行实证检验，研究结果表明，我国高管薪酬契约存在参照点效应。

第二，在契约参照点效应的内在机理研究方面，本书在借鉴加比亚斯和兰迪埃（2008）的市场均衡模型的基础上，将内部参照点、个人参照点和高管控制权等因素纳入理论模型分析框架，构建了一个符合我国国情和代理人心理特征的高管薪酬契约参照点效应的理论模型，并从理论与实证两个方面深入探究其背后的内在机理。研究结果表明，高管薪酬契约参照点效应同时支持经理人市场理论和管理层权力理论这两种理论观点，在理论的倾向性方面，整体上更为倾向于经理人市场理论，但各个契约参照点效应的倾向性上存在差异。也就是说，我国高管薪酬契约参照点效应既支持经理人市场理论的观点，也支持高管控制权理论的观点。其中，高管薪酬契约的外部参照点效应、高管团队内部参照点效应、个人参照点效应、综合参照点效应整体上更倾向于支持经理人市场理论，而内部参照点中董事会内部参照点效应则倾向于支持管理层权力理论，即契约参照点中不同参照点具有不同的理论倾向性。

第三，在契约参照点效应对高管行为影响研究方面，本书分别探究了契约参照点效应对在职消费和高管离职的影响，研究结论主要包括以下两个方面：

在职消费影响方面，契约参照点与在职消费之间具有正向关系，即契约参照点水平越高，越容易增加实际在职消费和超额在职消费。高管薪酬激励有利于降低实际在职消费和超额在职消费，并且对契约参照点与在职消费（包括实际在职消费和超额在职消费）之间的关系具有调节作用，会抑制实际在职消费和超额在职消费的增加。进一步研究发现，与非国有企业相比，高管薪酬激励对契约参照点与在职消费（包括实际在职消费和超额在职消费）

之间抑制作用在国有企业中表现得更为明显，但是在董事会参照点组检验中没有得到相应的证据支持，可能与董事会参照点效应更倾向于支持管理层权力理论有关。与经理人市场化程度低的地区相比，高管薪酬激励对契约参照点与在职消费（包括实际在职消费和超额在职消费）之间的抑制作用在经理人市场化程度高的地区表现得更为明显。

在高管离职影响方面，研究发现外部参照点、高管团队内部参照点、个人参照点和综合参照点均与高管主动离职之间具有正向关系，说明契约参照点水平越高，高管越可能发生主动离职行为。高管薪酬激励与高管主动离职之间具有负向关系，说明高管薪酬激励可以抑制高管的主动离职行为。当存在契约参照点时，高管薪酬激励仍然对高管的主动离职行为具有抑制作用。

第二节 政策建议

通过高管薪酬契约参照点效应的系统研究，本书得出以上三点主要的研究结论。这些研究结论对与高管薪酬理论与实务有关的个人、公司、政府部门等均具有一定的启示与建议，具体包括以下几个方面：

一是科学地识别和认识高管薪酬契约的参照点。高管薪酬契约的参照点不仅包括外部参照点，还包括内部参照点和个人参照点，其中内部参照点还包括董事会内部参照点和高管团队内部参照点。对高管而言，高管可以根据契约参照点的识别情况来正确认识自身薪酬在内部、外部、个体历史水平等方面所处的位置，正确看待个人薪酬的多寡，以更有效地与董事会进行薪酬谈判；对公司而言，公司可以根据契约参照点的识别情况来科学合理地设计本公司的高管薪酬契约；对政府部门而言，政府部门可以根据契约参照点的识别情况来更为全面地认识高管薪酬契约参照点，为其进行高管薪酬制度改革提供参考。因此，建议高管薪酬制定机构要全面认识契约参照点的内容以及对高管薪酬可能带来的影响，特别是要重视内部参照点和个人参照点的使用，谨防过于强调外部参照点的使用而忽略内部参照点和个人参照点，营造一个内部和外部较为公平的高管薪酬体系，防范因未有效使用内部参照点和个人参照点而造成的高管团队内部和董事会内部薪酬不公平所带来的负面影响。

二是重视对契约参照点使用的监管。本书的研究结论显示，高管薪酬契约参照点效应不仅支持经理人市场理论而且支持管理层权力理论，契约参照点的使用不仅存在着激励动机还存在着自利的动机。因此，政府部门应重视对契约参照点使用的监督，重视对所使用的契约参照点的认识与管理，特别是董事会内部参照点，合理确定董事会成员薪酬和高管薪酬，谨防对契约参照点的过度使用，以免产生"乌比冈湖效应"，尤其是重点关注那些薪酬业绩敏感性较低的公司，以防这些公司利用契约参照点来谋取其私有收益。

三是加强对高管薪酬信息的披露与监管。高管薪酬契约参照点效应监管的难度之一，在于当前公司在制定高管薪酬契约时究竟使用了哪些契约参照点信息，这些信息并没有得到充分披露，这与当前高管薪酬披露制度的不完善有关。因此，有必要进一步健全我国高管薪酬信息披露制度，将高管薪酬的构成内容、薪酬契约制定中契约参照点的选择、高管个体特征（包括性别、年龄、教育背景、任期、职务、工作经历、国籍等）进行详细披露，进一步完善高管薪酬信息披露资料。考虑到信息披露内容的真实性与完整性，建议上市公司相关监管部门制定有关高管薪酬强制性披露的有关政策，要求上市公司强制性披露高管薪酬的相关信息，特别是对在薪酬契约制定过程中有关契约参照点使用的相关信息进行详细披露，为上市公司制定更为科学合理的高管薪酬契约提供参考。

四是关注高管心理因素的动态变化，适时有效地采取薪酬激励措施。高管心理因素的变化会对高管的行为产生影响，当上一年度高管遭受不公平待遇时，如薪酬低于参照基准（可以是外部参照基准，也可以是内部或个人参照基准）时，高管会采取一定的行为来弥补其所遭受的损失，比如会增加在职消费或者选择离职等。本书的研究结果表明，当公司上一年薪酬激励不足时，高管会借助于契约参照点来增加在职消费或选择离职行为，而此时实施高管薪酬激励有利于降低高管的离职率和在职消费。因此，建议公司关注高管心理因素的动态变化，与高管之间进行有效的沟通，了解其心理上的变化，以适时有针对性地采取有效的薪酬激励。此外，建议公司适时调整本公司的高管薪酬契约，定期或不定期关注公司内外部高管薪酬信息，特别是经理人市场所传递的薪酬信息，如果发现公司现有的薪酬标准低于外部薪酬基准时，应适时调整公司的高管薪酬契约，及时对高管人员进行激励，以稳定高管团队成员，提高高管人员工作的积极性，提升高管对其薪酬的满意度。

五是当上一年存在契约参照点时，本年度增加对高管的薪酬激励，可以抑制公司在职消费的增加和降低公司高管的主动离职率，特别是经理人市场化越高时，抑制与降低的作用越显著。因此，有必要进一步优化和培育我国的经理人市场。此外，我国国有企业高管的自由流动尚存在一定的障碍，尚未实现真正的"市场化"，需要加强国有企业经理人市场建设改革的步伐，探索符合我国国情的国有企业经理人市场建设改革路径。

第三节 研究局限及未来研究方向

一、研究局限

因为研究方法、变量选取等方面因素的限制，本书的研究也具有以下局限性，同时，也是今后研究的主要方向之一。

首先，本书所选取的高管薪酬不仅包括货币薪酬部分中的年薪，实际上还包括股权激励等内容，限于现实中股权激励存在的问题，本书并没有将股权激励部分纳入研究范畴，后期随着股权激励政策的不断完善以及相关问题的解决，可以考虑将股权激励纳入高管薪酬整体分析范畴，并对每一种薪酬成分做整体与具体上的分析，将会增加高管薪酬研究的全面性，进而增加研究结论的适用性。

其次，本书中的内部参照点包括董事会参照点和高管团队内部薪酬差距参照点两部分内容，其中高管团队内部薪酬差距参照点采取的是以行业高管团队内部薪酬差距的中位值作为参照的基准，如果能合理界定高管团队内部薪酬差距的标准值将会得出更为精确的研究结论。限于变量标准衡量的困难，没有将高管薪酬与职工薪酬差距这一内部参照点纳入研究范畴，如果能对该变量进行相对科学与合理的衡量，将丰富契约参照点研究的范畴。此外，本书仅探究了低于参照薪酬基准的契约参照点，并没有全面地考虑高于参照薪酬基准的部分，如果同时考虑这两个部分的影响，或者做对比分析，可能会有新的研究发现。

再其次，本书对高管薪酬契约参照点效应的内在机理做了理论与实证两个方面的研究，研究的结论既支持管理层权力理论也支持经理人市场理论。第五章和第六章中的重点是基于经理人市场理论和契约参照点理论来探究契约参照点效应对高管行为的影响，缺少专门针对管理层权力理论的探讨。

最后，本书主要对高管薪酬契约参照点效应的存在性识别、内在机理和对高管行为选择方面展开了研究，其中在对高管行为影响方面只选取了在职消费和高管离职这两种行为，可能还会存在其他行为，对高管其他行为影响有待于进一步研究。此外，也没有将内部治理与外部治理等纳入研究范畴，如何对高管薪酬契约参照点效应进行有效的治理尚有待于进一步研究。

二、未来研究方向

基于以上研究的局限性，本书进一步研究方向主要包括以下四个方面：

一是高管薪酬由显性的货币薪酬、隐性的在职消费、股票期权以及长期激励计划组成，本书仅考虑了显性的货币薪酬，以后还可以专门对股权激励展开系统的研究。特别是在当前我国股权激励改革的背景下，我国上市公司的股权激励是否也存在契约参照点效应，不同激励方式和不同的契约参照点之间有着怎样的联系，背后是否还是支持管理层权力理论和经理人市场理论，对高管行为或者公司决策行为等有着怎样不同的影响后果，这些问题将作为后期进一步深入研究的方向之一。

二是随着现代经济管理的发展，很多企业是跨界或混业经营。在这种情况下，外部参照点中所选取的行业薪酬基准就相当模糊了，后续有必要对外部参照点展开更为系统和深入的研究。此外，内部参照点中实际上还包含高管与职工薪酬差距的内部参照点，因高管与职工薪酬之间的差距倍数究竟多少倍为合理，目前尚没有一个统一的标准，以后可以考虑结合国际内部薪酬差距标准，以及我国相关政策披露中的内部薪酬差距标准来选定一个合理的倍数，进而更为科学与合理地量化该变量，以深化高管薪酬契约内部参照点效应的研究。再者，可以将高于薪酬参照基准的部分纳入研究范畴，将其与低于薪酬参照基准的契约参照点做对比分析，未来做进一步深入的研究。最后，后期还可以考虑对契约参照点做区间分析，探究其可能存在的门槛效应，以增强契约参照点使用的现实性与合理性。

三是本书的研究结论表明，高管薪酬契约参照点效应的内在机理既支持经理人市场理论也支持管理层权力理论。如果单独基于管理层权力理论对高管薪酬契约参照点效应展开研究，从管理层权力理论角度进一步深入挖掘背后的内在机理，可能会有新的研究结论呈现。此外，文中仅对在职消费和高管离职这两种有关高管行为的影响进行了研究，除了这两种行为影响以外，还会有其他行为选择，比如高管的风险承担、投资行为等都会产生影响。实际上还会对公司的决策行为产生一定的影响，比如对公司资本配置效率、研发投资、公司战略调整等方面，有关高管薪酬契约参照点效应对公司决策行为的影响将成为后期进一步研究的方向之一。

四是本书主要是基于契约参照点理论和经理人市场理论探究了高管薪酬契约参照点效应对高管行为的影响，但是不可否认契约参照点的过度使用也会带来负面影响，比如"乌比冈湖效应"和高管的自利行为。本书对高管薪酬契约参照点效应可能存在的高管自利性影响后果进行了研究，但是如何对这些不良影响进行治理尚未进行深入地探究，比如在内部治理方面有哪些治理手段是有效的，哪些治理手段尚有待于进一步完善。在外部治理方面，政府限行令的实施对其治理是否有效，这些问题均有待于做进一步深入地研究，特别是媒体报道作为外部治理的手段之一，是否会抑制高管薪酬契约参照点效应所带来的负面影响，这是一个值得探究和思考的问题。

参 考 文 献

[1] 步丹璐,张晨宇. 产权性质、风险业绩和薪酬粘性 [J]. 中国会计评论,2012 (3):325-346.

[2] 陈德球,步丹璐. 管理层能力、权力特征与薪酬差距 [J]. 山西财经大学学报,2015 (3):91-101.

[3] 陈冬华,陈信元,万元华林. 国有企业中的薪酬管制与在职消费 [J]. 经济研究,2005 (2):92-101.

[4] 陈靖涵,李维安,高雅. 中国高管薪酬的决定因素分析:基于行为学方法的证据 [C]. 公司治理国际研讨会. 2013:1-17.

[5] 陈强. 高级计量经济学及 Stata 应用(第二版)[M]. 北京:高等教育出版社,2014:135-666.

[6] 陈伟,唐含宇,郭国庆. 消费者决策参考点研究述评 [J]. 现代管理科学,2014 (4):6-8.

[7] 陈震,丁忠明. 基于管理层权力理论的垄断企业高管薪酬研究 [J]. 中国工业经济,2011 (9):119-129.

[8] 陈震. 高管层级差报酬的成因和后果 [J]. 南方经济,2006 (3):59-69.

[9] 程新生,刘建梅,陈靖涵. 才能信号抑或薪酬辩护:超额薪酬与战略信息披露 [J]. 金融研究,2015 (12):146-161.

[10] 代彬. 高管控制权与自利行为研究 [D]. 重庆:重庆大学博士学位论文,2011:1-132.

[11] 邓宏图, 周立群. 经理人市场: 供求与交易关系研究——从交易的角度解析经理报酬（定价）[J]. 江苏社会科学, 2002 (4): 44-51.

[12] 邓玉林, 杜伦伦, 杨晓丽. 高管团队薪酬差距对高管离职的影响——高管团队薪酬水平的调节作用 [J]. 世界科技研究与发展, 2016 (3): 656-662.

[13] 董斌, 曲蓬. 薪酬水平、薪酬差距与公司业绩——来自中国上市公司的经验证据 [J]. 山西财经大学学报, 2014 (11): 60-73.

[14] 杜兴强, 周泽将. 高管变更、继任来源与盈余管理 [J]. 当代经济科学, 2010 (1): 23-33.

[15] 樊纲, 王小鲁, 朱恒鹏. 中国市场化指数: 各省区市场化相对进程2011年度报告 [M]. 北京: 经济科学出版社, 2011: 1-427.

[16] 方芳, 李实. 中国企业高管薪酬差距研究 [J]. 中国社会科学, 2015 (8): 47-67.

[17] 方军雄. 我国上市公司高管的薪酬存在粘性吗？[J]. 经济研究, 2009 (3): 110-124.

[18] 冯根福, 赵珏航. 管理者薪酬、在职消费与公司绩效——基于合作博弈的分析视角 [J]. 中国工业经济, 2012 (6): 147-158.

[19] 傅颀, 汪祥耀, 路军. 管理层权力、高管薪酬变动与公司并购行为分析 [J]. 会计研究, 2014 (11): 30-37+96.

[20] 傅颀, 汪祥耀. 所有权性质、高管货币薪酬与在职消费——基于管理层权力的视角 [J]. 中国工业经济, 2013 (12): 104-116.

[21] 葛玉辉, 申舒萌. 全球化战略决策中高管团队的国际化角色: 国外市场进入模式 [J]. 当代经济管理, 2011 (9): 53-58.

[22] 耿云江, 王明晓. 超额在职消费、货币薪酬业绩敏感性与媒体监督——基于中国上市公司的经验证据 [J]. 会计研究, 2016 (9): 55-61.

[23] 郭翠荣, 李巍. 上市公司高管薪酬行业差异的实证分析 [J]. 浙江学刊, 2011 (1): 177: 181.

[24] 胡亚权, 周宏. 高管薪酬、公司成长性水平与相对业绩评价——来自中国上市公司的经验证据 [J]. 会计研究, 2012 (5): 22-28.

[25] 黄文伴. 管理者薪酬契约、高管变更与盈余管理关系研究 [D]. 大连: 大连理工大学博士学位论文, 2011: 1-213.

[26] 黄再胜. 高管薪酬决定的调整: 锚定效应理论透视 [J]. 广东财经大学学报, 2015 (1): 83-95.

[27] 江伟. 市场化程度、行业竞争与管理者薪酬增长 [J]. 南开管理评论, 2011 (5): 58-67.

[28] 江伟. 行业薪酬基准与管理者薪酬增长——基于中国上市公司的实证分析 [J]. 金融研究, 2010 (4): 144-159.

[29] 姜付秀, 黄继承. 经理激励、负债与企业价值 [J]. 经济研究, 2011 (5): 46-60.

[30] 黎文靖, 岑永嗣, 胡玉明. 外部薪酬差距激励了高管吗——基于中国上市公司经理人市场与产权性质的经验研究 [J]. 南开管理评论, 2014 (4): 24-35.

[31] 李济含, 刘淑莲. 国企高管薪酬改革与离职潮关系研究 [J]. 证券市场导报, 2016 (10): 11-19.

[32] 李寿喜. 产权、代理成本和代理效率 [J]. 经济研究, 2007 (1): 102-113.

[33] 李维安, 刘绪光, 陈靖涵. 经理才能、公司治理与契约参照点——中国上市公司高管薪酬决定因素的理论与实证分析 [J]. 南开管理评论, 2010 (2): 4-15.

[34] 李卫宁, 张祎宁. 新任CEO特征、管理团队调整与企业绩效——基于ST上市公司的数据实证 [J]. 中国管理科学, 2014 (8): 47-55.

[35] 李宇明. 全球华语大词典 [M]. 北京: 商务印书馆, 2016: 1687.

[36] 李增福, 曾晓清. 高管离职、继任与企业的盈余操纵——基于应计项目操控和真实活动操控的研究 [J]. 经济科学, 2014 (3): 97-113.

[37] 李增泉, 孙铮. 制度、治理与会计——基于中国制度背景的实证会计研究 [M]. 上海: 格致出版社·上海三联书店·上海人民出版社, 2009: 1-348.

[38] 李增泉. 激励机制与企业绩效——一项基于上市公司的实证研究 [J]. 会计研究, 2000 (1): 24-30.

[39] 梁彤缨, 陈波, 陈欣. 高管团队内部薪酬差距与公司绩效——基于不同薪酬水平作用下的实证研究 [J]. 广东商学院学报, 2013 (5): 57-64.

[40] 林毅夫, 李周. 现代企业制度的内涵与国有企业改革方向 [J]. 经济研究, 1997 (3): 30-34.

[41] 刘浩, 许楠, 张然. 多业绩指标竞争与事前谈判: 高管薪酬合约结构的新视角 [J]. 管理世界, 2014 (6): 110-125.

[42] 刘青松, 肖星. 败也业绩, 成也业绩?——国企高管变更的实证研究 [J]. 管理世界, 2015 (3): 151-163.

[43] 刘芍佳, 孙霈, 刘乃全. 终极产权论、股权结构及公司绩效 [J]. 经济研究, 2003 (4): 51-62.

[44] 刘鑫, 薛有志. CEO继任、业绩偏离度和公司研发投入——基于战略变革方向的视角 [J]. 南开管理评论, 2015 (3): 34-47.

[45] 刘鑫. CEO变更对企业R&D投入的影响——基于CEO接班人的视角 [J]. 财贸研究, 2015 (2): 118-127.

[46] 刘星, 代彬, 郝颖. 高管权力与公司治理效率——基于国有上市公司高管变更的视角 [J]. 管理工程学报, 2012 (1): 1-12.

[47] 刘绪光. 高管薪酬契约的参照点效应研究——基于中国上市公司的样本 [D]. 天津: 南开大学博士学位论文, 2010: 1-180.

[48] 卢锐. 管理层权力、薪酬差距与绩效 [J]. 南方经济, 2007 (7): 60-70.

[49] 鲁海帆. 高管团队内部货币薪酬差距与公司业绩关系研究——来自中国A股市场的经验证据 [J]. 南方经济, 2007 (4): 34-44.

[50] 吕长江, 赵宇恒. 国有企业管理者激励效应研究——基于管理者权力的解释 [J]. 管理世界, 2008 (11): 99-109.

[51] 罗宏, 黄敏, 周大伟, 等. 政府补助、超额薪酬与薪酬辩护 [J]. 会计研究, 2014 (1): 42-48.

[52] 罗宏, 宛玲羽, 刘宝华. 国企高管薪酬契约操纵研究——基于业绩评价指标选择的视角 [J]. 财经研究, 2014 (4): 79-89.

[53] 罗昆, 曹光宇. 财务困境、超额薪酬与薪酬业绩敏感性——基于政府补贴的调节效应 [J]. 华中农业大学学报（社会科学版）, 2015 (6): 109-117.

[54] 罗昆, 陈锐, 朱浩杰. 上市方式、股权制衡与合谋——基于中国民营上市公司面板数据的实证研究 [J]. 科学决策, 2014 (7): 34-47.

[55] 罗昆, 范琼琼. 产权性质、参照点效应与高管薪酬增长 [J]. 人文杂志, 2016 (12): 23-31.

[56] 罗昆, 马磊. 激励性规制：国有企业高管薪酬规制的制度重构 [J]. 石家庄铁道大学学报（社会科学版）, 2015, 9 (1): 24-29.

[57] 罗昆, 杨蓉. 同业参照比运气和才能更重要吗——高管薪酬影响因素的探索性研究 [J]. 南方经济, 2015 (12): 71-89.

[58] 罗昆. 寻租抑或辩护：同业参照效应、超额薪酬增长与薪酬业绩敏感性 [J]. 财贸研究, 2015 (5): 131-138.

[59] 罗胜强. 管理学问卷调查研究方法 [M]. 重庆：重庆大学出版社, 2014: 1-226.

[60] 梅春, 赵晓菊. 薪酬差异、高管主动离职率与公司绩效 [J]. 外国经济与管理, 2016 (4): 19-35.

[61] 牟韶红, 李启航, 陈汉文. 内部控制、产权性质与超额在职消费——基于2007-2014年非金融上市公司的经验研究 [J]. 审计研究, 2016 (4): 90-98.

[62] 聂辉华. 不完全契约理论的转变 [J]. 教学与研究, 2011 (1):

71-78.

[63] 潘玲川. CEO 薪酬偏差对企业风险行为的影响——基于不同参照点比较 [D]. 合肥：中国科学技术大学硕士学位论文, 2016：1-66.

[64] 祁怀锦, 邹燕. 高管薪酬外部公平性对代理人行为激励效应的实证研究 [J]. 会计研究, 2014（3）：26-32+95.

[65] 权小锋, 吴世农, 文芳. 管理层权力、私有收益与薪酬操纵 [J]. 经济研究, 2010（11）：73-87.

[66] 冉春芳. 高管权力、能力与高管超额薪酬研究 [M]. 成都：西南财经大学出版社, 2016：1-182.

[67] 申晔. 公司内部薪酬差距对盈余管理影响的实证研究 [D]. 沈阳：沈阳工业大学, 2016：1-52.

[68] 沈艺峰, 李培功. 政府限薪令与国有企业高管薪酬, 业绩和运气关系的研究 [J]. 中国工业经济, 2010（11）：130-139.

[69] 石榴红, 张时淼, 冯照桢. 基于面板数据的上市公司薪酬差距与公司绩效关系研究 [J]. 当代经济科学, 2013（4）：64-73.

[70] 宋增基, 张宗益, 朱健. 上市公司经营者股权激励的影响分析 [J]. 管理评论, 2005（3）：3-8.

[71] 苏方国. 人力资本、组织因素与高管薪酬：跨层次模型 [J]. 南开管理评论, 2011（3）：122-131.

[72] 万元华林, 陈信元. 经理人市场、薪酬契约有效性与管理层侵占——基于国有企业经理人"59岁现象"的研究 [C]. 2010 中国会计与财务研究国际研讨会论文集. 2010：1-24.

[73] 汪柳希. 经理人市场化对高管腐败的影响研究 [D]. 广州：暨南大学硕士学位论文, 2015：1-74.

[74] 王光荣, 李建标, 李政. 垂直和现状参照点如何影响雇员的努力水平？[J]. 经济与管理研究, 2015（3）：97-104.

[75] 王倩. 国有企业红利上缴中的参照点效应研究 [D]. 大连：大连理

工大学硕士学位论文，2014：1-55.

[76] 王清刚，胡亚君. 管理层权力与异常高管薪酬行为研究 [J]. 中国软科学，2011（10）：166-175.

[77] 魏光兴，蒲勇健. 基于公平心理的报酬契约设计及代理成本分析 [J]. 管理工程学报，2008（2）：58-63.

[78] 吴文锋，吴冲锋，刘晓薇. 中国民营上市公司高管的政府背景与公司价值 [J]. 经济研究，2008（7）：130-141.

[79] 吴育辉，吴世农. 高管薪酬：激励还是自利？ [J]. 会计研究，2010（11）：40-48.

[80] 夏立军，陈信元. 市场化进程，国企改革策略与公司治理结构的内生决定 [J]. 经济研究，2007（7）：82-95.

[81] 肖继辉. 上市公司相对业绩评价假设的强式和弱式有效性——来自我国上市公司经理报酬契约的证据 [J]. 经济管理，2005（14）：17-27.

[82] 谢德仁，林乐，陈运森. 薪酬委员会独立性与更高的经理人报酬——业绩敏感度——基于薪酬辩护假说的分析和检验 [J]. 管理世界，2012（1）：121-140.

[83] 谢晓非，陆静怡. 风险决策中的双参照点效应 [J]. 心理科学进展，2014（4）：571-579.

[84] 谢晓非，谢佳秋，任静，等. 逼近真实风险情景下的动态决策 [J]. 北京大学学报（自然科学版），2009（5）：884-890.

[85] 辛清泉，林斌，王彦超. 政府控制、经理薪酬与资本投资 [J]. 经济研究，2007（8）：110-122.

[86] 徐宏忠，万元小勇，连玉君. 高管薪酬行业差异的实证分析 [J]. 管理评论，2012（4）：85-93.

[87] 徐林. 中国职业经理人市场的理论与实证研究 [D]. 杭州：浙江大学博士学位论文，2004：1-148.

[88] 徐细雄，刘星. 放权改革、薪酬管制与企业高管腐败 [J]. 管理世

界，2013（3）：119-132.

[89] 徐细雄，谭瑾. 高管薪酬契约、参照点效应及其治理效果：基于行为经济学的理论解释与经验证据 [J]. 南开管理评论，2014（4）：36-45.

[90] 杨继东. 高管薪酬影响因素研究：理论与证据 [M]. 北京：中国人民大学出版社，2013：90-108.

[91] 杨青，陈峰，龚懿婷. 个体掠夺还是集体辩护？——我国上市公司CEO薪酬外部冲击研究 [Z]. 厦门大学第一届财务与会计年会会议论文，2014：1-15.

[92] 杨蓉，路莉娜. 外部治理环境、财务杠杆与过度投资——基于深交所上市公司的实证检验 [J]. 华东师范大学学报（哲学社会科学版），2014（4）：116-126+155-156.

[93] 杨蓉，杨唤词. 金融行业上市公司高管薪酬问题：公平与效率 [J]. 上海金融，2011（10）：102-106.

[94] 杨蓉，杨宇. 企业社会责任与核心竞争力——基于中国上市公司的实证研究 [J]. 华东师范大学学报（哲学社会科学版），2008（5）：90-96.

[95] 杨蓉，张旭. 终极控制人、机构投资者与关联交易的关系研究——基于我国A股上市公司的实证检验 [J]. 兰州大学学报（社会科学版），2015（6）：86-100.

[96] 杨蓉. 败也信息披露，成也信息披露——浅析神州泰岳的两次上市 [J]. 上海国资，2010（10）：70-71.

[97] 杨蓉. 高管控制下的财务重述与高管薪酬关系研究 [J]. 证券市场导报，2011（1）：31-37.

[98] 杨蓉. 管理者的代理成本 [J]. 上海国资，2010（1）：74-75.

[99] 杨蓉. 垄断行业企业高管薪酬问题研究：基于年报重述的视角 [J]. 上海经济研究，2011（6）：59-72.

[100] 杨蓉. 垄断行业企业高管薪酬问题研究：基于盈余管理的视角 [J]. 华东师范大学学报（哲学社会科学版），2012（3）：53-61+153.

[101] 杨蓉. 垄断行业企业高管薪酬问题研究：基于在职消费的视角[J]. 复旦学报（社会科学版），2011（5）：133-140.

[102] 杨蓉. 上市公司股权结构、管理者行为与代理成本[J]. 华东师范大学学报（哲学社会科学版），2009（6）：110-116.

[103] 杨蓉. 规范垄断行业企业高管薪酬问题研究[M]. 上海：华东师范大学出版社，2014：1-210.

[104] 杨向阳，李前兵. 管理层权力与薪酬业绩敏感性关系研究——以中国民营上市公司为例[J]. 中国注册会计师，2013（4）：77-83.

[105] 杨志强，王华. 公司内部薪酬差距、股权集中度与盈余管理行为——基于高管团队内和高管与员工之间薪酬的比较分析[J]. 会计研究，2014（6）：57-65.

[106] 姚艳虹，刘炯，王润甜. 企业高管薪酬决策评价指标体系构建[J]. 河南社会科学，2011（2）：159-162.

[107] 叶康涛，臧文佼. 外部监督与企业费用归类操纵[J]. 管理世界，2016（1）：121-138.

[108] 袁春生，韩洪灵，吴丽丽. 经理市场、管理才能专用性与外聘高管规模——基于民营上市公司的经验证据[J]. 华东经济管理，2015（8）：110-117.

[109] 袁春生，汪青. 经理人市场治理实证研究述评与启示[J]. 金融教育研究，2015（4）：48-58.

[110] 袁根根，田昆儒. 管理者才能、公司控制力与高管薪酬——来自中国A股上市公司的证据[J]. 中南财经政法大学学报，2012（5）：95-101.

[111] 袁江天. 要素市场化与经理人市场的隐性激励[D]. 天津：天津大学博士学位论文，2004：1-120.

[112] 袁卓群，秦海英，杨汇潮. 不完全契约中的决策：公平偏好及多重参照点的影响[J]. 世界经济，2015（8）：168-192.

[113] 翟爱梅，张舒然. 高管权力与激励薪酬操纵研究[J]. 中山大学

学报（社会科学版），2013（5）：195-208.

[114] 张薇薇. 中国上市公司信息披露效应研究 [D]. 沈阳：辽宁大学博士学位论文，2016：71-72.

[115] 张月明，吴春雷. 企业高管在职消费、超额在职消费与企业价值——"代理观"与"效率观"的理论协调及其实证检验 [J]. 广东财经大学学报，2014（5）：89-97.

[116] 赵颖. 中国上市公司高管薪酬的同群效应分析 [J]. 中国工业经济，2016（2）：114-129.

[117] 赵震宇，杨之曙，白重恩. 影响中国上市公司高管层变更的因素分析与实证检验 [J]. 金融研究，2007（8）：76-89.

[118] 周宏，张巍. 中国上市公司经理人薪酬的比较效应——基于相对业绩评价的实证研究 [J]. 会计研究，2010（7）：50-56.

[119] 周仁俊，杨战兵，李礼. 管理层激励与企业经营业绩的相关性——国有与非国有控股上市公司的比较 [J]. 会计研究，2011（12）：69-75.

[120] 朱滔. 董事薪酬、CEO薪酬与公司未来业绩：监督还是合谋？[J]. 会计研究，2015（8）：49-56.

[121] Adams, J Stacy. Towards an Understanding of Inequity [J]. The Journal of Abnormal and Social Psychology, 1963, 67 (5): 422-436.

[122] Akerlof, George A, Janet L Yellen. The Fair Wage-Effort Hypothesis and Unemployment [J]. The Quarterly Journal of Economics, 1990, 105 (2): 255-283.

[123] Albuquerque A M, Franco G D, Verdi R S. Peer Choice in CEO Compensation [J]. Journal of Financial Economics, 2013, 108 (1): 160-181.

[124] Antle R, Smith A J. An Empirical Examination of Relative Performance Evaluation of Corporate Executives [J]. Journal of Accounting Research, 1986, 24 (1): 1-39.

[125] Attaway, Morris C. A Study of the Relationship between Company Performance and CEO Compensation [J]. American Business Review, 2000, 18 (1): 77-85.

[126] Balafas N, Florackis C. CEO Compensation and Future Shareholder Returns: Evidence from the London Stock Exchange [J]. Journal of Empirical Finance, 2014, 27 (2): 97-115.

[127] Bebchuk L A, Fried J M, Walker D I. Managerial Power and Rent Extraction in the Design of ExecutiveCompensation [J]. University of Chicago Law Review, 2002, 69 (3): 751-846.

[128] Bebchuk L A, Fried J M. Pay without Performance: The Unfulfilled Promise of Executive Compensation [M]. Boston: Harvard University Press, 2004: 1-186.

[129] Bebchuk L A, Fried J M. Pay without Performance: Overview of the Issues [J]. Journal of Applied Corporate Finance, 2006, 20 (17): 8-23.

[130] Bebchuk L A, Fried J M. Executive Compensation as an Agency Problem [J]. Journal of Economic Perspectives, 2003, 17 (3): 71-92.

[131] Bereskin F L, Cicero D C. CEO Compensation Contagion: Evidence from an Exogenous Shock [J]. Journal of Financial Economics, 2013, 107 (2): 477-493.

[132] Berger A N, Kick T, Koetter M. Does it pay to Have Friends? Social Ties and Executive Appointments in Banking [J]. Journal of Banking & Finance, 2013, 37 (6): 2087-2105.

[133] Bertrand M, Mullainathan S. Are CEOs Rewarded for Luck? The ones without principals are [J]. Quarterly Journal of Economics, 2001, 116 (3): 901-932.

[134] Bill F, Iftekhar H, Kose J. Asymmetric Benchmarking of Pay in Firms [J]. Journal of Corporate Finance, 2013, 23 (4): 39-53.

[135] Bizjak J, Lemmon M, Naveen L. Does the Use of Peer Groups Contribute to Higher Pay and Less Efficient Compensation? [J]. Journal of Financial Economics, 2008, 90 (2): 152-168.

[136] Bizjak J, Lemmon M, Nguyen T. Are all CEOs above Average? An Empirical Analysis of Compensation Peer Groups and Pay Design [J]. Journal of Financial Economics, 2011, 100 (3): 538-555.

[137] Blankmeyer E. Statistical Modeling of Structured Peer Group Dependence Arising from Salary Benchmarking Practices [J]. SSRN Working Papers, 2007: 1-35.

[138] Bloom, Nicholas, John Van Reenen. Measuring and Explaining Management Practices across Firms and Countries [J]. Quarterly Journal of Economics, 2007, 122 (1): 1351-1408.

[139] Boeker W. Power and Managerial Dismissal: Scapegoating at the Top [J]. Administrative Science Quarterly, 1992, 37 (3): 400-421.

[140] Bok Baik. CEO Ability and Management Earnings Forecasts [J]. Contemporary Accounting Research, 2011 (5): 1646-1668.

[141] Bolton G E, Ockenfels A. ERC: A Theory of Equity, Reciprocity, and Competition [J]. American Economic Review, 2000, 90 (1889): 166-193.

[142] Boyd B K. Board Control and CEO Compensation [J]. Strategic Management Journal, 1994, 15 (5): 335-344.

[143] Brick I E, O Palmon, K Wald, CEO Compensation, Director Compensation, and Firm Performance: Evidence of Cronyism? [J]. Journal of Corporate Finance, 2006, 12 (3): 403-423.

[144] Brickley J A, C M James. The Takeover Market Corporate Board Composition and Ownership Structure: The Case of Banking [J]. Jounal of Law and Economics, 1987, 30 (1): 161-180.

[145] Brookman J, Thistle P. Managerial Compensation: Luck, Skill or Labor Markets? [J]. Journal of Corporate Finance, 2013, 21 (1): 252 - 268.

[146] Cadman B D, Carter M E. Compensation Peer Groups and Their Relation with CEO Pay [J]. Journal of Management Accounting Research, 2014, 26 (1): 57 - 82.

[147] Cao M, Wang R. Optimal CEO Compensation with Search: Theory and Empirical Evidence [J]. Journal of Finance, 2013, 68 (5): 2001 - 2058.

[148] Cardinaels E, Jia Y. The Impact of Economic Incentives and Peer Behavior on Opportunistic Reporting Behavior [J]. SSRN Working Papers, 2007: 1 - 50.

[149] Chang E C, Wong S M L. Governance with Multiple Objectives: Evidence from Top Executive Turnover in China [J]. Journal of Corporate Finance, 2009, 15 (2): 230 - 244.

[150] Chen D, Liang S, Zhu P. Relative Performance Evaluation and Executive Compensation: Evidence from Chinese Listed Companies [J]. China Journal of Accounting Research, 2012, 5 (2): 127 - 144.

[151] Choi J S, Choe C. Earnings Management Surrounding CEO Turnover: Evidence from Korea [J]. Abacus a Journal of Accounting Finance & Business Studies, 2014, 50 (1): 25 - 55.

[152] Comte T E, Mihal W L. CEO turnover: Causes and Interpretations [J]. Business Horizons, 1990, 33 (4): 47 - 51.

[153] Connelly B L, Tihanyi L, Crook T R. Tournament Theory: Thirty Years of Contests and Competitions [J]. Journal of Management: Official Journal of the Southern Management Association, 2014, 40 (1): 16 - 47.

[154] Core J E, Holthausen R W, Larcker D F. Corporate Governance, CEO Compensation, and Firm Performance [J]. Journal of Financial Economics, 1999, 51 (3): 371 - 406.

[155] Core J, W Guay, D Larcker. The Power of the Pen and Executive Compensation [J]. Journal of Financial Economics, 2008, 88 (1): 1 - 25.

[156] Coughlan A T, Schmidt R M. Executive Compensation, Management Turnover and Firm Performance: An Empirical Investigation [J]. Journal of Accounting and Economics, 1985, 7 (1 - 3): 43 - 66.

[157] Cremers K J M, Grinstein Y. Does the Market for CEO Talent Explain Controversial CEO Pay Practices? [J]. Social Science Electronic Publishing, 2013, 18 (3): 921 - 960.

[158] Crystal G S. In Search of Excess: The Overcompensation of American Executives [M]. New York: Norton, 1991.

[159] De Vaan M, Diprete T A. Impression Management and the Biasing of Executive Pay Benchmarks: A Dynamic Analysis [J]. SSRN Working Papers, 2014: 1 - 27.

[160] Demerjian P, Lev B, Lewis M, Mcvay S. Managerial Ability and Earnings Quality [J]. The Accounting Review, 2013, 88 (2): 463 - 498.

[161] Demerjian P, Lev B, McVay S. Quantifying Managerial Ability: A New Measure and Validity Tests [J]. Management Science, 2012 (7): 1229 - 1248.

[162] Demougin D, Claude Fluet, Carsten Helm. Output and Wages with Inequality Averse Agents [J]. Canadian Journal of Economics, 2006, 39 (2): 399 - 413.

[163] Desai H, Hogan C E, Wilkins M S. The Reputational Penalty for Aggressive Accounting: Earnings Restatements and Management Turnover [J]. The Accounting Review, 2006, 81 (1): 83 - 112.

[164] Devers C E, Albert A, Cannella J R, Reilly G P. Executive Compensation: A Multidisciplinary Review of Recent Developments [J]. Journal of Management, 2007, 33 (6): 1016 - 1072.

[165] Dholakia U M, Simonson I. The Effect of Explicit Reference Points on Consumer Choice and Online Bidding Behavior [J]. Marketing Science, 2005, 24 (2): 206-217.

[166] Dube A, Giuliano L M, Leonard J S. Fairness and Frictions: The Impact of Unequal Raises on Quit Behavior [R]. Iza Discussion Papers, 2015: 1-22.

[167] Edward J, Zajac, James D, Westphal. Director reputation, CEO-Board Power, and the Dynamics of Board Interlocks [J]. Academy of Management Best Papers Proceedings, 1996, 41 (3): 507-529.

[168] Elson C M, Ferrere C K. Executive Superstars, Peer Groups and Overcompensation: Cause, Effect and Solution [J]. SSRN Working Papers, 2012: 1-28.

[169] Ezzamel M, Watson R. Market Comparison Earnings and the Bidding-Up of Executive Cash Compensation: Evidence from the United Kingdom [J]. Academy of Management Journal, 1998, 41 (2): 221-231.

[170] Fahlenbrach R, Low A, Stulz R M. Why Do Firms Appoint CEOs as Outside Directors? [J]. Journal of Financial Economics, 2010, 97 (1): 12-32.

[171] Faleye O, R Hoitash, U Hoitash. The Costs of Intensive Board Monitoring [J]. Journal of Financial Economics, 2011, 101 (1): 160-81.

[172] Fama E F, Jensen M C. Agency Problems and Residual Claims [J]. Journal of Law & Economics, 1983, 26 (2): 327-49.

[173] Fama E F. Agency Problems and the Theory of Firm [J]. Journal of Political Economy, 1980, 88 (2): 288-307.

[174] Farrell D, Grant A J. China's Looming Talent Shortage [J]. Mckinsey Quarterly, 2005, 4 (4): 70-79.

[175] Faulkender M, Yang J. Inside the Black Box: The Role and Composition of Compensation Peer Groups [J]. Journal of Financial Economics, 2010, 96

(2): 257 -270.

[176] Faulkender M, Yang J. Is Disclosure an Effective Cleansing Mechanism? The Dynamics of Compensation Peer Benchmarking [J]. Review of Financial Studies, 2013, 26 (3): 806 -839.

[177] Fehr E, O Hart, Zehnder C. Contracts as Reference Points-Experimental Evidence [J]. American Economic Review, 2011, 101 (2): 493 -525.

[178] Fehr E, O Hart, Zehnder C. Contracts, Reference Points, and Competition-Behavioral Effects of the Fundamental Transfor Mation [J]. Journal of the European Economic Association, 2009, 7 (2 -3): 561 -572.

[179] Fehr E, Schmidt K. A theory of Fairness, Competition, and Cooperation [J]. Quarterly Journal of Economics, 1999 (114): 817 -868.

[180] Fiegenbaum A, Hart S, Dan S. Strategic Reference Point Theory [J]. Strategic Management Journal, 1996, 17 (17): 219 -235.

[181] Fiordelisi F, Ricci O. Corporate Culture and CEO Turnover [J]. Journal of Corporate Finance, 2014, 28 (10): 66 -82.

[182] Firth M, Leung T Y, Rui O M. Justifying Top Management Pay in a Transitional Economy [J]. Journal of Empirical Finance, 2010, 17 (5): 852 -866.

[183] Firth M, Leung T Y, Rui O M. Relative Pay and its Effects on Firm Efficiency in a Transitional Economy [J]. Journal of Economic Behavior & Organization, 2015, 110 (2): 59 -77.

[184] Foster D P, Young H P. Gaming Performance Fees by Portfolio Managers [J]. Quarterly Journal of Economics, 2010, 125 (4): 1435 -1458.

[185] Frydman C, Saks R. Executive Compensation: A New View from a Long-Term Perspective, 1936 -2005 [J]. Review of Financial Studies, 2010, 23 (5): 2099 -2138.

[186] Gabaix X, Landier A. Why has CEO Pay Increased so Much? [J]. The

Quarterly Journal of Economics, 2008, 123 (1): 49 – 100.

[187] Gao H, Luo J, Tang T. Effects of Managerial Labor Market on Executive Compensation: Evidence from Job-Hopping [J]. Journal of Accounting & Economics, 2015, 59 (2 – 3): 203 – 220.

[188] Gartenberg C M. Pay Harmony: Peer Comparison and Executive Compensation [J]. SSRN Working Papers, 2013: 1 – 61.

[189] Garvey G T, Milbourn T T. Asymmetric Benchmarking in Compensation: Executives are Rewarded for Good Luck but not Penalized for Bad [J]. Journal of Financial Economics, 2006, 82 (1): 197 – 225.

[190] Gillan S L. Recent Developments in Corporate Governance: An Overview [J]. Journal of Corporate Finance, 2006, 12 (3): 381 – 402.

[191] Giroud X, Mueller H M. Corporate Governance, Product Market Competition, and Equity Prices [J]. Cepr Discussion Papers, 2010, 66 (2): 563 – 600.

[192] Goergen M, Renneboog L. Managerial compensation [J]. Journal of Corporate Finance, 2011, 17 (4): 1068 – 1077.

[193] Gopalan R, Milbourn T, Song F. Strategic Flexibility and the Optimality of Pay for Sector Performance [J]. Review of Financial Studies, 2010, 23 (23): 2060 – 2098.

[194] Grinstein Y, Hribar P L. CEO Compensation and Incentives: Evidence from M&A Bonuses [J]. Journal of Financial Economics, 2004, 73 (1): 119 – 143.

[195] Grossman S J, Hart O D. The Costs and Benefits of Ownership: A Theory of Vertical and Lateral Integration. [J]. Journal of Political Economy, 1986, 94 (4): 691 – 719.

[196] Grusky O. Corporate Size, Bureaucratization and Managerial Succession [J]. The American Journal of Sociology, 1961, 67 (3): 263 – 269.

[197] Hall, Robert E, Charles I Jones. Why Do Some Countries Produce So Much More Output per Worker than Others? [J] Quarterly Journal of Economics, 1999, 114 (1): 83 –116.

[198] Hambrick D C. The Top Management Team: Key to Strategic Success [J]. California Management Review, 1987, 30 (1): 88 –108.

[199] Harbring C, Irlenbusch B. An Experimental Study on Tournament Design [J]. Labour Economics, 2003, 10 (4): 443 –464.

[200] Harford J. Takeover Bids and Target Directors' Incentives: The Impact of a Bid on Directors Wealth and Board Seats [J]. Journal of Financial Economics, 2003, 69 (1): 51 –83.

[201] Hart O, Holmstrom B. A Theory of Firm Scope [J]. Quarterly Journal of Economics, 2010, 125 (2): 483 –513.

[202] Hart O, Moore J. Contracts as Reference Points [J]. Quarterly Journal of Economics, 2008, 123 (1): 1 –48.

[203] Hart O. Noncontractible Investments and Reference Points [J]. Games, 2013, 4 (3): 437 –456.

[204] Himmelberg C, Hubbard R. Incentive Pay and the Market for CEOs: An Analysis of Pay-for-Performance Sensitivity [J]. SSRN Working Papers. 2000: 1 –27.

[205] Hoch S J, Loewenstein G F. Time-Inconsistent Preferences and Consumer Self-Control [J]. Journal of Consumer Research, 1991, 17 (4): 492 –507.

[206] Holmstrom B, Kaplan S N. The State of U. S. Corporate Governance: What's Right and What's Wrong? [J]. Journal of Applied Corporate Finance, 2003, 15 (3): 8 –20.

[207] Holmstrom. Moral Hazard in Teams [J]. Bell Journal of Economics, 1982, 13 (7): 324 –340.

[208] Ittner C D, Larcker D F. Total Quality Management and the Choice of Information and Reward Systems [J]. Journal of Accounting Research, 1995, 33 (1): 1-34.

[209] Jackson S B, Lopez T J, Reitenga A L. Accounting Fundamentals and CEO Bonus Compensation [J]. Journal of Accounting and Public Policy, 2008, 27 (5): 374-393.

[210] Janakiraman S N, Lambert R A, Larcker D F. An Empirical Investigation of the Relative Performance Evaluation Hypothesis [J]. Journal of Accounting Research, 1992, 30 (1): 53-69.

[211] Jeffrey T, Brookman, Paul D., Thistle, Managerial Compensation: Luck, Skill or Labor Markets? [J]. Journal of Corporate Finance, 2013, 21 (1): 252-268.

[212] Jensen M C, Meckling W H. Theory of the Firm: Managerial Behavior, Agency Costs and Capital Structure [J]. Journal of Financial Economics, 1976, 3 (4): 305-360.

[213] Jensen M C, Murphy K J. CEO Incentives-It's Not How Much You Pay, But How [J]. Journal of Applied Corporate Finance, 1990, 68 (3): 64-76.

[214] Jensen M C, Murphy K J. Performance Pay and Top-Management Incentives [J]. Journal of Political Economy, 1990, 98 (2): 225-264.

[215] Jensen M C, Murphy, Kevin J, Wruck E G. Remuneration: Where We've Been, How We Got to Here, What Are the Problems, and How to Fix Them [J]. SSRN Working Papers, 2004, 2 (5459): 122.

[216] Jiang F, Kim K A. Corporate Governance in China: A Modern Perspective [J]. Journal of Corporate Finance, 2015, 32 (3): 190-216.

[217] Joh S W. Strategic Managerial Incentive Compensation in Japan: Relative Performance Evaluation and Product Market Collusion [J]. Review of Econom-

ics & Statistics, 1999, 81 (2): 303 -313.

[218] Jones C I, Romer P M. The New Kaldor Facts: Ideas, Institutions, Population, and Human Capital [J]. American Economic Journal Macroeconomics, 2010, 2 (1): 224 -245 (22).

[219] Jones D C, Kato T. The Determinants of Chief Executive Compensation in Transitional Economies: Evidence from Bulgaria [J]. Labour Economics, 1996, 3 (3): 319 -336.

[220] Jones D C, Kato T. The Determinants of Chief Executive Compensation in Transitional Economies: Evidence from Bulgaria [J]. Labour Economics, 1996, 3 (3): 319 -336.

[221] Joskow P L, Rose N L, Wolfram C D. Political Constraints on Executive Compensation: Evidence from the Electric Utility Industry [J]. Rand Journal of Economics, 1996, 27 (1): 165 -182.

[222] Kahneman D, Tversky A. On the Interpretation of Intuitive Probability: A Reply to Jonathan Cohen [J]. Cognition, 1979, 7 (7): 409 -411.

[223] Kale J R, Reis E, Venkateswaran A. Pay Inequalities and Managerial Turnover [J]. Journal of Empirical Finance, 2014, 27 (4): 21 -39.

[224] Kale J R, Reis E, Venkateswaran A. Rank - Order Tournaments and Incentive Alignment: The Effect on Firm Performance [J]. The Journal of Finance, 2009, 64 (3): 1479 -1512.

[225] Kaplan S N, Klebanov M M, Morten S. Which CEO Characteristics and Abilities Matter? [J]. Journal of Finance, 2008, 67 (3): 973 -1007.

[226] Kaplan S N, Minton B A. How has CEO Turnover Changed? [J]. International Review of Finance, 2012, 12 (1): 57 -87.

[227] Kaplan S N, Reishus D. Outside Directorships and Corporate Performance [J]. Journal of Financial Economics, 1990, 27 (2): 389 -410.

[228] Kato T, Long C. Executive Compensation, Firm Performance, and

Corporate Governance in China: Evidence from Firms Listed in the Shanghai and Shenzhen Stock Exchanges [J]. Economic Development and Cultural Change, 2006, 54 (4): 945 – 983.

[229] Kesner I F, Dan R D. Top Management Turnover and CEO Succession: An Investigation of the Effects of Turnover on Performance [J]. Journal of Management Studies, 2007, 31 (5): 701 – 713.

[230] Koop G J, Johnson J G. The Use of Multiple Reference Points in Risky Decision Making [J]. Journal of Behavioral Decision Making, 2012, 25 (1): 49 – 62.

[231] Kubo K. Executive Compensation Policy and Company Performance in Japan [J]. Corporate Governance: An International Review, 2005, 13 (3): 429 – 436.

[232] Köszegi B, Rabin M. Revealed Mistakes and Revealed Preferences [M]. The Foundations of Positive and Normative Economics. 2008.

[233] Lambert R, D Lareker, K Weigelt. The Structure of Organizational Incentives [J]. Administrative Science Quarterly, 1993, 38 (3): 438 – 461.

[234] Laschever R A. Keeping Up with CEO Jones: Benchmarking and Executive Compensation [J]. Journal of Economic Behavior & Organization, 2013, 93 (2): 78 – 100.

[235] Laux V. Board Independence and CEO Turnover [J]. Journal of Accounting Research, 2008, 46 (1): 137 – 171.

[236] Leary M T, Roberts M R. Do Peer Firms Affect Corporate Financial Policy? [J]. The Journal of Finance, 2014, 69 (1): 139 – 178.

[237] Leone A J, Wu J S, Zimmerman J L. Asymmetric Sensitivity of CEO Cash Compensation to Stock Returns [J]. Journal of Accounting and Economics, 2006, 42 (1): 167 – 192.

[238] Leverty J T, M F Grace. Dupes or Incompetents? An Examination of

Management's Impact on Firm Distress [J]. The Journal of Risk and Insurance, 2012 (3): 751 - 783.

[239] Licht A N, Goldschmidt C, Schwartz S H. Culture, Law and Corporate Governance [J]. International Review of Law & Economics, 2005, 25 (2): 229 - 255.

[240] Lim E N K. The Role of Reference Point in CEO Restricted Stock and its Impact on R&D Intensity in High-Technology Firms [J]. Strategic Management Journal, 2015, 36 (6): 872 - 889.

[241] Lind E A, T R Tyler. The Social Psychology of Procedural Justice [M]. New York, US: Plenum press, 1988.

[242] Lund A C W, Polsky G D. Diminishing Returns of Incentive Pay in Executive Compensation Contracts [J]. Notre Dame Law Review, 2011, 87 (2): 677 - 736.

[243] Luo W, Zhang Y, Zhu N. Bank Ownership and Executive Perquisites: New Evidence from an Emerging Market [J]. Journal of Corporate Finance, 2011, 17 (2): 352 - 370.

[244] Mariassunta G, Liao G, Xiaoyun Y U. The Brain Gain of Corporate Boards: Evidence from China [J]. Journal of Finance, 2013, 70 (4): 1629 - 1682.

[245] Marisetty V B, Venugopal B G. Position, Power and Demand for CEOs: Understanding Executive Compensation in the U. S Market [J]. SSRN Working Papers, 2014: 1 - 27.

[246] Martin K J, McConnell J J. Corporate Performance, Corporate Takeovers and Management Turnover [J]. Journal of Finance, 1991, 46 (2): 671 - 87.

[247] Maskin E. Unforeseen Contingencies and Incomplete Contracts [J]. Review of Economic Studies, 1999, 66 (1): 83 - 114.

[248] Masulis R W. Compensation Gaps Among Top Corporate Executives

[J]. SSRN Working Papers, 2014: 1 –27.

[249] Masulis R. Incentive Contracts are Not Rigged by Powerful CEOs [J]. Critical Finance Review, 2014, 3 (1): 99 –152.

[250] Michael C. Jensen, Kevin J. Murphy. Performance Pay and Top Management Incentives [J]. Journal of Political Economy, 1990, 98 (2): 225 –264.

[251] Milbourn T. CEO Reputation and Stock-Based Compensation [J]. Journal of Financial Economics, 2003, 68 (2): 233 –262.

[252] Minnick K, Rosenthal Stealth. Compensation Do CEOs Increase their Pay by Influencing Dividend Policy [J]. Journal of Corporate Finance, 2014, 25 (6): 435 –454.

[253] Mishra D R. Dark Side of CEO Ability: CEO General Managerial Skills and Cost of Equity Capital [J]. Journal of Corporate Finance, 2014, 29 (12): 390 –409.

[254] Morck R, Shleifer A, Vishny R W. Management Ownership and Market Valuation: An Empirical Analysis [J]. Journal of financial Economics, 1988, 20 (88): 293 –315.

[255] Morse A, Nanda V, Seru A. Are Incentive Contracts Rigged by Powerful CEOs? [J]. Journal of Finance, 2011, 66 (5): 1779 –1821.

[256] Murphy K J. Chapter 38 Executive Compensation [J]. Handbook of Labor Economics, 1999, 3 (3): 2485 –2563.

[257] Murphy K, Zabojnik J. CEO Pay and Appointments: A Market-Based Explanation for Recent Trends [J]. American Economic Review, 2004, 94 (2): 192 –196.

[258] Murphy, Kevin J, Zabojnik J. Managerial Capital and the Market for CEOs [J]. SSRN Working Papers, 2007: 1 –15.

[259] Otto C A. CEO Optimism and Incentive Compensation [J]. Journal of Financial Economics, 2014, 114 (2): 366 –404.

[260] Oyer P. Why Do Firms Use Incentives that Have no Incentive Effects? [J]. The Journal of Finance, 2004, 59 (4): 1619 – 1650.

[261] Parrino R. CEO Turnover and Outside Succession A Cross-Sectional Analysis [J]. Journal of Financial Economics, 1997, 46 (2): 165 – 197.

[262] Pfeffer S R, Rab G T. Pases: Master Regulators of Membrane Trafficking [J]. Current Opinion in Cell Biology, 1994, 6 (4): 522 – 526.

[263] Pittinsky M, DiPrete T A. Peer Group Ties and Executive Compensation Networks [J]. Social Science Research, 2013, 42 (6): 1675 – 1692.

[264] Rabin M. Incorporating Fairness into Game Theory and Economics [J]. The American Economic Review, 1993, 83 (5): 1281 – 1302.

[265] Rachel M Hayes, Scott Schaefer, Rachel M Hayes, Scott Schaefer. CEO Pay and the Lake Wobegon Effect [J]. Journal of Financial Economics, 2009, 94 (2): 280 – 290.

[266] Rajgopal S, T Shevlin, V Zamora. CEOs' Outside Employment Opportunities and the Lack of Relative Performance Evaluation in Compensation Contracts [J]. The Journal of Finance, 2006 (4): 1813 – 1844.

[267] Rajgopal S, Taylor D, Venkatachalam M. Frictions in the CEO Labor Market: The Role of Talent Agents in CEO Compensation [J]. Contemporary Accounting Research, 2012, 29 (1): 119 – 151.

[268] Robinson D T, Sensoy B A. Do Private Equity Fund Managers Earn their Fees? Compensation, Ownership and Cash Flow Performance [J]. Review of Financial Studies, 2013, 26 (11): 2760 – 2797.

[269] Ron A Laschever. Keeping Up with CEO Jones: Benchmarking and Executive Compensation [J]. Journal of Economics Behavior & Organization, 2013, 93 (2): 78 – 100.

[270] Seo J, Gamache D L, Devers C E. The Role of CEO Relative Standing in Acquisition Behavior and CEO Pay [J]. Strategic Management Journal, 2015,

36 (12): 1877 – 1894.

［271］Sigler K J. CEO Compensation and Company Performance ［J］. Business and Economic Journal, 2011, 31 (4): 1 – 8.

［272］Song W L, Center W F I, Wan K M. Explicit Employment Contracts and CEO Compensation ［J］. Journal of Corporate Finance, 2014, 28 (11): 1 – 21.

［273］Song Y, Su Q. The Relationship between Quality Management and New Product Development: Evidence from China ［J］. Operations Management Research, 2015, 8 (1): 1 – 14.

［274］Sung C, Klein, Daniel P. Event Risk Bond Covenants, Agency Cost of Debt and Equity, and Stockholder Wealth ［J］. Financial Management, 1994, 23 (4): 28 – 40.

［275］Tervio M. The Difference that CEOs Make: An Assignment Model Approach ［J］. American Economic Review, 2008, 98 (3): 642 – 68.

［276］Tirole J. Incomplete Contracts: Where do We Stand? ［J］. Econometric, 1999, 67 (4): 741 – 782.

［277］Vincent L. Barker. CEO Characteristics and Firm R&D Spending ［J］. Management Science, 2002 (6): 782 – 801.

［278］Wang X T, Johnson J G. A Tri-Reference Point Theory of Decision Making Under Risk ［J］. Journal of Experimental Psychology General, 2012, 141 (4): 743 – 56.

［279］Warner J B, Watts R L, Wruck K. Stock Prices and Top Management Changes ［J］. Journal of Financial Economics, 1988, 20 (1 – 2): 461 – 492.

［280］Westphal J D, Zajac E J. Who Shall Govern? CEO/Board Power, Demographic Similarity, and New Director Selection ［J］. Administrative Science Quarterly, 1995, 40 (1): 60.

［281］Yang R, Yang J. Why has Top Executive Compensation Increased so much in China: A Explanation of Peer-Effects ［J］. Pacific Economic Review,

2009, 14 (5): 705 -716.

[282] Yates J F, Stone E R. The Risk Construct [C] //In: Yates J F. (Ed), Risk-Taking Behavior [M]. U. K: Wiley, Chichester, 1992.

[283] Yermack D. Higher Market Valuation of Companies with a Small Board of Directors [J]. Journal of Financial Economics, 1996, 40 (2): 185 -211.

[284] Yuk Ying Chang. CEO Ability, Pay, and Firm Performance [J]. Management Science, 2010, 56 (10): 1633 -1652.

[285] Zhang Y. Information Asymmetry and the Dismissal of Newly Appointed CEOs: An Empirical Investigation [J]. Strategic Management Journal, 2008, 29 (8): 859 -872.

[286] Zábojnik J. On the Efficiency of Markets for Managers [J]. Economic Theory, 2001, 18 (3): 701 -710.

[287] Zábojník J. Pay-Performance Sensitivity and Production Uncertainty [J]. Economics Letters, 1996, 53 (3): 291 -296.